理念管理的力量

魏宪忠 编著

中国经济出版社
CHINA ECONOMIC PUBLISHING HOUSE

·北京·

图书在版编目（CIP）数据

理念管理的力量 / 魏宪忠编著. -- 北京：中国经济出版社，2024.9. -- ISBN 978-7-5136-7810-0

Ⅰ. F272

中国国家版本馆 CIP 数据核字第 2024T9E053 号

责任编辑　冀　意
责任印制　马小宾
封面设计　任燕飞

出版发行	中国经济出版社
印 刷 者	北京艾普海德印刷有限公司
经 销 者	各地新华书店
开　　本	710mm×1000mm　1/16
印　　张	17
字　　数	305 千字
版　　次	2024 年 9 月第 1 版
印　　次	2024 年 9 月第 1 次
定　　价	78.00 元

广告经营许可证　京西工商广字第 8179 号

中国经济出版社　网址 http://epc.sinopec.com/epc/　社址 北京市东城区安定门外大街 58 号　邮编 100011
本版图书如存在印装质量问题，请与本社销售中心联系调换（联系电话：010-57512564）

版权所有　盗版必究（举报电话：010-57512600）
国家版权局反盗版举报中心（举报电话：12390）　服务热线：010-57512564

他 序 | 弘扬理念管理思想，开拓创新发展新路

初闻魏宪忠先生，缘于一位交大校友，他几经周折托友人找到我，目的是实现其敬重的职场恩师的愿望，希望我为其恩师的管理著作给些专业意见。该校友告诉我，这是他恩师——一家世界500强企业集团营销负责人结合自身30余年管理实践经验完成的心血力作。校友言语中满是对恩师人格魅力的敬仰及对我给予意见的深切期待，在当今社会，这种难得的职场师生情谊，着实让我感动。

基于这份感动，我很快通读了魏先生的这本书稿。在阅读过程中，魏先生倡导的很多思想引起了我的共鸣。他的著作让我想起了20世纪80年代末期我和席酉民教授合作翻译出版的一本书《伦理管理的威力》。当时，我国经济发展进入快车道，伴随这一发展态势的是市场上假货横行，唯利是图、不讲诚信的问题不断出现。《伦理管理的威力》以讲故事的方式告诉人们在市场经济中如何做一个正直且具有长远发展能力的经营管理者。应该说，魏先生的《理念管理的力量》与《伦理管理的威力》有异曲同工之妙。

在百年未有之大变局背景下，诸多现实问题引发了学术界与企业界的高度关注和思考：企业如何在百年未有之大变局背景下建立强大的可持续发展能力，高等院校如何避免培养精致的利己主义者，国家如何不断健康发展、实现中华民族伟大复兴之伟业？过去40多年，我们在管理教育领域引进和学习了诸多西方发达国家好的思想、理论、技术及方法，而这些西方成果也确实在管理实践中发挥了良好的作用。但是，不可回避的是，在今天社会物质文明得到极大发展的同时，结合我国国情，加强精神文明建设是未来发展的关键。

应该说，这本《理念管理的力量》恰恰是将精神文明和软实力建设融入企业管理的一本著作，在当前新的历史发展时期非常值得企业界和学术界学习与推

广。总体来说，《理念管理的力量》是一项关于思维管理的有益创新和探索，其讲述的理念管理思想和方法是个人、团队持续成长及企业基业长青的核心法则。就管理研究而言，该书对相关课题研究有着很好的借鉴启迪意义；就管理实践而言，该书是一部难得的理论与实践紧密结合的实操读本。该书对个人、团队及企业长远发展有着重要的现实意义。

难能可贵的是，魏先生作为一名具有丰富经验的学者型管理者，在其30多年的管理工作中，从理论层面对理念管理进行了深入研究，不但给出了很多体系化的独到见解，提出了具体执行落地的应用方法论，而且结合自己与同事的管理实践，不断进行再实践、再完善，还在多个高校的管理教育课堂中进行了分享，获得了大家的赞誉。衷心希望魏先生和他的《理念管理的力量》走进更多高校的管理教育课堂，为我国高层次管理人才的培养做出更大贡献！

是以代序，权作抛砖引玉，衷心祝愿魏先生的专题研究不断取得新成果，为管理研究和教育创新发展贡献更大的力量！

西安交通大学管理学院院长冯耕中

2024年1月28日

自 序

如何取得个人成就，如何打造一支精英团队，企业如何行稳致远？本书将力求为你提供答案。

经济学家认为，人的行为受利益与理念两个方面支配。截至目前，管理学理论体系大致包括古典、行为及现代古典理论三大类，这三大类体系侧重利益驱动方向，而本书将开拓通往理念驱动的新道路。

嫩芽萌发

2003年初，我很荣幸地加入世界500强企业绿地控股集团。在2011年底之前，我在绿地控股集团江西、西北两个事业部负责营销管理、客服管理及分管商业条线工作。在这9年的一线管理工作期间，我通过亲自带领团队、参与策划和运营，建立了一套名为"123-634"的团队理念管理体系，充分体会到了理念管理的强大力量。通过理念管理，团队获得了"地产营销黄埔军校"的美誉。

小树长成

我于2011年底被调至绿地控股集团总部，负责集团的营销及客服和物业管理相关工作。感谢绿地控股集团领导为我提供的这个平台，让我能够更全面地审视和分析事物，拓宽视野，提高思维能力，让"123-634"团队理念管理体系得以发展，逐渐形成整体轮廓，犹如嫩芽茁壮成长，长出树干、枝条和叶片。

2021年，我有幸成为中国矿业大学管理学院外聘教授，为中加国际MBA

和MBA开办讲座，这一经历帮助我在专业学习与建设方面实现了质的突破。随后，我陆续在其他管理学院开办讲座，并为一些企业做培训，学员对讲座和培训内容的热烈反响激励我更加坚定地在管理实践中做好理念管理体系的研究。

茁壮成长

本书中的"胖东来""信誉楼""冶都"等优秀企业，把真诚、善良发挥到了极致，在消费者心中成为伟大的企业。

由华为大学编写的《熵减——华为活力之源》提到，"华为之所以不易被人理解，一个重大原因是任正非的管理思想从源头上摆脱了商学院式的理论框架……有横贯东西方的科学和哲学洞察"。这段话值得管理学界深思，因为当前的管理学理论无法准确解释华为现象。除此之外，我阅读了大量关于华为的研究著作，基于这些著作，我认为华为的成功在于理念管理，通过理念管理体系可以解读华为的成功。

在本书中，我研究了韦尔奇时代美国通用电气公司（以下简称"GE公司"）在企业发展的顶峰时期采用的管理方式，也研究了被誉为"中国的稻盛和夫"的宋志平的成功经验，这两个案例具备一个共同特点，即将企业视为"理念机器"来运作。值得注意的是，GE公司在韦尔奇离职后的衰落恰恰是因为放弃了企业长期坚持的理念。本书对此也进行了对比分析。

基于对理念管理体系的探讨，尤其是对优秀企业的管理研究，我深受成功案例和失败案例的启发，特别是当这些案例中的管理思想、方法与理念管理的理论体系相吻合时，我信心倍增，由此产生了一种使命感，希望这个理论能够得到更多创业者的关注与认同。

基于这些案例研究，本书总结并提炼出了管理理念的定义与特征，探讨了理念管理的内涵、企业理念管理的七大内容，对理念管理的运行规律进行了"八种力量"的分析和描述，提供了管理理念的形成方法和理念管理的方法，深入阐述了理念管理对企业长久发展的重要性。

企业管理理念是经营管理过程中开发的思想产品。理念管理是从企业经营过程的管理理念出发，由内向外拓展企业的机制、规则与业务标准，形成以"理念体系"为核心的经营管理范式。

自 序

参天大树

本书是我 30 多年理念管理的切身实践与潜心研究探索的心得，是在众人的支持和帮助下逐渐成长起来的，在一定程度上是来自实践的管理学新分支与新流派。如果说大道无形，大道无名，那么"理念"就是道之下人类活动规律的命名，就像操作系统是手机的"道"一样，"理念"就是手机上开发的各种应用名称。

希望本书能对管理学科起到启迪和推动作用，在"创新、批判"的理念下，期待更多的管理者和学者共同努力，让理念管理范式成为参天大树，为人类社会进步贡献中国人的智慧。

特别感谢

本书的完成要感谢中国矿业大学管理学院教授丁志华、周梅华、王建军以及东南大学教授孔庆善等对我的指导与鼓励，他们不断为我提供成长的机会，就像给小树浇灌水分，呵护着它的成长。此外，五好乡村（陕西）品牌运营有限公司总经理田野对本书的编排逻辑、归纳总结给予了帮助。

在整理案例的过程中，王博霖、魏昕、张学冬、章志达、张燕妮、余洋等付出了各种努力，对此，我表示深深的感谢。

另外，特别感谢西安交通大学管理学院院长冯耕中教授为我代序及给予的指导，这是对我莫大的鼓励及对这棵小树最温暖的呵护。

魏宪忠

2024 年 1 月

目录 | CONTENTS

第一部分　溯源理念管理

第一章 | 理念是基业长青的法则　// 003
第一节　人类社会发展的驱动力量　// 003
第二节　已有研究成果的内在揭示　// 004
第三节　企业经营管理成功的秘诀　// 008

第二章 | 理念管理的科学原点　// 013
第一节　熵增定律　// 013
第二节　麦克斯韦妖　// 016
第三节　量子力学　// 017
第四节　纠缠与共振的关联性　// 023
第五节　熵增定律与量子意识的关联性　// 024

第二部分　探析理念管理

第三章 | 理念管理和管理理念　// 029
第一节　理念管理的内涵　// 029
第二节　广义理念与管理理念　// 031
第三节　管理理念的特征　// 033

第四章 | 企业理念管理的内容 // 041

第一节 科学原理 // 042

第二节 愿景 // 044

第三节 使命 // 046

第四节 价值观 // 049

第五节 商业模式 // 053

第六节 管理方法 // 057

第七节 产品创新 // 061

第五章 | 理念管理的运行规律 // 066

第一节 元引力 // 066

第二节 锚定力 // 069

第三节 聚焦力 // 072

第四节 复利力 // 075

第五节 穿透力 // 079

第六节 创新力 // 082

第七节 灵魂力 // 085

第八节 传播力 // 087

第三部分 建立理念管理体系

第六章 | 管理理念的建立与管理方法 // 093

第一节 管理理念的形成方法 // 093

第二节 建立管理理念体系 // 104

第三节 理念管理的方法 // 107

第七章 | 企业管理的六个元理念 // 119

第一节 六个元理念之间的关系 // 119

第二节 一个根本点 // 120

第三节 两个基本点 // 124

第四节 三个核心点 // 134

第四部分　应用理念管理

第八章 ｜ 理念管理在企业战略中的应用 // 145
- 第一节　战略的定义 // 145
- 第二节　坚守使命 // 147
- 第三节　客户第一 // 150
- 第四节　员工第二 // 152
- 第五节　维护股东利益 // 154
- 第六节　供应商是合伙人 // 156
- 第七节　担当社会责任 // 157

第九章 ｜ 理念管理在企业运营机制中的应用 // 162
- 第一节　贯彻三个原则 // 162
- 第二节　华为的纠偏机制 // 168
- 第三节　自管理机制的设计 // 175

第十章 ｜ 理念管理在企业产品（服务）中的应用 // 180
- 第一节　远大集团的坚守 // 181
- 第二节　胖东来的成功 // 186
- 第三节　"靠近我"的爱 // 188
- 第四节　镁连社的实践 // 190
- 第五节　金沙物业管理公司的终极战略 // 193
- 第六节　特殊产品的塑造 // 196

第十一章 ｜ 理念管理在企业团队管理中的应用 // 201
- 第一节　打造精英团队的利器 // 201
- 第二节　构建理念体系 // 203
- 第三节　随时随地案例解读 // 215
- 第四节　个人专训与训练式会议 // 216
- 第五节　晨训 // 220
- 第六节　比赛激励 // 224

第十二章 | 理念管理在企业营销策划中的应用　// 228

　　第一节　树立营销策划人的元理念　// 228

　　第二节　挖掘客户认知中的元理念　// 231

　　第三节　聚焦客户认知中的元理念　// 241

　　第四节　销售目标达成中的元理念　// 245

　　第五节　办公楼创新营销的元理念　// 255

第一部分
溯源理念管理

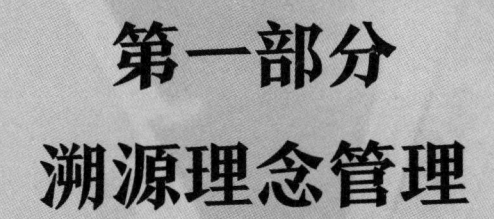

第一章

理念是基业长青的法则

第一节 人类社会发展的驱动力量

北京大学教授张维迎认为,"人的行为不仅受利益的支配,也受理念的支配","人们对自身利益的理解与他们持有的观念有关","我们的未来,取决于我们有什么样的理念"。这里的"利益"包括物质利益和其他精神利益,而这些利益的体现实际上取决于每个人的认知。认知的核心是理念,理念在驱动人的行为方面发挥了关键作用,对个体利益的追求也有一定影响。

这一观点强调了人的行为不仅受外部物质利益驱动,还受内在价值观和信仰的影响。理念既包括对道德、伦理、社会责任、事物发展规律等方面的看法,也包括对人生的规划。这些因素会影响个体的行为和决策。在管理学领域,理解人的理念对于解释和预测其行为非常重要,因为这有助于更好地理解其决策动机和行为模式。

总之,张维迎教授的观点强调了理念在人的行为中的重要性,理念不仅影响了个体的利益追求,还塑造了个体的行为和决策。这一观点在管理学与社会科学领域具有广泛的应用和研究意义。

英国哲学家大卫·休谟曾说,尽管人是由利益支配的,但利益本身以及人类的所有事务是由观念支配的。

诺贝尔经济学奖获得者哈耶克被誉为"世界上最伟大的经济学家之一",他曾说过,长远而言,是观念主宰着历史发展进程,观念的转变和人类意志力塑造了今天的世界。

根据哈耶克的理论,观念是指人们的思想、信仰、价值观和理念等,它们在塑造社会和经济发展中发挥着关键作用。从长期来看,观念不仅影响个体的行为和决策，还决定了整个社会和经济体系的演变方向。

张维迎教授强调了个人理念对人的行为的影响，而哈耶克的观点强调了群体性文化、思想及价值观念对社会和经济的影响，与传统经济学中强调市场和制度的角度不同。哈耶克认为，观念的演变可以推动社会制度和经济体系发生变革，因此，理解并研究观念在人类历史中的演化，对解释社会和经济现象具有重要意义。

从一个长周期来看，人类社会的发展是观念改变与不断实践，塑造了今天的人类。每次历史变革都是新思想萌芽、生长、释放的结果。

在现代社会，科技的进步不仅仅依赖科学发明和技术创新，更依赖人们思想观念的转变，即观念的转变是科技进步的基础。

首先，当社会认同科技的重要性并将其视为发展的关键因素时，会投入更多资源和精力推动科技创新，这种观念的转变可以激发科研人员的创造力和行动力，推动他们不断寻求新的技术突破。其次，科技的应用及发展受政策和法律体系的影响，而这些政策和法律体系往往反映了社会的理念与价值观。例如，政府支持绿色能源和环保技术方面的政策，反映了社会对环境保护的重视，这种政策的制定源于可持续发展和生态平衡的理念，从而推动了相关科技的发展和应用。此外，人们对科技的接受程度受自身观念和认知的影响。当人们普遍认为某项科技是有益的、能够提高自身生活质量或工作效率时，会更愿意接受和使用这项科技；相反，当人们担心某项科技可能带来负面影响或觉得不符合其价值观时，会对这项科技持怀疑态度或抵制使用它。

第二节　已有研究成果的内在揭示

一、保存核心，刺激进步

《基业长青》是一部管理类著作，由美国管理学家吉姆·柯林斯与杰里·波勒斯带领团队在斯坦福大学对18家卓越非凡、长盛不衰的公司进行长达6年的深入研究后著成。该书认为，卓越公司成功的关键因素不是来自一个伟大的构想或伟大的领袖人物。这意味着公司的成功不是依赖于单一的灵感或领袖的个人特质。此外，该书建议，在构建和管理公司时，不应过多关注产品的前瞻性或领袖的魅力特质。书中给出卓越公司成功的经验是理念驱动的结果，强调了正确的思想架构在构建卓越公司时的重要性。研究发现，大多数卓越公司以核心理念为驱动力，这是一组基本准则，像坚实的基石一样稳固。这个观点强调了思想架构的关键作用，它不仅指导着组织的行动，还表明了组织的本质和愿景。

《基业长青》的研究成果突出了百年基业企业与普通企业之间的关键区别，通过深入剖析这些百年基业企业的成功之道，书中给出企业永葆青春的法则——"保存核心，持续进步"。

二、保存核心，持续进步

核心是指企业的核心理念，企业应该坚守自己的核心理念，其是企业的灵魂和方向，应该保持不变。《基业长青》中的核心理念由企业的核心价值观、企业使命、企业愿景构成。

这一坚守核心理念的原则表明，企业不应轻易改变自己的核心理念，这是企业稳定性和持续性的基础。然而，除了核心理念，企业还应该保持灵活性，不断改进与创新其他方面的手段和策略，保持企业的活力，以适应市场和环境的变化。也就是说，企业的战略、战术、文化、机制、商业模式等可以随市场的变化而变化，不断追求进步。《基业长青》用中国的太极图描述企业发展中"永远不变"与"应时而变"的辩证关系。太极图中，阴的一面是不变的核心理念，阳的一面是随着环境变化而变化的文化和经营方式、具体目标和策略。这一原则强调了企业要在保持一贯性的同时，积极追求进步。

惠普是一家令人敬仰的企业，是《基业长青》中研究的卓越公司之一。惠普公司的核心理念之一是"在从事的领域贡献技术"。20世纪70年代，惠普公司的对手——德州仪器公司的发展策略是"规模大就是好"，该公司生产出了市场热销又便宜的袖珍型计算器和一次性数字手表；惠普公司在面对同样的市场机会时却明确表示不追求便宜的低档产品，而是聚焦于资源做有科技贡献的产品。惠普公司坚持自己的价值观，树立了科技领先者的良好形象。

企业领导人不应只是业绩的推动者，而应像造钟师一样精心架构组织机制，像建筑师一样为公司搭建坚实的发展基础。这个原则提醒企业领导人确保企业机制与企业文化得到正确的塑造和发展，而不能只关注短期的销售业绩、追求一时的成功。这个核心理念的逻辑是"造钟"原理，即在企业核心理念的基础上搭建企业的文化、机制、制度、战略、战术、产品及服务。企业要想使"钟"持续地自动运转，就不能脱离轨道，这个牵引力就是企业的核心理念，而转动的动力源于为适应不断变化的市场环境,采取的各种策略产生的企业活力,这就是"控制理念,作业自主"或称为"保存核心,持续进步"。

除了《基业长青》,托马斯·H.达文波特等所著的《最优理念》也指出,如何运用一组理念管理并创造高附加值的经济价值,将是进入新经济时代的关键。

托马斯·H.达文波特是全球商界大师、美国巴布森学院教授,曾任埃森哲战略变革研究院主任。《最优理念》一书是托马斯·H.达文波特经过对100位变革者的长期研究,总结了咨询、学术、商业领域几十年的经验完成的。该书所说的理念是指商业理念,这虽然与《基业长青》中的理念有所区别,但同样给出了做到优秀企业应该具有的普适性法则,即坚持理念管理。托马斯·H.达文波特指出,没有只流行一时的管理理念,只有采用理念时流行一时的方式。该书鼓励管理者运用理念的力量建设具有创造性的公司。

《基业长青》和《最优理念》具有相同的研究结论,即对于企业确定的理念,只有坚持去做,才能有效果。但两本书的理念维度不同,《基业长青》偏向于企业核心理念的研究,包括企业使命、愿景及价值观,这些理念的坚持更着眼于企业的长远利益,能使企业行稳致远;《最优理念》纯属商业理念,服务于企业的中短期利益。商业理念应服从于核心理念,否则会影响企业长期经营的稳健性,对企业安全不利,本书后续章节引入案例进行深入分析。

三、解决《管理的实践》的命题

《管理的实践》是"现代管理学之父"美国管理学家彼得·德鲁克创作的管理学著作,于1954年首版发行。《管理的实践》是第一部对管理涉及的各个领域进行系统性论述的著作,构筑了管理学科的架构,标志着管理学诞生。笔者结合该书的两个核心观点进行分析。针对《管理的实践》的管理关键点及管理目的,笔者认为,理念管理理论可以解决彼得·德鲁克的管理学命题,起到四两拨千斤的作用,实现大道至简。

第一个核心观点:建立有效的企业管理机制。

(1)衡量管理制度是否有效的标准在于,该制度能否将管理者个人特征的影响降到最低。

在建立企业管理机制时,需要考虑管理者的个人特征对决策和运营的影响。目标是将管理者的主观干预降至最低限度,以确保机制的稳定性和公平性。这意味着不应过于依赖单一领导者的主观判断,而应依靠系统化的流程和规则指导决策,从而降低管理者个人特征对企业的影响。这个观点与《基业长青》对卓越公司的研究成果相契合，卓越公司的"理念驱动"降低了单一领导者的个人特征影响。

（2）只有将企业的目标化解为员工的目标，企业才有活力。

实现这个目标的关键因素是建立有效的企业管理机制，这种机制要能将企业的整体目标分解为员工的个人目标，使员工可以更清晰地理解他们的工作对企业成功运营的贡献率，从而提高工作效率。反过来，机制问题的解决能帮助企业员工更好地理解企业的核心理念，并与之产生共鸣。

建立有效的企业管理机制是为了追求组织目标，组织目标的实现满足以下公式：

$$\text{个人的能量频率}=\text{企业的能量频率}=\text{企业的目标能量频率} \tag{1.1}$$

这三个频率之间存在共振关系。这意味着当个人的能量频率与企业的能量频率以及企业的目标能量频率保持一致时，个人将更容易融入企业文化，更好地为企业的成功作出贡献，且更有可能实现个人和企业的共同目标。这种共振关系对个人发展和企业成功都具有积极影响，其中，最直接的影响是将复杂的事情简单化，极大地提升管理效率。

第二个核心观点：管理的本质——"三合一"管理原则。

（1）实现组织绩效。管理的首要任务之一是确保组织能够取得卓越的绩效，包括实现企业战略目标、提高生产力、增加盈利等方面。在管理中，组织绩效是至关重要的因素，因为它反映了企业的成就。

（2）员工素质和能力提升。管理不仅关乎组织，也关乎员工的成长和发展。管理者应当致力提高员工的素质和能力，帮助他们不断成长和进步。这不仅有助于员工的个人发展，还可以为组织的稳定发展奠定坚实基础。

（3）社会责任担当。管理不应仅仅关注内部组织，还应考虑外部的社会责任。企业应该承担社会责任，积极参与社会公益活动，关心环境和社会问题。担当社会责任有助于企业建立良好的声誉，同时对社会和环境产生积极影响。

采用理念管理企业，可以自然而然地达到多方面效果，而不是仅仅追求某一个方面的成功。本书致力综合性管理方法研究，与彼得·德鲁克《管理的实践》期望的效果一致，有能降低领导个人特质的机制与制度，可以有效地将企业目标转化为个人目标，顺利实现"三合一"目标。这样有助于提高企业的综合素质，为其长期成功和可持续发展打下坚实的基础。

第三节　企业经营管理成功的秘诀

一、"敬天爱人"打天下

在企业经营领域，日本的"经营管理之圣"稻盛和夫备受赞誉。他不仅成功创立了两家世界 500 强企业——京瓷和 KDDI，还在 78 岁高龄时挽救了日本航空公司，使其重获新生。

稻盛和夫以其独特的管理哲学而闻名，其著名的经营管理理念"敬天爱人""作为人，何谓正确"贯穿整个经营管理过程。他通过改变员工的思维方式进行管理，实践理念管理。稻盛和夫曾说，京瓷 50 年不亏损的原因并不是技术、资金或时代机遇，而是拥有正确的经营哲学，且为全体员工所共有。京瓷强调在"敬天爱人"的理念下从事经营活动，树立了全员统一的企业价值观，成为企业良好运行的基准。退休后，稻盛和夫创建了盛和塾培训学院，在全球范围内传播他的管理理念：遵循规律、关爱他人，在行事时扪心自问是否在做正确的事情。这种思维方式有助于引导企业走向成功，并在商业领域取得卓越成就。

二、GE 公司是一台"理念机器"

《最优理念》研究了韦尔奇时代的 GE 公司。GE 公司创立于 1892 年，是非常典型的以理念管理为主导的卓越公司。1981—2001 年，在杰克·韦尔奇的领导下，GE 公司实现了惊人的增长：销售额从 250 亿美元提升到 1400 多亿美元，盈利从 15 亿美元增加到 110 亿美元，市值从 120 亿美元上升到近 6000 亿美元，成为全球企业第一。

《最优理念》对杰克·韦尔奇领导的 GE 公司做了如下评价。

杰克·韦尔奇领导下的 GE 公司被形容为一台真正的"理念机器"。这意味着公司在经营与管理中始终秉持一套坚定的核心理念和原则。这些理念和原则不是单纯的口号，而是深植于企业文化中的准则，影响着公司的决策、行为和战略。GE 公司的成功不是依赖单一的领袖人物或瞬时的构想，而是依赖全员共鸣的理念，这使 GE 公司能够持续取得卓越业绩。

《杰克·韦尔奇自传》前言部分是杰克·韦尔奇思想精华的浓缩。

第一章　理念是基业长青的法则

20世纪80年代初期，当我试图通过裁员使GE公司更有竞争力的时候，媒体授予我"中子杰克"的称号。随后他们发现我们的主要关注点在于GE公司的价值和文化时又说，是不是"杰克变软了"。我曾经是"数一数二杰克""服务杰克""全球化杰克"，近年来，又成了"六西格玛杰克"和"电子商务杰克"。

"数一数二""服务""全球化""六西格玛""电子商务"是杰克·韦尔奇在GE公司长达20年的CEO任职中的主要管理理念。他所做的是如何将这些理念落地。正是这些理念的落地使得GE公司成为全球数一数二的企业，媒体因此给他贴上了"××杰克"的标签。至于"中子杰克"的裁员行动，只是杰克·韦尔奇上任初期推行"数一数二"战略理念中"顺其自然"的举措而已。《杰克·韦尔奇自传》结尾部分是杰克·韦尔奇管理经验的高度概括与总结。

这本自传不是一部完美的商业传奇。我的观点是，商业更像一个世界级的大饭店，当你透过饭店厨房的门缝偷看时，那些食物看上去远没有装在精美瓷器中、摆上餐桌的好。商业就是杂乱不清和混沌的。我希望你们在厨房里发现对你们实现梦想有所帮助的事物。

这里并没有什么绝对真理或者管理秘籍。不过在我的旅程中产生了一种哲学思想，我遵循对我行之有效的一些基本理念，诚信是其中最重要的。我总是相信最简单、最直接的方法。

上述总结是杰克·韦尔奇思想的升华，他向众人展示了如何做人的理念，并解读了其管理"秘籍"是将研究出来的理念落地。方法如此简单，可谓"大音希声，大象无形，大道至简"。杰克·韦尔奇的上述几个标签是有形的、可以看得见的、以商业理念为抓手的成功管理者形象，然而，因其没有重视核心价值观的培育，为后韦尔奇时代埋下了隐患。

GE公司的成功案例凸显了理念管理在企业成功中的关键作用。通过杰克·韦尔奇的理念管理方法，GE公司取得了非凡的业绩，并成为世界上最重要的企业之一。这也强调了理念管理对塑造企业文化和实现长期增长的重要性，它可以为企业奠定坚实的发展基础，帮助企业在竞争激烈的市场中脱颖而出。

这是韦尔奇时代的GE公司，也是GE公司历史上最辉煌的时期。2001年，韦尔奇离任后，GE公司进入后韦尔奇时代，出现了严重的衰退，股价严重下跌。2018年6月，GE公司结束了其在道琼斯工业指数中长达111年的成份股历史，

10月，劳伦斯·卡尔普接任GE公司CEO。GE公司在2023年初将三大板块业务之一的医疗健康业务分拆，同时计划在2024年将第二大业务板块——能源业务剥离，仅保留航空航天业务。GE公司股票表现自2020年起持续向好，尤其是自2021年初起，股价上扬加快。至2023年12月，GE公司股票已达到约127美元/股，较2023年初上涨约90%，市值约1400亿美元。

媒体对GE公司衰败与现今的回暖进行了各种分析，绝大部分从外部环境（如金融危机）、频繁并购、脱实向虚、管理涣散等角度入手，这些分析不无道理，也十分中肯。但笔者基于理念管理理论认为，其原因主要有以下几点：一是韦尔奇时代虽是商业理念管理的出彩时期，但在企业长期安全性方面的组织建设存在不足；二是杰克·韦尔奇的继任者在战术并购上出现失误，这是核心价值观出现问题的表现；三是劳伦斯·卡尔普接任GE公司CEO后，企业渐渐趋稳，这得益于对企业核心价值观的修正，从而使企业的经营策略发生了变化。在本书第四章与第八章，我们将对此进行详细分析。

三、伟大公司的底层是"糨糊"

研究企业经营之道的人，有的是专家、学者，但往往缺乏直接的实践经验；有的是经营管理者，但可能缺乏理论的升华。如果有人既置身于企业经营实践中，又专注于经营规律的研究，那么他得出的结论往往会令人信服。李川（绰号"天机"）就是这样一位智者，他曾是阿里巴巴O2O事业部负责人，也是阿里三板斧创始人，他在《华为熵战》序言中分享了他对华为与阿里巴巴经营之道的体会：

在阿里巴巴工作期间，我们曾经与华为团队有过多次面对面的交流与学习，每次交流完之后，我们发现，其实伟大公司的背后越往底层看越趋同，无外乎是对人、业务和文化的深刻洞察与理解，尤其是对事物发展规律的把握……伟大企业的相似性主要表现在人的潜能被更大程度地激发，组织更有活力，战略预见性更强，战略解码与执行效率更高，文化更深入人心，有超越利益之上的更高远的追求。

这里所说的"越往底层看越趋同"的"底层"就是"天道"，稻盛和夫所说的"敬天爱人""作为人，何谓正确"，是指人的理念决定经营规律。"超越利益之上的更高远的追求"就是理念驱动的追求，譬如一种使命感。

现在有许多人在研究华为的成功之道，媒体记者对此也非常感兴趣。有一次，一位英国记者直接问任正非："据说你不懂技术、不懂财务、不懂营销，也不懂管理，那你对华为的价值是什么？"任正非听完后回答道："我就是糨糊。"英国人可能要对这个词研究半天，但对于中国人来讲，这个词既风趣、幽默、简单，又蕴含着深刻的道理，它清楚地说明了任正非的企业治理之道，就是用企业核心价值观管理企业，用这个"糨糊"将20万名员工的心紧紧凝聚在一起。任正非曾说，企业最大的权力是思想权与文化权，而他在华为的权力就是思想权与文化权，他是华为的文化教员。许多人在研究华为的系统治理时给出了治理方法，而《华为熵战》的作者汤献华、刘宏基认为，"华为重要的不是系统，而是思想，系统是为了更好地匹配思想而存在"。治理华为的理念系统可以说是《华为基本法》，这是1995年任正非请中国人民大学的6位教授，历时3年，八易其稿起草的。1998年3月，在《华为基本法》定稿时，任正非提出在华为门口要立一块石碑，石碑上写"一家企业长治久安的基础是接班人承认公司的核心价值观，并具有自我批判的能力"，总结了华为"活下去"的精髓。如果杰克·韦尔奇能用这样的价值观指导GE公司，也许就不会出现后韦尔奇时代的衰败了。所以，华为是典型的以核心理念为主导的伟大公司。

四、商超"双雄"崛起于"诚信"理念的坚持

中国商超界有两个堪称"天花板级"的企业，被誉为"双雄"，就是人们常说的"南有胖东来，北有信誉楼"。这两个企业以诚信为基石、以顾客为中心的经营理念对行业产生了深远影响，很多员工、合作伙伴与企业共同成长、共同致富，而企业所在城市也受益匪浅。我们都知道诚信是一个人、一个商家、一家企业行稳致远的核心因素，但在现实中，许多人在利益面前选择赚快钱，究其原因，就是我们后面要讲的"熵增"，抑或人的劣根性。

对于胖东来如何以诚信经营企业，我们将在第十章详细介绍。在此，我们分析一个现象，以感悟胖东来坚持的"诚信"理念的力量。胖东来的董事长于东来曾在一次演讲中提到，每天有几万名外地人专程来到许昌，只为逛一逛胖东来的天使城，使得天使城成为许昌的旅游景点。那么，人们到这里做什么呢？就是为了感受胖东来的那份真诚。在许昌，有些人心情不好时，就会到胖东来逛逛，往往转完后就豁然开朗了。于东来曾说，胖东来是世界上最好的超市。

人们问于东来为什么不上市。他回答说，上市是为了赚更多的钱，但我们企业更重要的责任是推动人类社会文明的进步，为社会带来美好。在胖东来办公室墙壁上，写有一行标语"真正地让胖东来成为一所建设传播先进文化理念的学

校",这也许就是李川所讲的"超越利益之上的更高远的追求",是一种理念的驱动。

1984年,张洪瑞拿着10万元贷款在村镇上创建了一家200多平方米的卖场。由于张洪瑞内心深植"诚信"理念,他给这个卖场起名为"信誉楼",确定了经营理念——讲诚信,买卖不欺,并且言出必行。在当时,自行车、洗衣机、电视机、收音机、录音机都属于大件商品,他却允许顾客免费试用几天。开业半个月后,他喊出了"15天无理由退货"的口号,成为第一家在全国承诺"无理由退货"的公司。顾客都说,在信誉楼,退东西比买东西更方便。

在价格方面,信誉楼坚持"不二价",并张贴告示提示顾客"到我楼看价,到他处花钱",同时严禁随意涨价。1993年,信誉楼从南方购进一批西服,进货价格远低于当地市场价,柜组负责人按照本地行情加价出售,卖得十分火爆。后来,经过调查,这批西服的加价率超出了信誉楼规定的加价标准,张洪瑞就处罚了两位主管,并在电视台连播三天广告致歉。

诚信还体现在勇担社会责任上。2007年,信誉楼到河北省衡水市枣强县开店,需要40亩建设用地。当地政府的招商优惠政策是按照6万元/亩的成本价征收地款,张洪瑞当即表示反对,他说:"地价低不是政府吃亏,就是老百姓吃亏,咱们还是参照藁城信誉楼的价格19.6万元/亩征收。"话语一出,举座皆惊:还有这种实诚人?!但张洪瑞说:"信誉楼做事遵守规则,为他人着想,不能让政府领导承担太大责任。"

在创业的前几年,市场上流传着一首顺口溜:"信誉楼,信誉楼,三年之后扒砖头。"人们把张洪瑞称为"笨人""傻子"。确实,信誉楼成立的前6年没有赚一分钱,但6年以后,信誉楼的人气越来越旺。时至今日,信誉楼经营版图涉及河北、山东、天津,总资产达80多亿元,成为名副其实的商超帝国。信誉楼是一家因理念驱动而成长的伟大企业。2023年10月,张洪瑞因病去世,在发布的讣告中,他被称为"切实为他人着想的企业文化缔造者"。

以上研究和实践都说明了理念管理在企业运营成功方面的关键作用,同时表明坚持核心理念是企业实现持续经营不可或缺的法则。这意味着,通过理念管理,企业不仅能在竞争激烈的市场中取得成功,还能确保未来的可持续性发展。

第二章

理念管理的科学原点

任正非认为，自然科学与社会科学有着相同的规律。华为的发展历程实质上是一段"活下去"的历史。任正非曾说，华为的最低纲领与最高纲领都是"活下去"。最低纲领是活下去容易理解；最高纲领是活下去的逻辑在于只有不断创新并为客户创造价值，才能确保活下去。任正非的这一思想来自物理学的熵增定律，可以说，华为的四个核心价值观（以客户为中心、以奋斗者为本、长期艰苦奋斗、坚持自我批判）和始终保持开放的理念都是对熵增定律的重视与应用。因为，以这些理念为指引，华为不断采取抗熵增的策略，使企业始终保持活力。所以，华为的企业管理实践，就是一个自然科学定律在人类社会组织中有效应用的典型案例。

理念管理的科学依据源自熵增定律与量子力学等规律的相互作用。下面我们将详细介绍这些自然科学规律如何影响企业的发展、如何应用并实现企业的有序成长。

第一节 熵增定律

爱因斯坦认为，熵增定律是"科学的第一法则"。清华大学科学史系主任吴国盛曾说："如果物理学只留一条定律，我会留熵增定律。"硅谷投资人、计算机科学家吴军曾说："如果地球毁灭了，我们怎么能够在一张名片上写下地球文明全部精髓，让其他文明知道我们曾有过的文明？"吴军的答案是三个数学公式，其中之一就是熵增定律。

一、熵增定律的定义

熵是一种衡量系统无序程度的物理量，其数值越大，表明系统的混乱程序越严重。熵增定律是热力学中的一个基本原理，也被称为"熵增加原理"或"熵增加定律"。熵增定律描述了封闭系统内的熵总是趋向于增加，而不会减少。熵增定律是热力学第二定律的一个重要表述。熵增定律的表达式为

$$\Delta S = \int \frac{dQ}{T} \quad (2.1)$$

$$\Delta S \geq 0 \quad (2.2)$$

熵是一个与系统的微观状态有关的物理量。在式（2.1）中，dQ 表示系统吸收或释放的热量微分量，T 表示温度，对微分量求和即得到系统熵的变化 ΔS。式（2.2）表明，在一个绝热系统中，从一个状态到另一个状态的不可逆过程，系统的熵 $\Delta S \geq 0$，即熵总是在增加。

熵增定律核心：在无外力作用的孤立或封闭系统中，熵值将持续增加，不会降低。这意味着，系统将自然地趋向于从有序状态转化为无序状态，其混乱程序随之严重，直至熵的最大值，此时系统将完全处于无序状态。

二、熵增定律是一切问题的底层逻辑

熵增定律揭示了万物演化的根本规律：一切事物均从有序向无序演进，最终面临消亡，这是自然界的一个普遍趋势。宇宙的发展同样遵循这一趋势。根据宇宙大爆炸理论，宇宙起源于一个极端高温和高密度的状态，即大爆炸的起点。当把宇宙视为一个孤立的系统时，观测数据表明，随着时间的推移，宇宙不断膨胀，物质和能量不断扩散，宇宙密度降低而熵值升高，与热力学熵增原理相符。因此，宇宙大爆炸的持续膨胀可以看作热力学熵增原理的自然结果。宇宙从高度有序的状态演化为一个更加无序的状态，呈现目前的发展阶段。

熵增定律在生活中很常见。以一辆放置 3 年未使用的汽车为例，仅与空气接触，可将汽车与周围环境视作一个孤立的系统。随着时间的推移，空气与车体发生氧化作用，导致车身腐蚀、零件锈蚀（空气中的氧气也被消耗）。在没有做保养的情况下，汽车由整洁、可用、有序状态逐渐转变为腐蚀、不可用、无序状态，最终成为一堆废铁。

汽车如此，人也一样。人作为系统，若无自律、坚持和改变的追求，就会逐渐放任自我，走向懒惰、消极，最终陷入混沌。相反，自律和坚持的人通过不懈

努力（主动对抗熵增），能够维持有序和积极的生活状态。

另外，在群体和社会中，熵增定律也无时无刻不在起作用。人们自然倾向于寻求舒适、谋求利益和避免危险，有时甚至违规以达到目的。这种趋势会逐渐导致群体熵增，成员不再各司其职、遵守规则，环境变得混乱。群体的熵不受控制，将损害群体利益，甚至导致严重的负面后果，加速衰败。

三、企业的组织状态

企业由人组成，企业的熵增本质上源自人的行为，熵增的根源在于人性的"劣根"部分。任正非不断强调对抗熵增，消除组织"黑洞"——企业熵增的表现，包括惰怠、"山头主义"、腐败等。其实，这是多数企业都存在的熵增现象。笔者受西交利物浦大学执行校长席酉民教授启发，将企业的组织状态划分为以下三种。

一是明亮星空态。企业以核心利益为中心，员工和资源遵循核心理念、规则及制度，有序运行。这类似太阳系中行星围绕太阳的明确轨道，企业结构清晰，即使面临一些外部干扰或挑战，也能保持稳定，是一种高效且稳定的状态。

二是混沌鸡子态。企业规则与规矩并存，规则基于企业的核心利益和社会普遍价值构建，构成制度框架，规矩则受权力、关系、金钱、人际等因素的影响。这种状态扭曲了企业的运行机制，导致员工形成不同层次的圈子，有时会导致规则扭曲，是一种低效但相对稳定的状态。

三是熵增无序态。企业及下属单位缺乏明确方向和目标，规则和制度失去意义，部门和个人趋利避害，导致混乱和无序，企业加速衰落。这是企业衰落的标志，如果不纠正，则可能导致彻底崩溃。

这三种状态反映了企业在运行过程中不同的组织和管理方式，明亮星空态代表了有"太阳"牵引，企业内部有共同理念的高效稳定状态；混沌鸡子态代表了"阴云"遮蔽"太阳"，企业有制度框架，但因权力、关系等因素的扭曲而变得低效混沌；熵增无序态代表了暗无天日，即企业混乱和衰落的状态。企业应努力维持或追求明亮星空态，以实现高效运营和可持续发展。

与熵增相对应的是熵减（负熵）。熵减是把系统从无序重新变为有序，减少系统混乱度的过程。熵减不会自然发生，它是对抗熵增的过程。

如何达到熵减？熵增定律的前提是无外力做功和孤立系统，所以熵减的关键在于对系统做功和开放系统。对系统做功意味着向系统输入能量，以维持或创建有序性。开放系统是指系统与外界环境进行物质或能量交换。通过这种交换系能够吸收有益的物质或能量，降低熵值，从而维持或增加有序性。

第二节　麦克斯韦妖

对企业来说，采取措施实现熵减是企业发展的关键因素。企业熵值的变化往往遵循一定的规律，与企业发展阶段密切相关。企业在创业初期充满活力，集中精力在产品开发和抢占市场上。随着企业的发展壮大，"大企业病"开始出现，导致熵值升高。这些挑战包括组织臃肿、官僚化、派系形成、内部信息不透明等，从而引发企业内部混乱和负能量。例如，官僚化使企业决策变得缓慢，派系形成后的内斗削弱团队协作力，内部信息不透明导致员工丧失信心。

一、用麦克斯韦妖抗熵增

麦克斯韦妖是物理学中的一个虚构概念，是指一种能够区分热气分子快慢的假想生物，它可以在不做功的情况下，使一个封闭系统的熵减小，是具有探测和控制单个分子运动的能力实体。如图2.1所示，在一个绝热容器中，空气分子进行无规则的热运动，容器中间设有一扇小门。麦克斯韦妖控制着这扇门，可以选择性地将快速分子和慢速分子分别引入不同的格子。分子速度与温度直接相关，速度越快温度越高，导致一个格子的温度高于另一个，从而创造出温差。麦克斯韦妖可以利用温差驱动热机做功，类似永动机的效果。

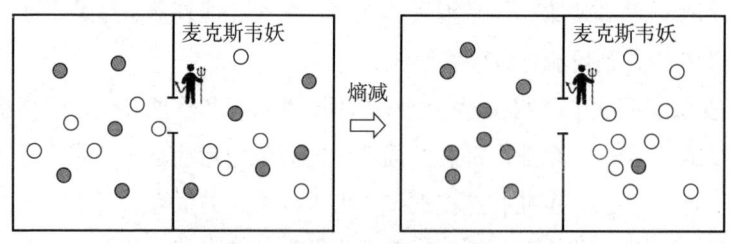

● 能量较高的气体分子　○ 能量较低的气体分子
图2.1　麦克斯韦妖的操作方式

需要注意的是，麦克斯韦妖的概念在封闭系统内机械运动式的永动机问题上并不能成功，因为它违背了热力学第二定律。在现实世界中，永动机是不可能存在的，因为熵增定律告诉我们，系统会自发地趋向混乱。

二、企业管理中的麦克斯韦妖

在企业管理领域，可以借鉴麦克斯韦妖的概念，助力企业从混沌鸡子态上升到明亮星空态。不同于自然界中的封闭系统，企业是由具有意识的个体组成的，这些个体的意识和行为能够对企业系统产生积极影响，推动企业发展。通过优化组织结构、提高效率、培养领导力、创新管理方法等，可以有效地对抗熵增，促进企业持续成长。因此，发现并运用管理体系能够对员工意识和行为产生正面影响，这便是找到了企业管理中的麦克斯韦妖。

企业管理中的麦克斯韦妖究竟是什么，又该如何找到它？对于这个问题，任正非通过四个核心价值理念与坚持开放对抗熵增；而杰克·韦尔奇则将企业打造成"理念机器"，以此对抗熵增并推动企业不断发展。

笔者认为，企业管理理念本身就是企业管理中的麦克斯韦妖，本书的第二部分和第三部分将会探析理念管理的内涵、运行规律、实践中的六个元理念，以及如何逐步建立理念管理体系，此处不再赘述。

第三节 量子力学

我们在第二节讨论了熵增定律，为了对抗熵增趋势，应该找到麦克斯韦妖。在量子力学的规律下，我们观察到人类在意识层面呈现出类似现象，即生命体的行为混乱源自意识的混乱。我们可以将量子力学法则应用于管理实践，通过建立外界意识观测器，促使量子意识叠加态坍缩成确定态，从无序转变成有序，以帮助企业做出正确行动。

一、量子力学法则

我们在谈论"量子"时，实则是在谈论微小至极的事物，它们是物质世界中最小的能量单元。你可以把它想象成微小的颗粒。

在量子世界中，粒子具有不确定性，其位置和状态飘忽不定，就像捉迷藏一样，我们不能精确地知道一个粒子究竟处于何处，只能知道它出现在某个地方的概率。更神奇的是，当我们在观察粒子时，它们的状态会发生改变，就像玩捉迷藏时被找的人会改变位置。也就是说，粒子的状态会随着观察者的介入而发生变化。

量子叠加态是量子力学中一个非常重要且奇特的概念，描述了一个量子可以同时处于多个状态。这意味着在某些情况下，我们无法确定一个粒子究竟处于哪种状态，即存在多种可能性。著名思想实验"薛定谔的猫"表达了相似的意思，即在打开箱子之前，里面的猫处于一个既死又活的状态。

为了更好地理解量子叠加态，下面以著名的双缝干涉实验加以说明，如图2.2所示。

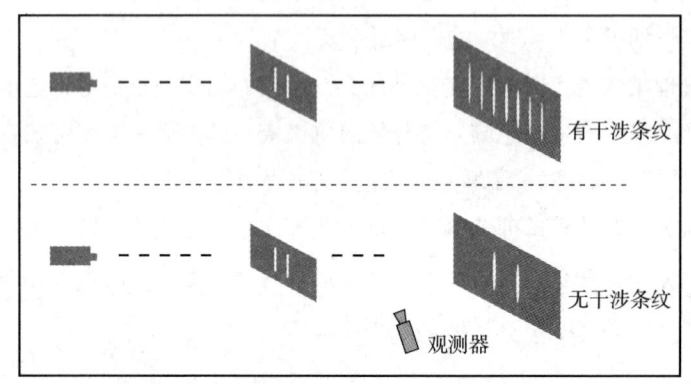

图 2.2　双缝干涉实验

在双缝干涉实验中，将光子这一微观粒子穿过两个并排的小孔或缝隙，然后投射到后面的屏幕上，结果粒子显示出奇特的行为方式。

由于微观粒子具有波粒二象性的性质，即粒子既有波的特性，又有粒子的特性。如果让若干个粒子穿过双缝，且在此过程中不进行观察，那么最终在屏幕上会形成一系列明暗相间的条纹，也就是干涉条纹，如同水波穿过两个缝隙之后形成的波纹一般，体现了粒子波的特性。

但是，如果我们在双缝和屏幕之间架设一台相机（观测器），试图观察每个单独粒子穿过了哪条缝隙，那么光子的状态会像经典粒子一样，只穿过其中一条缝隙，且不再产生干涉条纹，显示出粒子的特性。这就是量子叠加态的典型例子。粒子似乎处于穿过一条缝隙和穿过另一条缝隙的叠加态中，在对其进行测量或观察时，它会坍缩到其中一个确定的状态。

这里用了"坍缩"的概念。量子坍缩意味着一个量子系统从不确定的叠加状态转变为确定的状态，而这种转变是由观察或测量引起的。

量子力学中另一个重要的概念是量子纠缠，如图2.3所示。

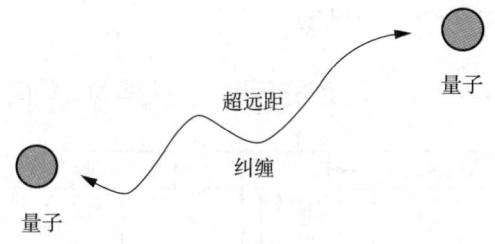

图 2.3　量子纠缠

在量子世界中,当两个或更多的量子粒子相互关联处于纠缠态时,它们之间就会发生纠缠现象,即改变一个粒子的状态,其他粒子会立即做出反应,无论它们相隔多么遥远。这种关联极为奇特且不可思议,因为它违背了我们在日常生活中的直觉。

(1) 叠加态:某一时刻,处于 N 个状态的叠加状态,如某个人既是坐着,也是站着、走着。

(2) 坍缩:某一时刻,从 N 个叠加状态变成一个确定状态。

(3) 观测者效应:某一时刻,不观察它,就是 N 个状态的叠加;观察它,就坍缩成一个确定状态,即观察者的存在改变了其状态。

(4) 纠缠:N 个量子进入纠缠状态后,在某一时刻,其中一个粒子的状态改变会立即影响其他粒子,无论它们距离多远。

二、量子意识理论

现在,让我们把上述量子规律用于了解人类的意识与思维。量子意识理论认为,人类的意识和思维过程可能涉及量子力学中的现象。大脑被视为一个复杂的量子系统,其中存在着大量的微观粒子。这些粒子可能以一种特殊的方式相互关联,被称为"纠缠态"。

当人类产生意识或思维活动时,量子意识理论认为,这些纠缠态的粒子波函数会周期性地坍缩,从而形成人类的意识和思维。这个观点将意识与量子力学联系起来,认为意识可能是量子力学中某种特殊现象的产物。

简单来说,意识是一种量子力学现象,人脑是一种量子结构,在大脑中存在海量的、处于不确定状态的粒子,意识正是从这些粒子波函数的周期性坍缩中产生的。

三、量子意识影响行为模型

将大脑的量子结构和意识产生与行为发生进行模拟,如图 2.4 所示。

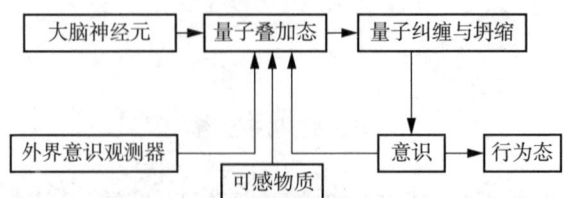

图 2.4 大脑的量子结构和意识产生与行为发生

大脑神经元内的粒子可以同时处于不同的量子叠加态,而不仅仅是一个确定的状态。这些叠加态导致了大脑思维活动的随机性和不确定性。根据量子纠缠与坍缩现象,大脑内部存在大量可能互相纠缠的粒子,它们之间存在一种潜在的联系并相互影响。

外界意识观测器可以观测大脑神经元的量子叠加态,这个过程类似于量子物理中的测量。外界的意识可以是一种想法、一个理念或一个思维方式。当外界意识观测器观测到量子叠加态时,这些量子系统会发生量子纠缠与坍缩现象。在这种情况下,原本处于叠加态的粒子会坍缩到其中一个确定状态,而不再是多种状态。坍缩后的大脑量子形成了一个确定性的意识状态,这个意识态牵引个体行为,对个体行为的推动力取决于这个意识的能量大小。

如果外界同一个意识观测器多次观测,就会与大脑量子相互作用产生多个相似特质的意识状态,这些意识状态不断叠加增强,就放大了这种意识的能量,而能量是决定了人行为的动力。所以,同一外界意识观测器观测次数越多,呈现相似观测意识能量越强,对个体行为的动力影响越大。因此,观测意识在这个过程中扮演了关键角色,通过观测和干预量子系统的状态,产生了新的意识切片,这一过程可以循环往复发生。

因此,产生新的意识与观测意识的相似度取决于三个因素:一是观测意识的强度;二是个体大脑量子的特征强度;三是外部可感物质属性。

推理:当在不同外界意识观测器之间轮换得越多,频次越高时,大脑产生的意识越混乱,无序度越高,行为越混乱,熵值就越大,这就是个体熵增;当只有同一个外界意识观测器,观测次数越多时,形成的同一意识相似度越大,能量越强,行为有序度越高,熵值就越小,这就是个体熵减。所以,熵增的根源是引起大脑量子坍缩的观测器的无序度,与个体的大脑量子特征有关,也受外部可感物质属性影响，但可以通过强化外界意识观测器有序度达到熵减。

四、意识有序度决定个体能力的大小

无序度实质上是系统内部的元素在空间或时间上进行随机运动的程度，这种随机运动导致系统内部混乱和不确定性增加。相反，有序度是指元素按照一定规则或模式进行运动的程度，这种规则性运动使系统内部更加有秩序，可预测性更强。

一个人的能力是其行为的外在表现，行为系统的有序度越高，表现出的能力越强；行为系统的无序度越低，表现出的能力越弱。

行为是由意识决定的，意识是由大脑量子的坍缩引起的，意识的有序度与外界意识观测器和大脑量子特征相关，而大脑量子特征与神经元和脑区之间的连接及活动模式有关，如果一个人的神经元和脑区之间的连接与活动模式的规律性强，就会表现出更强的认知能力和执行能力。这是因为大脑的有序度使信息的传递与处理更加高效和准确。相反，如果一个人的神经元和脑区之间的连接与活动模式较为混乱或不规则，其认知能力和执行能力就会相对较弱，因为大脑的混乱状态会导致信息传递与处理的混乱和不确定性增加。

因此，个体对抗熵增的核心在于建立和维护大脑中意识的有序度。通过吸收外界的有序意识，培养和强化大脑内部的有序连接与活动模式，从而提高个体的认知能力和执行能力，以更有效地应对复杂的情境和问题。

五、团队抗熵增的底层逻辑

理念管理是通过引导和管理组织成员的意识，提高组织内部有序度的。这种管理方式旨在创建一个有秩序、高效和创新的组织环境，以更好地应对挑战。因此，可以把理念管理看作"意识有序度的管理"，通过引导个体和组织的意识，实现更好的绩效和成就。

为方便理解，我们将个人意识与团队意识在量子意识理论下的关系进行简化，如图 2.5 所示。

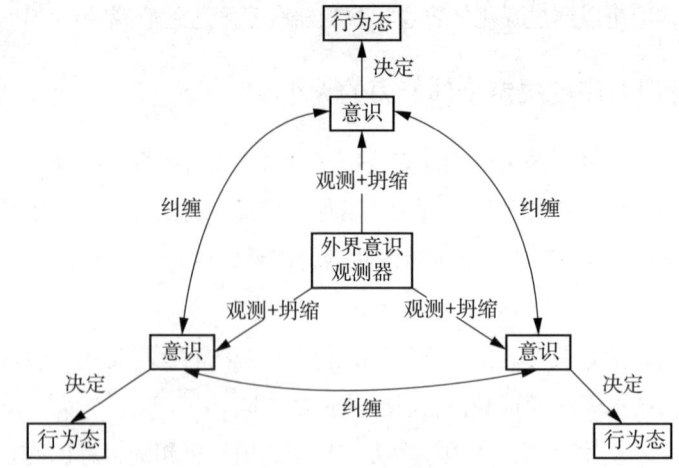

图 2.5 个人意识与团队意识在量子意识理论下的关系

个体的某个状态在这个理论中由一个量子意识状态决定。这意味着个体的思维、情感和行为都可以被看作一个量子意识态的显化。量子意识态是由个体的生物体系和外界意识的观测运动相互作用的。当个体的意识状态发生变化时，就会引发个体行为状态的改变。

与此类似，团队的某个状态是由众多量子意识的集合决定的。在一个团队中，每个成员都有自己的意识状态，也受其他成员意识状态的影响，它们相互发生纠缠作用并形成团队的整体状态。这个整体状态可以看作多个意识状态的坍缩，它决定了团队的特定状态。

在这个理论中，意识观测不断发生，意识形态不断坍缩和变化。每次意识形态的坍缩都会产生一次观测或决策。多次的坍缩过程伴随着意识之间不断产生的纠缠，也是多个意识之间的相互联系和相互作用。这种意识纠缠会形成同一能量的叠加且不断增强，导致个体状态表现出团队的整体状态特性，而不仅仅是个体的特性。这也意味着一个团队的整体状态可以被看作众多纠缠意识的集合，它们之间的纠缠力越大，团队整体状态越稳定，也越容易显现出来。意识之间的相互作用及纠缠对个体和团队的影响极大，它们共同塑造了整体状态和行为。

因此，团队体现的组织行为有序度的强弱，是由团队统一意识的能量决定的，而团队统一意识能量的强弱，是由团队成员外界意识观测器在个体差异下的强化程度决定的；团队成员外界意识观测器就是团队的核心理念。

第四节　纠缠与共振的关联性

同频共振是一种物理现象，是指两个或多个振动系统的振动频率相互接近或相等，使它们之间发生强烈的相互作用和共振现象。这种现象在不同领域的物理系统中都有出现，如机械振动、声波、电磁波等。在团队建设中，我们也经常提及"同频共振"。

量子纠缠与同频共振类似，它涉及两个或多个量子系统之间的相互关联。在量子纠缠中，两个或多个粒子的状态变量（如自旋、位置、动量等）在纠缠态下存在强关联性，它们的状态不能被独立描述，需要以整体方式来考虑。

当同频共振和量子纠缠联系在一起时，会表现出系统之间的相互作用和协同行为。在某些情况下，量子系统的纠缠状态可能使它们的振动趋于同频，从而引发同频共振现象。这意味着量子纠缠可以影响振动系统的行为，使其在共振频率附近表现出更强烈的振动和相互作用。

量子物理学认为，量子能量等于普朗克常数与量子频率的乘积，微观世界主导了宏观世界的运行，所以，万物都是一种能量，所有能量都在以某种频率振动。当时的想法与感觉决定人的能量频率，人想要的事物也在以某种频率振动。当人的意识频率与想要的事物频率相同时，就会产生纠缠效应，心之所想会随之而来。

撒切尔夫人曾说："注意你的想法，因为它能决定你的言辞和行动；注意你的言辞和行动，因为它能主导你的行为；注意你的行为，因为它能变成你的习惯；注意你的习惯，因为它能塑造你的性格；注意你的性格，因为它能决定你的命运。"这句话展现了人的深层想法对人生命运的深度影响力。想法是意识频率的外显，对想法的调节本质上是对意识频率的主动调节。

我们往往认为是"性格决定命运"，通过上述逻辑推理，其本质是"思维方式决定命运"。我们可以用通俗的说法从量子理论角度解释，即思维的量子频率和目标频率的共振决定了人往什么道路前进，走向什么样的命运。另外，"相信改变可以发生是发生改变的前提"，这也是一种量子思维。

王阳明说，"心无外物，物以心生"，即我们对外界的一切感知都源于自己的内心。这意味着我们的思维和情感影响我们对外界的看法，从而引申出了一种看待世界的态度，即看淡得失、放过自己；意味着我们不应过于执着于物质的得失，而应学会接受并放下，使自己的内心变得平静、和谐。

我们可以用量子意识规律为这句话赋予新的含义。"心无外物"中的"物"代表了多余的杂念，这些杂念会干扰我们的思维，进而带来熵增；"物以心生"中的"物"代表了我们追求的目标，这些目标可能是我们生活中的各种愿望和抱负，意识频率和目标频率共振，目标的实现源自心的意识力量。王阳明提醒我们，要澄清思维，去除杂念，审视自己真正追求的目标是什么。通过厘清这些杂念，我们可以更好地管理自己的内心世界，实现更有意义的生活。

现在，让我们谈谈个体和团队之间的关系。个体意识如何影响团队目标，使行为能量频率趋近目标能量频率？每个人都有自己的思维和情感，就像每个人都有自己喜欢的歌曲一样。当团队中成员的能量频率相近时，就像大家在唱同一首歌，容易产生共振效应，这意味着他们的思维和情感协调一致。在这种情况下，团队的能量频率会增强，更容易实现共同目标。

反之，如果团队成员之间的能量频率差距较大，就像每个人在唱不同的歌，则会产生排斥力。这意味着他们的思维和情感不协调，在这种情况下，团队的能量频率会减弱，从而影响共同目标的实现。

我们可以用一个公式表达实现团队目标的途径：

$$\text{每个人的能量频率共振} = \text{团队能量频率} = \text{团队目标能量频率} \tag{2.3}$$

每个人的能量频率共振是指每个人的思维和情感与团队的能量频率完美匹配，就像每个人唱同一首歌一样，团队之间形成了相互纠缠的联系。这个共振状态会随着时间的推移而增强，最终使团队能量频率与团队目标能量频率完全一致。

对于团队来说，每个人的能量频率有高有低，如何让团队中的每个人都达到同频共振呢？这就是本书的核心——"理念管理"要完成的目标。

第五节 熵增定律与量子意识的关联性

熵增定律揭示了人趋向于无序、混乱的规律。量子力学解释了意识的混乱缘由，并给出了如何改变量子状态的方法——坍缩（强化观测）与纠缠（相互影响），首先坍缩成一个确定状态，其次互相影响。

这个联系已渗透在我们的日常生活中。比如，挺直腰可以帮助人集中精神，就可以用熵增定律和量子力学进行解释。挺直腰的意识输入会引导肌肉力量维持姿势，意味着人的身体进入一种相对稳定的状态，可以将其类比为意识坍缩状态。当人保持挺直腰的状态时，其身体姿势相对不变，减少了不同可能性的状态。这种身体的坍缩状态能将人的思维和注意力集中在事物上，从而更容易集中精神。

在日常生活中，若人没有意识到挺直腰的重要性，就会放松身体，如选择躺下。在这种状态下，人的身体处于一种量子叠加状态，各部位可以随意变化，展示出多种可能性。这种身体的叠加状态可能导致人的思维更加分散，难以集中注意力。

为了解决这一问题，我们可以借鉴物理学中的麦克斯韦妖概念。这是一个假想的存在，它能探测和控制单个分子的运动。这意味着麦克斯韦妖能够观测并选择性地影响分子的状态，从而控制物质的运动。虽然在现实中不存在这样的实体，但是这个概念能帮助我们理解和控制意识。

在这个比喻中，意识的产生就像麦克斯韦妖对分子的控制，它选择性地引导大脑进入特定的状态。这些状态可以被看作不同的思维状态，进而影响人的行为。

值得注意的是，这种意识的坍缩并不是单独存在的，而是一个连续的过程，它能够促使意识之间相互纠缠。这种纠缠意味着个体之间的思维和行动可以相互影响，就像量子纠缠中粒子间的联系。在个体层面上，这种相互作用和影响形成了一种思维与行动的共振。在团队或集体层面上，个体行为状态的纠缠决定了整个团队的行为状态，而团队的行为状态又决定了最终的结果和产出。因此，意识的坍缩和纠缠过程实际上是提高整个系统状态一致性的密码。

总体来说，生命系统的混乱和熵增源自量子意识的不确定性叠加态，导致能量频率混乱、思维无序、自律性减弱，从而导致熵的增加。因此，抵抗熵的增加需要通过正能量的意识不断地坍缩和纠缠来实现。

理念管理要解决的问题是如何制造一种类似麦克斯韦妖的存在，即如何实现纠缠，使团队能够完成目标，实现有序成长。理念管理的力量能使个体与团队的意识不断坍缩和纠缠，实现团队行为的共振，帮助企业获得成功。

第二部分
探析理念管理

第三章

理念管理和管理理念

基于熵增定律，没有外部约束的系统会朝着熵值增大的方向发展，即变得越来越无序、混乱。这一定律适用于所有自然现象，包括生命和社会。人类的思维和行为也受熵增定律影响，导致一切趋向于无序、混乱和灭亡。不过，物理学给出了一种对抗熵增的方法，即量子力学规律给我们带来的启示。量子力学揭示了万物既是物质也是一种能量，以一定的频率在振动。我们的意识也是一种能量，当意识频率与我们想要的事物同频时，就能吸引和创造我们想要的事物。

管理学的一个重要任务是理念管理，即通过有效的方法和手段，建立、传播、维护和更新团队的理念，使之与团队的目标和环境相适应，从而促进团队有序成长。

第一节 理念管理的内涵

理念是指个体或组织的价值观、信念、目标、愿景和策略等，它们构成了意识的内核。理念可以影响个体或组织的思维方式、行为模式、决策过程等，从而影响其对外界的适应性和创造性。理念的形成和变化受多种因素影响，如个人经历、社会环境、文化背景、教育水平等。理念管理的目的是通过理念的力量实现企业目标、创造企业价值、满足企业利益。理念管理的过程是对企业理念进行有效的塑造、传播和执行，从而提高企业的思维有序度，降低企业的混乱度，使企业从无序向有序乃至高度有序转化。理念是企业的灵魂，是企业的核心竞争力，是企业的减熵之源。

理念管理是一种基于量子理论的管理方法。理念管理的理论基础是量子力学中的两个重要概念：观测和纠缠。观测，是指对量子系统的测量，会导致量子系统从一种不确定的叠加态坍缩为一种确定的本征状态。纠缠，是指两个或多个量子系统之间存在一种特殊的关联，使它们的状态不能单独描述，而只能作为一个整体描述。当一个量子系统被观测时，它的纠缠伙伴会同时坍缩为相应的状态，无论它们相距多远。

理念管理将这两种概念引入组织管理，认为理念就是量子意识的观测器，能够影响组织中的人员、物质和信息的状态。理念是一种对组织的价值、目标、规则、方法等方面的认知和信念，能够激发和引导组织成员的行为与思维。理念管理的核心任务是通过创造和传播理念，使组织中的人员、物质和信息达到一种纠缠状态，即它们不能孤立地存在，只能作为一个整体共生。这样，当组织中的某一部分发生变化时，其他部分也会同时发生相应的变化，从而实现组织的高效运行和协调发展。

从本质上来看，理念管理旨在提高个体和组织的意识有序度，从而提高其能力和效率。理念管理的核心概念是理念和麦克斯韦妖。麦克斯韦妖的存在表明，信息和熵之间有着紧密的联系，信息的获取和处理可以改变系统的状态与能量。理念就是一种信息，它可以作为麦克斯韦妖的工具，通过对个体或组织的影响，使其从混乱向有序转变，从而提高其效能和价值。理念管理就是将理念作为麦克斯韦妖的工具，降低个体或组织的意识熵，即提高其意识有序度，使系统从无序向有序乃至高度有序转化，即系统中的各个要素协调一致、相互支持、有序运行，从而形成一个高效的整体。

理念管理的重要性在于，其可以帮助个体或组织建立和维持一种积极、健康、和谐的意识状态，从而提高其对内外部环境的适应能力和创新能力。理念管理的难点是对个体或组织的意识水平要求较高，即个体或组织要清晰地认识自己的理念，以及理念与实际情况之间的差距和矛盾。理念管理的方法在于，它需要个体或组织有效的意识工具，即能够运用合适的方式与手段塑造、传播和执行自己的理念，以及解决理念与实际情况之间的问题和冲突。理念管理的结果在于，它可以使个体或组织的意识质量得到提升，即能够形成一种与自身目标和价值相一致的意识形态，从而实现个体或组织的进步。

理念管理是一种以理念为核心、以价值观为指导、以文化为载体、以创新为动力、以成长为目标的管理模式。理念管理的应用，需要企业有清晰的定位、远大的愿景、坚定的信念、创新的精神、协作文化以及成长目标。理念管理的基本思想是通过明确企业的使命、愿景、核心价值和战略目标，激发员工的主动性、创造性和协作性，形成一种共同的信念和行为准则，从而提高企业的竞争力和可持续发展能力。

远大集团的核心理念：不模仿，独创技术，为了人类未来。远大集团董事长张跃说，这个理念让远大集团成为一个神奇的存在，不贷款、不上市、不多元化，专注于原始创新的节能、耐久、洁净、安全科技，保护地球家园和人类生命。其中，不上市是为了避免被资本或者投资人干扰，保持自主创新的能力和灵活性。

远大集团的做法符合理念管理理论的核心规律：树立一个正确的核心理念后，将理念用于企业战略、战术及经营管理过程，持之以恒，会结出硕果，并使企业行稳致远。

因此，理念管理是对个体、团队以及企业思维有序度进行管理，从而减少系统混乱度，使系统从无序向有序乃至高度有序转化的减熵管理办法，以此提高运行效率，实现组织目标。

第二节 广义理念与管理理念

一、广义理念

广义理念是一个涵盖了多种含义和用法的概念，我们可以从不同角度和层次进行理解与分析。

首先，广义理念可以被理解为看法、思想、思维活动的结果，它强调了理念的主观性和创造性，即理念是人们对自身或外部世界的认识、评价、感受和想象，是人们在思考问题、解决问题、表达意愿、追求目标等过程中产生和运用的思维成果。例如，人们对美好生活的理念反映了人们的价值取向、生活方式、幸福感等，人们对社会正义的理念反映了人们的道德观、公平观、责任观等。这些理念是人们的主观判断和选择，是人们思维活动的结果，也是人们行为和决策的指导与动力。

其次，广义理念可以被理解为理论和观念，它强调了理念的客观性和普遍性，即理念是人们对自然界或社会现象的规律性、本质性、关联性的总结，是人们在观察、分析、解释、预测等过程中形成和应用的思维工具。例如，牛顿力学的理念是人们对物体运动规律总结出的理论，反映了人们对自然界的认识和掌握；马克思主义的理念是人们对社会发展规律总结出的理论，反映了人们对社会现象的分析和解释。这些理念是人们的客观描述和推理，是人们的思维工具，也是人们的智慧。广义理念是人们与自身及外部世界交流和互动的重要方式，是人们思维和行为的基础与动力，是人类文明的源泉和推动力。

二、管理理念

管理理念是指在管理活动中遵循的基本原则、观念和方法，既是对管理实践的抽象总结，也是指导实践的理论思想。管理理念是基于对管理实践的认知，将特定形势下的思维模式上升到理性高度，经过加工、凝练、包装化得以形成后，用于组织运营与管理的思维模型，旨在实现组织绩效、员工品格与能力提升，并对社会进步作出贡献。管理理念是企业成功的关键资源，超越人力、物力、财力等资源。

我们通常认为，企业发展的资源是人力、物力、财力三个核心。然而，在企业实践中，有些企业可能更注重技术创新或市场竞争；有些企业则可能更注重产品或服务本身的质量和价值；还有些企业可能更注重长期稳定或持续增长，而不需要频繁地进行扩张或投资。因此，不同类型的企业对人力、物力、财力三个方面各有偏颇，不能一概而论。

卓越企业的发展核心经验是理念驱动，人类社会进步也是如此。卓越企业之所以能够长期保持竞争优势和社会影响力，不仅仅是因为它们拥有优秀的产品或服务、高效率的运营或强大的市场份额等，更重要的是因为它们拥有独特而持久不变的核心理念，并将其内化为组织文化和价值观，通过各种机制与手段传递给员工和客户，再通过各种创新行动实现其愿景和使命。

华为是中国最杰出的企业之一，它的创始人任正非是一个传奇人物。华为最重要的权力是什么？有人说是控制财务的权力，有人说是决定人事的权力，有人说是调整薪酬的权力。任正非认为华为最重要的权力是思想权和文化权。他早就把财务权和人事权交给了其他人，但他从不放弃思想权和文化权，因为他要确保华为的理念和方向永远不会偏离。

因此，理念是高于人力、物力、财力这些有形资源的无形资源。

（1）管理理念是特定形势下的思维模式。

管理理念不是一成不变的，而是根据时代、环境、市场、竞争等因素变化。管理者要有敏锐的洞察力，能够抓住形势的变化，及时调整自己的思维方式，制定出符合实际情况的管理策略。

（2）管理理念是上升到理性高度的观念。

管理理念不是凭空想象的，而是基于对管理实践的认知，经过判断、分析、归纳、比较、推理及计算等活动过程，形成具有逻辑性、科学性、系统性的观念。理念管理要求管理者具有严谨的思维能力，能够从大量的数据、信息、案例中提炼有价值的知识，构建有说服力的理论，用于指导自己的管理行为。

（3）管理理念应当秉持简洁明了、易于传播、易于执行的指导原则。

管理理念不是零散的，而是经过加工、凝练、包装化形成的。管理者应当具备良好的表达能力，用有力的语言将自己的管理理念传达给组织内外的各方利益相关者，激发他们的认同感和参与感，形成共同的价值观和行动准则。比如，知名的循环式管理理念PDCA［计划（Plan）、执行（Do）、检查（Check）、改进（Act）］，其核心思想是通过不断改进，提高管理效率和质量，这一管理理念适用于各种管理场景，有利于发现问题和解决问题，促进企业持续改进和创新。又如，旨在提高组织质量和效率的六西格玛管理理念，其核心思想是通过定义、测量、分析、改进和控制的过程，系统地识别并消除影响质量和效率的因素。六西格玛管理理念的优点是，它可以帮助组织节省成本，提高客户满意度，增强企业竞争力。

（4）管理理念必须贯穿组织运行的全过程。

管理理念是组织运行的基础和核心，它可以影响组织的各个方面，从而决定组织的成败与兴衰。管理理念必须贯穿组织运行的全过程，以确保组织的一致性、有效性和持续性。具体表现：管理理念应当提供方向和指导，帮助组织确定其愿景、使命、目标和策略，以及如何应对外部环境的变化和竞争；管理理念应当决定组织的人才招聘、培训、激励、评估和留任方式，关注员工的满意度、忠诚度、参与度和职业发展。从微观层面来看，管理理念明确了组织的质量目标、标准和流程，以及如何监控和改进组织产品与服务质量。

第三节　管理理念的特征

一、管理理念的层次性

管理理念，是指管理者对管理的本质、目的、方法、原则等的认识和主张。

它既体现了管理者的思维方式和价值取向，也指导了管理者的管理行为和决策。管理理念可以分为元理念、亚理念和辅助理念三个层次。这三个层次从高到低，从抽象到具体，从全局到局部，从根本到辅助，从统一到多样。识别并理解管理理念的层次性可以帮助我们在企业实践中把握管理理念的重点，避免混淆，实现管理理念的统一。

1. 元理念

元理念是系统主旋律，具有全局性、奠基性作用。元理念是管理者对管理的最基本、最核心、最普遍的理念，涵盖了管理的各个领域，是管理者的哲学和信念，也是管理思想的源头和基础。元理念是管理者的管理灵魂，是管理风格和管理文化的根本，是对管理目标和管理策略的指导，是管理创新和管理改革的动力。

例如，企业想要构建科学的人力资源管理体系，必须坚持贯彻以人为本的管理理念，这种以人为本的管理理念就是一种元理念，贯穿管理的全过程，是管理者的信条和准则。这种元理念强调管理的本质是人的管理，管理的目的是人的发展，管理的方法是对人的关怀，管理的原则是对人的尊重，管理的效果是人的满意。河南知名连锁超市胖东来多年来持续践行的以客户为中心的管理理念，就是以人为本元理念的具体表现。

2. 亚理念

亚理念是元理念的展开与分支，具有局部性、细化性的作用。亚理念是管理者对管理的某个层面或某个领域具体的、特殊的、针对性的理念，是元理念在不同管理场景与管理问题中的具体化和实践化，是元理念的延伸和补充、分解和细化。具体来说，亚理念包括管理者运用的管理工具和管理技巧，是管理者的方法和手段，涉及管理规范和标准、管理评价和反馈。

胖东来之所以能成为河南本土的零售"神话"，乃至整个零售业难以复刻的"传奇"，是因为它践行以客户为中心的管理理念，管理重点是满足客户的需求和期望，管理方式是倾听客户的声音和建议，管理标准是提高客户的满意度和忠诚度。以客户为中心的管理理念主要应用于市场营销和服务管理等领域，也是上述以人为本的元理念在这些领域的具体体现和实施。

3. 辅助理念

辅助理念是在元理念的指导下，对亚理念的支持和补充，能够帮助企业在不同的环境和情况下，调整和优化管理实践，完善和改进管理效果，协调和平衡管理目标，体现了企业在管理上的务实和理想主义的结合。辅助理念是管理者的有效工具和智慧结晶，能够提高管理者的管理能力和管理水平，以及管理者的管理效率和管理质量。

胖东来以客户为中心的管理制度和业务标准是辅助理念的具体实施和落地，体现了胖东来对顾客的尊重和关怀，以及对顾客需求和期望的满足与超越。胖东来的辅助理念主要包括以下几个方面：实行"无理由退换"政策，保障顾客权益，增强顾客的信任感；提供免费附加服务和便利设施，增强顾客的体验感，提升顾客的满意度和忠诚度；根据顾客需求和反馈意见，不断调整商品种类和提高品质，满足顾客的个性化需求，丰富顾客的选择品类；定期举办各种活动，增进与顾客的感情和互动，增强顾客的归属感和认同感。胖东来的辅助理念不仅体现了对顾客的关注和重视，也体现了对员工和社会的关心与负责，形成了一个和谐、共赢、可持续的管理生态，为胖东来的成功奠定了坚实基础。

二、管理理念的边界性

管理理念有适用范围和条件，不同的管理理念有不同的边界，不能一概而论或随意迁移，更不能盲目套用。管理理念的边界性特征有助于管理者区分、选择适合所在企业的管理理念，避免误用和滥用。

我们可以从企业系统框架来理解管理理念的边界性。一个企业系统由若干个子系统构成，不同子系统因业务专业性不同需要不同的管理理念，不能将一个子系统的管理理念强加给另一个子系统，也不能将一家企业的管理理念照搬到另一家企业，否则会造成管理的失效和混乱。管理理念的边界性是管理者在实践中必须面对和解决的重要问题，我们可以从以下两个方面来理解。

1. 适应性

管理理念需要根据不同子系统的特点与要求进行相应的调整，以保证管理理念的有效性和合理性。例如，胖东来的市场营销子系统和人力资源子系统就有不同的管理理念，前者以客户为中心，后者以员工为本，这两种理念虽然都是以人为本的元理念的展开，但是在具体的管理目标、管理方法、管理标准等方面有所不同，以适应不同的管理对象和管理环境。这就是管理理念的适应性，它要求管理者灵活地运用管理理念，根据不同的管理情境，选择合适的管理方式，达到最佳的管理效果。

2. 协调性

企业系统的子系统之间是相互联系和影响的。因此，管理理念需要在不同的子系统之间进行协调，以保证管理理念的一致性。胖东来的市场营销子系统和人力资源子系统虽然有不同的管理理念，但它们都是为了实现胖东来的企业愿景和使命，即打造一个和谐、共赢、可持续的零售生态。因此，它们要在管理理念的层次、方向、原则等方面保持一致，以避免管理理念出现冲突和矛盾。这就是管理理念的协调性，它要求管理者整合管理理念，根据企业系统的整体目标，协调各个子系统的管理行为，实现管理理念的统一。

三、管理理念的交互性

管理理念不是孤立的，而是相互联系的，不同的管理理念之间存在共性的东西，根据规律的普遍性，共性的需要坚守的理念就是管理理念的交互性。管理理念的交互性可以帮助我们整合和协调不同的管理理念，避免冲突和矛盾，实现管理理念的协作和共赢。

我们可以从一个企业系统的框架理解管理理念的交互性。企业系统由若干个子系统构成，虽然各子系统的专业性不同，但有共性的东西存在。例如，都需要遵守企业的愿景、使命、价值观等元理念，都需要符合企业的战略、目标、政策等亚理念，都需要遵循企业的流程、规范、制度等辅助理念。这些共性的东西就是管理理念的交互性，它们可以保证企业系统的一致性、有效性和持续性。

四、管理理念的阶段性

管理理念的阶段性，是指管理理念随着企业的发展阶段，以及市场环境的变化而变化，不同的发展阶段需要不同的管理理念，以适应不同的需求和挑战。管理理念的阶段性可以帮助我们灵活、及时地调整和更新管理理念，避免僵化和落后，实现管理理念的创新和变革。

管理理念的阶段性可以从企业的生命周期来理解。企业的生命周期可以分为创业期、成长期、成熟期和衰退期，在不同的生命周期，企业的规模、结构、战略、文化、风险、机遇等都有所不同，因此，需要有不同的管理理念应对。在小米公司创业初期，以"让每个人都能享受科技的乐趣"为使命，注重创新和快速迭代。随着公司的发展，小米公司开始注重效率和规范，提出"做正确的事"的管理理念。近年来，小米公司又提出"科技以人为本"的价值观，强调科技的社会责任。

五、管理理念的逻辑性

管理理念是基于理性的思考和判断，而不是基于感性的直觉和想象，要经得起逻辑的检验，符合科学的原则，具有内在的一致性和外在的有效性，而这些便是管理理念的逻辑性。管理理念的逻辑性决定理念的质量和价值，影响管理理念的传播和实施。我们可以从管理理念的形成过程、应用效果两个方面分析其逻辑性。

1. 管理理念的组成内容

管理理念要有充分的事实和数据支持，要有清晰的逻辑链条和论证过程，要有完整的理论框架和方法体系。如《基业长青》对若干卓越企业的历史、战略、文化、组织、领导、创新等方面进行了深入分析，总结出如"保存核心，刺激进步"，"面对残酷的事实，保持信念"，"用最优秀的人才，做最重要的事情"等管理理念，这些管理理念具有逻辑性。

2. 管理理念的应用效果

管理理念的应用效果具有极强的逻辑性，其基于管理理念的指导，通过实施管理行为，达到管理目标。管理理念要能解决管理问题，提高管理效率，增强管理效果，满足管理需求。管理理念不是空洞的口号，而是要有具体的操作方法和可衡量的评价标准，还要有可比较的反馈机制和可持续的改进措施。《基业长青》一书中阐述的管理理念，经过了实践检验，证明了其有效性和适用性。这些管理理念不仅帮助企业在各自领域取得了卓越的成就，也为其他企业提供了借鉴意义，进而实现了从优秀到卓越的转变。

六、管理理念的实践性

管理理念的实践性要与管理实践相互适应、相互促进，体现了物质与精神、存在与意识的关系。

管理理念的实践性要求管理者既要重视其科学性和理论性，又要重视其实用性和操作性；既要坚持其稳定性和连续性，又要注重其变革性和创新性；既要尊重其普遍性和共性，又要考虑其特殊性和个性。管理理念的形成和发展与管理实践密切相关，它既源自实践，又反作用于实践，推动实践不断进步和创新。

1. 管理理念源自管理实践

管理实践是管理理念的基础和前提。管理实践，是指人们为了实现一定的目标，对人、物、财、信息等资源进行组织、协调、控制和激励的活动，是一种社会实践活动，具有复杂性和不确定性。在管理实践的过程中会产生各种问题，需要人们运用智慧，找出解决问题的方法，从而提高效率。这就促使人们对管理实践经验进行总结，提炼规律，形成管理理念。例如，泰勒的科学管理理念是在工业革命背景下，通过对工厂生产过程的观察与分析提出的以提高劳动生产率为目标的管理原则和方法；德鲁克的管理学理念则是在二战后的社会变革和经济发展背景下，通过对企业和社会的研究与咨询归纳出的一套以提高管理效能为目标的管理理论及实践。

2. 管理理念反作用于管理实践

管理理念是管理实践的指导和动力，是对管理实践的概括和升华，具有一定的科学性、系统性和前瞻性，能够为管理实践提供理论依据、指导方法。管理理念的运用与实施可以帮助管理者认识并把握管理实践的本质和规律，提高管理水平和管理质量，促进管理实践的创新发展。例如，马斯洛的需求层次理论就是一种管理理念，它为管理者提供了一种理解和激励员工的方法，帮助管理者满足员工不同层次需求，提高员工满意度。

七、管理理念的简洁性

管理理念的简洁性是指管理理念经过加工、凝练、包装化，形成简洁明了、易于传播和执行的指导原则。简洁的管理理念不仅有利于企业管理者清晰地表达自己的思想，也便于组织各方利益相关者（如员工、股东、客户等）理解和接受管理理念，从长远来看，有助于企业高效率、高质量地落地和执行管理理念。管理理念的简洁性体现在语言、形式和内容三个方面。

1. 语言的简洁性

管理理念要求管理者使用简单、明了、有力的语言，便于理解和记忆，避免使用专业术语、抽象概念、模糊词汇。比如，美国前总统林肯在葛底斯堡演说中，用不足300个字，不到3分钟时间，阐述了独立宣言支持的凡人生而平等原则，成为世界最著名的演讲之一。又如，苹果公司创始人乔布斯在1984年推出麦金塔计算机时，用"Think Different"概括了苹果的创新理念，引领了个人计算机领域的革命。

2. 形式的简洁性

管理理念要求管理者使用简洁的形式，如图表、符号、口号、标志等，便于展示和传播。例如，亚马逊的 Logo 是一个橙色的字母组合，其中，在 a 和 z 之间有一个弯曲的箭头，形似一个笑脸，表达了公司的亲和力和微笑服务，同时表示了公司提供的从 a 到 z 的各种产品和服务。知名运动品牌耐克的 Logo 是一个简洁的钩形，代表了运动员的动态和力量，寓意着胜利和成功，同时符合公司的口号"Just do it"。

3. 内容的简洁性

管理理念要求管理者使用简洁的内容，如核心价值、愿景使命、战略目标等，便于执行。例如，阿里巴巴集团的管理理念是"让天下没有难做的生意"。这 10 个字概括了阿里巴巴的核心价值和愿景使命，指导了阿里巴巴的各项业务和发展。

管理理念的简洁性是管理者对艺术的深刻理解和高超技巧的体现，是管理者的智慧结晶。它体现了管理者的深刻洞见，是管理哲学有效传达和实施的保障，也是管理实践持续改进和创新的动力。

八、管理理念的传承性

管理理念是企业的基因，储存了企业的使命、愿景、价值观、目标、策略、流程、规范等的全部信息，演绎了企业的决策、执行、协作、创新、学习等重要管理过程，决定了企业的成立、发展、转型、兴衰等现象。管理理念不仅决定了企业的形态、功能和特性，也是企业演化、前进的动力，促使企业进行创新变革，以适应不同的市场环境。

管理理念是企业的 DNA，通过企业的领导者等传递给员工，形成基因库。管理理念的传承需要有明确的传播渠道和考核机制，如培训、沟通、激励、奖惩等，以确保管理理念的有效传递和执行落实。

1. 管理理念在组织中具有传承性

管理理念在企业内部进行传播、传承，是企业的核心竞争力。管理理念的传承性需要有明确的传播渠道、鲜明的特征、有效的方法，以确保理念的有效传承、清晰表达和正确实践。

2. 管理理念的传承性与组织结构有关

一般来说，有明确的职责划分、权力分配和沟通渠道的组织结构更有利于管理理念的传承，因为，它可以使管理者清晰地定义目标、分配资源、监督进度和反馈结果，从而提高管理效率和效果。

3. 管理理念的传承性与员工特征有关

通常情况下，员工对理念的认同与其经历、经验和认知有关，一旦认同，就会很自然地为其他员工做出表率，从而促进管理理念的传承。

九、管理理念的创新性

管理理念的创新性，是指通过对事物的重新认识、重新组合、重新利用，创造出新的价值和意义。创新性是一种创造力，能够突破既有的框架和限制，开拓新的领域和空间，满足新的需求和期望。

人类社会的发展，就是观念不断创新而形成的思想，引起社会制度不断变革的过程。从历史的角度来看，每次社会的重大变革都是由一种新的理念引发的。理念创新是一种思想革命，能够颠覆旧的观念和制度，建立新的观念和制度；理念创新是人类社会发展的源泉，能够激发人们的思想活力，推动社会进步。

著名经济学家熊彼特将创新分为五种类型，分别是新产品、新生产方法、新市场、新原材料或半成品、新组织形式。他认为，企业家是创新的主体和推动者，他们通过创新获取超额利润，从而实现经济发展。

熊彼特的创新理论，可以进一步延伸到理念创新。理念创新就是在管理领域引入新的理念、新的思维模式、新的价值观、新的行为准则，从而改变现有的管理结构和管理方式，创造出新的管理效果和管理优势。

第四章

企业理念管理的内容

企业的成功不是偶然，而是遵循其内在逻辑和规律的结果。这些逻辑和规律构成了企业的理念。企业系统中的各子系统，如战略、组织、流程、文化、人才等，在社会环境的外力作用和各子系统的内在规律作用下，形成了各子系统的元理念。企业在不同层级和领域形成的元理念的集合，构成了企业元理念系统。企业元理念系统既是企业的灵魂和 DNA，也是企业可持续发展的保障。

企业运转是行稳致远还是昙花一现，主要取决于企业元理念系统的三个重要维度，即正确性、落地性和坚持性。

（1）正确性是指企业元理念系统是否符合市场需求、客户期望、社会责任和法律规范，能否为企业创造价值、提升竞争力和实现可持续发展。正确性是企业元理念系统的基础，如果企业元理念系统不正确，那么无论怎样落地和坚持，都会导致失败。如果一家企业的元理念是以牺牲环境和社会利益为代价，追求短期的利润最大化，那么这家企业的元理念系统就是错误的，因为，它违背了市场规律和社会道德，会遭到消费者的抵制、政府的惩罚和竞争对手的超越。

（2）落地性是指企业元理念系统能否转化为具体的行动、措施和制度，能否有效地指导与约束企业的各项决策和行为，能否形成一种独特的企业文化和氛围。落地性是企业元理念系统的核心，如果企业元理念系统不能落地，那么它就是一句空话，无法对企业的运转产生实质性影响。如果一家企业的元理念是以客户为中心，提供优质的产品和服务，但是企业在实际经营中忽视了客户的反馈、投诉和建议，或者对客户的需求和满意度没有进行有效的监测与评估，或者对客户的忠诚度和维系没有采取有效的措施，那么这家企业的元理念系统就是没有落地的，因为它没有体现在企业的具体行动和制度中。

（3）坚持性是指企业元理念系统能否在企业的发展过程中保持一致和稳定，能否抵御外部的干扰和诱惑，能否适应内部的变化和创新。坚持性是企业元理念系统的保障，如果企业不坚持元理念系统，企业元理念系统就会随着时间的推移淡化、变形，或者随着环境的变化摇摆、妥协，从而失去企业的特色和优势。诺基亚公司的品牌口号是"Connecting People"（连接你和我）。这个元理念反映了诺基亚公司的愿景和使命，也是诺基亚公司在移动通信领域取得领先地位的核心竞争力。诺基亚公司在其发展历程中曾坚持这个元理念，不断推出创新的产品和服务，满足不同用户的需求，为人们的沟通和生活带来便利。然而，随着智能手机的兴起，诺基亚公司放弃了自己的元理念，没有及时跟上市场的变化，也没有保持自己的创新能力，导致其市场份额和品牌影响力大幅下降。

一般而言，企业元理念系统可以用一个矩阵表达：行为企业各子系统，列为企业各层级元理念。这样的矩阵有助于企业明确目标、方向、价值和行动，从而提高企业的竞争力和效率。本章将就企业的科学原理、愿景、使命、价值观、商业模式、管理方法、产品创新七个层级理念及其作用进行探讨。这七个层级理念相互关联，构成了一个完整的企业元理念系统，为企业的发展提供了指导和动力。

第一节　科学原理

一、科学原理的定义

科学原理是指反映自然、社会和思维等领域中客观规律的分科的知识体系。科学原理是在大量观察、实验和实践的基础上，经过归纳、概括和推理得出的。科学原理既能指导实践，又必须经受实践的检验。科学原理是科学的核心和灵魂，是科学的基础和前提，是科学的目标和方法。

企业在经营实践中，同样要遵循科学原理。比如，全球领先的航空航天企业波音公司，以科学技术为基础，不断创新，生产出更优质的飞机，推动了航空业的进步。此外，波音公司也是科学管理的持续践行者。通过建立并实践高效的质量体系，波音公司保证了产品和服务的水准。波音公司还弘扬科学文化，培养了一批具备科学素养的专业人才，为公司的持续发展奠定了基础。

二、科学原理是普适性的规律

科学原理具有普适性，适用于一切同类的事物和现象，不受时间、空间和条件的限制。科学原理是客观的，不依赖于人的主观意志和感受。科学原理是通过观察、实验和推理等方法得出的，反映了事物的本质和客观规律，不受人的喜好、偏见和情绪等主观因素影响。此外，科学原理是基于大量事实和证据的总结与归纳，具有普遍的适用性和可验证性，不是凭空想象或猜测的结果。

三、科学原理可以用于企业的理念构建

科学原理不仅在自然科学领域有着重要作用，在社会科学和管理科学领域也有着广泛应用。科学原理不仅是科学研究的指南，也是企业经营的指导。许多成功企业都是基于科学原理制定与执行它们的战略和决策的，如华为的"熵减"理念，就是基于热力学第二定律，实现了持续的发展和创新。科学原理可以帮助企业认识市场、客户、竞争和自身的规律，从而制定合理的战略、目标和措施。科学原理可以激发企业的创新精神，促进企业的技术进步、产品优化和服务提升。科学原理可以培养企业的理性思维，提高企业的分析能力、判断能力和决策能力。

企业的理念是企业的经营思想和哲学，也是企业的灵魂和核心。企业的理念要有科学的依据和支撑，才能有效地指导企业的发展和创新。科学原理是基于事实和证据、逻辑和推理的，可以帮助企业客观地认识自己的优势和劣势，以及外部的机会和威胁，从而制定符合实际的理念和目标；科学原理是基于创新和探索的，而不是基于保守和模仿的。遵循科学原理的企业能够不断提出新的问题与假设，以及验证和改进自己的理念与方法，从而保持竞争力和领先地位。

将科学原理应用于企业管理中，是指运用科学的方法和思维，对企业日常经营的各个方面进行系统地分析、设计、改进和评估，以提高企业的效率、效果和竞争力。我们认为，科学原理包括科学的目标、科学的过程、科学的方法和科学的思维。

（1）科学的目标：明确企业的愿景、使命、价值观和战略，以及衡量企业绩效的指标和标准，使企业有明确的方向和目标。

（2）科学的过程：建立企业的组织结构、流程、规范和制度，以及相应的监控和反馈机制，使企业的运行更加有序和高效。

（3）科学的方法：运用数据、统计、模型、实验等工具，对企业的现状、问题、机会和风险进行客观、深入地分析，以支持企业的决策和创新。

（4）科学的思维：培养企业的理性、逻辑、批判和创造性的思维能力，以应对企业复杂和变化的环境，不断学习和改进。

特斯拉创始人马斯克是一个用科学的方法和思维做事的企业家，他不是满足于接受现有的解决方案，而是从根本上重新思考问题和答案。他是一个坚持用第一性原理思考的企业家。第一性原理是指从最基本的事实和规律出发，不受传统观念和常识的束缚，通过逻辑推理和创造性思维解决问题的方法。基于第一性原理，马斯克能够把复杂的事物分解成最简单的要素，然后重新组合成更好的方法。这种原理是由古希腊哲学家亚里士多德提出的。亚里士多德认为，每个系统都有一个不能被否定或删除的最基本的命题，这就是第一性原理。马斯克用第一性原理提供了许多颠覆性的产品和服务，如电动汽车、太空探索和太阳能等，他用科学的方法和思维进行产品创新，展现了他的创新元理念。

另一个典型的例子是华为。华为从未放弃以客户为中心的理念，这是华为的生命线。华为不断寻求新的市场机会和技术突破，继续保持对产品质量和服务质量的追求，赢得了全球客户的信任和支持。华为的成功不是偶然，而是基于一种科学原理，即熵增定律。熵增定律揭示了自然界的一个普遍规律，即一切事物都是从有序向无序的方向发展的，是不可逆转的。对于一家企业来说，如果不进行有效的管理和创新，就会随着时间的推移衰落和消亡，这是熵增定律的必然结果。因此，要想"活下去"，就必须不断降低自身的熵，即提高自身的有序度，这需要付出巨大的努力和代价。华为正是通过坚持四个核心价值观实现这一目标的。这四个核心价值观形成了华为的熵降机制，使华为能够在竞争中保持优势，不断创造新的价值，实现自身的发展和进步，从而变得伟大。

第二节 愿景

愿景是一个组织或个人对未来理想状态的描述，是一种远大的目标或梦想，是一种引导和激励的力量。愿景反映了一个组织或个人的价值观、信念和使命，是一种超越现实的追求。有了愿景，就有了方向和动力。愿景可以明确组织或个人的定位和发展路径，可以激发组织或个人的潜能和创造力，还可以增强组织或个人的凝聚力和影响力。

简单来说，我们认为，愿景是企业想要达到的目标，是企业的灵魂。如果没有明确的目标，企业就会迷失方向。愿景是企业文化的一部分，也是企业战略的指南。从心理学角度来看，愿景就是企业的梦想，可以激发企业的热情和动力。

一、企业愿景的内涵

企业愿景是企业管理哲学中最核心的内容，是对企业最终期望达成的状态的描述，陈述了企业的核心理念以及未来展望，是企业战略的重要组成部分。对于任何组织来说，有没有共同愿景，或者愿景能否得到员工的认同，是企业领导者领导能力的体现，也是能否提高企业凝聚力的关键。企业愿景反映了企业的核心理念，它包括如下几个方面。

（1）企业愿景是长期的、稳定的、持久的，不随市场变化而轻易改变，是企业基业长青之道。迪士尼公司的愿景是"成为全球的超级娱乐公司"，这个愿景贯穿它的发展历程，无论是从动画片到主题公园，还是从电影到电视，迪士尼都致力于为人们提供欢乐和梦想。这个愿景也使得迪士尼在竞争激烈的娱乐行业中保持领先地位，赢得了全球数以亿计的忠实粉丝。

（2）企业愿景具有挑战性、激励性、引领性，能够激发企业和员工的创造力与进取心，引导企业不断创新和超越。苹果电脑公司（现已更名为"苹果公司"）的愿景是"让每人拥有一台计算机"，这个愿景在当时是非常大胆且极具前瞻性的，因为计算机被认为是昂贵和复杂的设备，只适合专业人士使用。苹果电脑公司的愿景激发了创始人乔布斯及其团队的动力和热情，不断推出具有革命性的产品，如麦金塔电脑、iPod、iPhone、iPad等，改变了人们的生活方式和沟通方式。

（3）企业愿景具有独特性、个性化、差异化，能够体现企业的特色和优势，区别于竞争对手，赢得市场和客户的认可。耐克公司在2014—2015财年的可持续业务报告中，展示了其在环境和社会方面的成就，并把低碳、闭环的愿景纳入了公司的战略规划。该报告强调了耐克公司如何把可持续发展贯穿公司的各项业务，体现了耐克公司区别于其他企业追求经济利益最大化之处，以及对于制定积极的可持续发展目标和进行颠覆性创新的承诺。这些都是为了推动公司的发展，向运动员提供性能创新，成为推动世界变革的催化剂。

二、企业愿景的作用

（1）企业愿景可以激发企业的创新力和竞争力，促进企业不断追求卓越和超越，提升企业的核心竞争力和市场地位。

（2）企业愿景可以凝聚企业的共识和力量，增强企业的凝聚力和向心力，形成企业的文化和价值观，提高企业的团队精神和执行力。

（3）企业愿景可以引导企业的战略和行动，明确企业的目标和方向，制定企业的战略规划和行动计划，提高企业的经营效率和效果。

（4）企业愿景可以吸引企业的客户和合作伙伴，增强企业的影响力和吸引力，建立企业的品牌和信誉，提高企业的满意度和忠诚度。

以胖东来为例，"胖东来是一所学校，而非一个企业"，于东来的这一理念践行、印证了管理大师德鲁克的预言——"未来，所有组织都将是学习和教育机构"。胖东来的愿景，不是成为世界500强、全球第一的连锁超市，而是"培养健全的人格，成就阳光个性的生命"。这样的愿景激发了胖东来的教育使命，让胖东来致力于不断提升员工的素质和能力，为社会贡献优秀的人才。胖东来不仅是一家连锁超市，还是一所学校、一个人才培养的平台；胖东来的员工不仅是一群工作伙伴，还是一群学习伙伴、一个教育团队，这使胖东来的团队和文化具有独特的凝聚力与魅力，在超市行业中构建自己独有的创新和竞争体系。

第三节 使命

在当今社会，无论是组织还是个人，都面临着激烈的竞争和快速的变化。要想在这样的环境中生存和发展，我们需要有一个清晰的目标和方向，这就是使命。

一、使命的内涵

使命是一个组织或个人为了达到其存在的目的而承担的责任和义务。使命回答了几个基本问题。我们是谁？我们为什么而存在？我们要做什么？使命是一个组织或个人的核心价值观和理念的体现，是其行动和决策的指导原则。使命可以帮助我们明确自己的身份和定位，激发我们的动力和热情，规划我们的方向和目标，统一我们的行为和标准，增强我们的凝聚力和影响力。使命由以下几个要素构成。

（1）主体。主体指明了使命的主体是谁，是一个组织、一个部门、一个团队，还是一个人。主体是使命的主导者和执行者，是使命的责任方和义务方。主体要明确自己的定位和角色，以及自身的优势和特长，以便更好地实现使命。

（2）对象。对象指明了使命的对象是谁，是客户、社会、利益相关者，还是其他群体。对象是使命的受益者和评价者，是使命的需求方和期望方。对象要明确自己的需求和期望，以及自己的价值和贡献，以便更好地支持使命。

（3）要求。要求指明了使命的主体要为对象提供什么样的价值、服务或产品，以满足其需求或期望。要求是使命的内容和核心，是使命的价值方和质量方。要求明确了自己的标准和范围，以及自己的特色和优势，以便更好地完成使命。

（4）特色。特色指明了使命的主体在提供价值、服务或产品时具有的独特优势、特点或风格，以区别于竞争对手或同类主体。特色是使命的形式和外在，是使命的创新方和竞争方。特色要明确自己的差异性和优势，以及自己的影响力和吸引力，以便更好地传播使命。为了更好地理解使命的内涵，我们列举了两个全球知名组织的使命作为参考。

谷歌的企业使命是"整合全球信息，供大众使用，让人人受益"。该使命体现了谷歌希望通过其产品和服务，让人们更易访问和使用信息，从而提高人们的生活质量。这一使命明确了谷歌作为一个全球性的信息技术公司的主体身份，其对象是全球的信息使用者；其要求是提供高效、准确、全面的信息检索和管理服务；其特色是利用先进的算法、技术和平台，实现信息的智能化、个性化和多样化。

联合国儿童基金会的使命是"倡导保护儿童权利、满足儿童的基本需求，并为他们提供广泛的发展机会以充分发挥自身潜能"。这一使命明确了联合国儿童基金会作为一个国际性的人道主义组织的主体地位，其对象是全球的儿童；其要求是提供救助、教育、卫生、保障等方面的支持；其特色是遵循《儿童权利公约》的原则，实现儿童的平等、尊重和发展。

二、使命的作用

一般来说，使命是企业需通过较长时间才能达到的一个目标，这个目标反映了企业存在的意义。企业使命，是指企业在社会经济发展中应扮演的角色和承担的责任，是企业的根本性质和存在的理由，是企业制定战略和目标的依据。企业使命的作用贯穿企业经营的各个方面。

企业使命是企业发展的基石，有助于企业保持统一的方向、合理配置资源、凝聚人心、提升竞争力。企业使命为企业提供了清晰的方向和目标，使企业的各项活动都围绕使命展开，避免偏离或背离企业的核心价值和理念。此外，参照企业使命为企业资源配置提供的基础或标准，企业能够合理、高效地分配和利用各种资源，以达到使命要求的效果，提高企业的效率和效益；通过营造统一的企氛围和环境，能使企业的员工、股东、客户、合作伙伴等认同和支持企业使命，形成一种共同的价值观和文化，增强企业的凝聚力和竞争力；企业使命能明确企业的发展方向和核心业务，使企业专注于自身擅长和具有优势的领域，不断创新和改进，提高企业的核心竞争力和市场份额，满足客户的需求和期望。

企业使命是企业的核心价值观和信念，有助于企业协调利益关系、树立用户导向、明确社会责任。在追求自身利益的同时，企业使命也兼顾到社会的利益和责任，平衡好企业与各利益相关方的关系，进而实现企业多方的共赢与和谐。此外，企业使命还可以帮助企业树立用户导向的思想，以用户为中心，不断了解和满足用户的需求与期望，提高用户的满意度和忠诚度，提升企业的竞争力；表明企业的社会政策，明确企业在社会中应承担的责任和义务，展现企业的社会形象和公民意识，赢得社会的尊重和信任。

阿里巴巴：让天下没有难做的生意

阿里巴巴是一家以"让天下没有难做的生意"为使命的电子商务企业，由马云和他的17位伙伴于1999年在杭州创立。马云洞察到互联网将从"网民、网友"向"网商"转变，而中国中小企业占据了99%的市场份额，这为电子商务在中国的发展提供了巨大商机。

阿里巴巴创立以后，经过8年的努力，发展成为世界上最大的电子商务网站之一，拥有7000多名员工。15年后，阿里巴巴在纽约证券交易所上市，股价一路飙升，市值超过了Facebook（现已更名为Meta）和亚马逊。

马云坚信企业的成功不是依靠赚钱，而是依靠使命。他认为，领导的首要任务是要有使命感，并且要让所有员工都明白并认同这个理念。只有拥有了使命感，才能有力量抵御各种压力，才能全力以赴地实现目标。

100年前，GE公司的使命是"让天下亮起来"；80年前，迪士尼的使命是"让天下快乐起来"。那么，阿里巴巴的使命是什么呢？——"让天下没有难做的生意。"阿里巴巴借助互联网的力量，用智慧和创造力实现这个使命。

"让天下没有难做的生意"的使命体现了阿里巴巴的社会责任。电子商务能够为更多的人创造就业机会，提升中国中小企业的国际形象。多年来，阿里巴巴始终坚持这一使命，在电子商务及其相关产业链上快速发展，并取得了令人瞩目的成就。

在上述案例中，阿里巴巴的企业使命是"让天下没有难做的生意"，这个使命既体现了马云的个人理想，也体现了阿里巴巴的社会责任。马云不仅看到了互联网的潜力，也看到了中国中小企业的需求，他希望通过电子商务的方式，为中小企业提供一个公平、便捷、高效的交易平台，让它们能够在全球市场上竞争和合作，从而实现自己的价值，促进社会进步。这个使命不仅为阿里巴巴的产品和服务赋予了社会意义，也为阿里巴巴的员工赋予了工作意义。这体现出，企业使命的意义在于能够为企业提供清晰的方向和动力以及统一的准则与目标，在复杂环境中坚持自己的初心。

三、企业愿景与企业使命的区别

企业愿景和企业使命是企业战略规划的重要组成部分，是企业文化的重要体现。二者共同指引着企业未来的发展方向。企业愿景和企业使命相辅相成、相互支持、相互促进。企业愿景和企业使命是企业成功的关键因素，是企业不断创新和进步的动力源泉。它们的根本区别表现在以下两个方面。

（1）时间维度不同。企业愿景是企业的长远目标，一般是5年以上实现的目标。企业愿景体现了企业的远见卓识，是企业的最高理想和终极追求。企业愿景通常是稳定的，不会随着外部环境的变化而轻易改变。例如，马云曾表示，他希望阿里巴巴能够成为一家至少活102年的企业，这是一个长期的、宏大的、具有挑战性的目标，也是阿里巴巴不断创新和发展的动力。企业使命永远是企业当下的目标，体现了企业当前的定位和基本任务，是企业存在的理由。企业使命通常是灵活的，会随着内部条件和外部环境的变化适时调整。

（2）作用意义不同。企业愿景回答的是"我是谁"的问题，即企业的未来是什么样的。企业使命回答的是"企业的业务是什么"的问题，即企业存在的意义是什么。企业使命是企业的核心价值观，是企业发展的根本。德鲁克认为，企业使命就是阐明企业的根本性质与存在的目的或理由，说明企业的经营领域、经营思想，为企业战略目标的制定提供依据。企业使命是在企业愿景的基础上，进一步明确企业在社会经济活动领域中的经营范围、内容和层次，主要作用是规范企业行为、维护企业利益、增强企业凝聚力。

第四节 价值观

什么是价值观？对于个人而言，价值观是我们在生活和工作中遵循的基本信念与原则，反映了我们对于什么是重要的、正确的、有意义的和有价值的看法与判断。价值观决定了我们的内在驱动力，影响了我们的目标、行为、决策和评价。例如，对于一个特定个体来说，价值观可能包括诚信、勤奋、创新、合作、公平等，这些价值观不仅反映了个体在生活和工作中的态度与选择，也影响了个体的成就感和幸福感。

一、企业价值观的定义

企业价值观是指企业在其经营活动中遵循的基本信念和原则，反映了一家企业对于什么是重要的、正确的、有意义的和有价值的看法与判断。价值观是一家企业的内在驱动力，影响了企业的愿景、使命、目标、战略、行为、决策和评价；价值观是企业的灵魂和核心，体现了企业的特质、风格和文化。具体来说，企业价值观包括客户至上、质量第一、团队精神、社会责任等，这些价值观既反映了企业在市场和社会中的定位与目标，也影响了企业的核心竞争力和长远发展。

企业价值观并非一成不变的，而是会随着企业的发展、环境的变化、市场的需求、社会的期待等因素不断调整和更新。企业价值观需要与企业的其他要素（如组织结构、管理制度、人力资源、产品服务、品牌形象等）相互协调、相互支持。第一，组织结构是企业运营的基础，直接影响企业的决策效率和执行力。符合企业价值观的组织结构可以提高企业的运营效率，促进企业发展。第二，管理制度是企业运营的规则，规定了企业的运作方式和行为准则。符合企业价值观的管理制度可以引导员工的行为，保证企业稳定运营。第三，人力资源是企业的重要无形资产。符合企业价值观的人力资源管理策略可以激发员工的积极性，提高企业的核心竞争力。第四，产品服务是企业对外展示的窗口，直接影响企业的市场份额和利润。符合企业价值观的产品服务策略能够提高企业的市场竞争力，增加企业的利润。第五，品牌形象是企业的名片，直接影响企业的市场地位和声誉。符合企业价值观的品牌形象可以提高企业的知名度，增强企业的影响力。

二、企业价值观的作用

1. 指导企业的行为

价值观为企业的战略制定、业务经营、员工行为等提供指导，有助于企业做出正确的决策，避免误入歧途。价值观是企业的方向盘，让企业明确自己的目标和定位，选择合适的市场和客户，制定有效的策略和计划，分配合理的资源和责任，执行有效的控制和监督，实现持续的改进和创新。价值观也是企业的道德底线，引导企业坚守诚信、负责、合法、公平的原则，遵守社会的规范和法律的要求、尊重客户的需求和利益、关爱员工的成长和福利、履行社会的责任和义务，进而树立良好的企业形象。

阿里巴巴的价值观陈述中提到了"客户第一，员工第二，股东第三"，"因为信任，所以简单"，这些价值观指导了阿里巴巴在现代服务领域的卓越表现和持续发展。

2. 凝聚企业的力量

价值观能够让企业上下形成共同的认知和价值追求，增强企业的凝聚力和向心力。价值观是企业的黏合剂，能够帮助企业建立一种教派般的文化，让员工对企业的使命和愿景有强烈的认同感与归属感，激发员工的热情和积极性，促进员工的沟通和协作，形成一种高效的团队精神和组织氛围。价值观也是企业的动力源，能够帮助企业制定远大的目标，让员工对企业的发展和成功有强烈的期待与信心，激励员工的创造力和进取心，促进员工学习和成长，形成一种持续的创新能力和竞争优势。

3. 提升企业的竞争力

企业通过树立正确的价值观能够塑造良好的品牌形象，进而提升竞争力。价值观是企业的标签，展示了企业的特色和优势，而这也是企业区别于其他竞争对手的关键所在；价值观是企业的保障，促使企业吸引和留住客户及合作伙伴，增加市场份额和利润空间，实现可持续发展和长期成功。

信誉楼：诚信经营的典范

"南有胖东来，北有信誉楼。"创始于1984年的信誉楼百货集团有限公司，位于渤海之滨河北省黄骅市，是一家专注于百货零售业的民营连锁商业企业。信誉楼和不出河南却闻名天下的胖东来并称为"中国商超界天花板"，且胖东来超市创始人于东来一直将张洪瑞视作自己的老师。

从一家不足30人的县城卖场，到营收200亿元的百货商场，信誉楼的创始人张洪瑞用几十年的时间，缔造了一个商业传奇。秘诀无他，唯"诚信"二字。

诚信，是信誉楼的名字，也是信誉楼的灵魂。张洪瑞坚持的经营理念是"讲诚信，买卖不欺"。缘何钟情于诚信？张洪瑞道出了自己的理由："诚信是一种稀

| 理念管理的力量 |

缺资源，是打开财富之门的'金钥匙'。随着市场经济逐步规范，讲诚信已经成了大环境，诚信就如同水，是人们赖以生存的根本。这也是信誉楼坚守的立企之本。"

张洪瑞将诚信视作经营命脉，最大的特点就是"真"：真说到做到，真不欺不骗，真切实为他人着想。他信奉的是顶级的诚信——利他。利他，就是把客户当作家人，把员工当作伙伴，把供应商当作朋友，把社会当作责任。在信誉楼，员工名片的背后都印有一句话："我利客无利，则客不存；我利大客利小，则客不久；客我利相当，则客可久存，我可久利。"这句话贯穿信誉楼的所有经营环节。比如，信誉楼的顾客所购商品可凭信誉卡无理由退、换、修，信誉楼的员工也会优先热情接待退换货顾客，做到退换货比买货更方便；商场不搞打折、促销，品牌不搞折扣，严格监管，并提示顾客理性购买，努力还原商品的本质；围绕顾客最关心的常用品和市场上价格、品质最不稳定的产品，打造自有品牌和定制商品，从源头把关……

"追求价值最大化，而不是利润最大化。在维护自己根本利益的同时，切实为所有利益相关者着想"是信誉楼持续践行的核心价值观。其中，利益相关者主要包括员工、消费者、供应商、商界同人、周边住户、各界朋友。张洪瑞坚信，最大的赢家是那些从一开始就为他人着想的人。

如今，信誉楼已探索出一条适合自身发展的经营管理之路，获得经济效益和社会效益双丰收。信誉楼官网上的企业愿景如此写道："员工健康快乐；企业健康长寿。在不断夯实基础、把握规律、顺其自然、留有余地的原则下，采用裂变模式发展——也许，成为世界知名的基业长青企业。"对照《基业长青》，我们似乎看到了一些成功的迹象，这无疑是令人尊敬的尝试，也许，信誉楼终将成为一个动人的中国故事，实现基业长青。

《基业长青》中写道："利润是生存的必要条件，而且是达成更重要目的的手段，但对很多卓越公司而言利润不是目的，利润就像人体需要的氧气、食物、水和血液一样，这些东西不是生命的目的。但是，没有它们，就没有生命。""利润之上的追求"如果不明确、不具体，就会是空洞的大口号。

基于上述案例，我们不难看出，信誉楼的价值观是一种"务实的理想主义"，并不是"空洞的大口号"。它不以利润为首要目的，而是以创造价值为导向，这符合《基业长青》中提出的"利润之上的追求"原则。信誉楼意识到，利润不是目的，而是生存的必要条件、达成重要目的的手段。信誉楼的价值观是一种符合时代要求和社会发展的先进管理理念，不仅体现了企业的社会责任感，还提升了企业的竞争力和影响力，为企业的长期发展、基业长青奠定了坚实的基础。

此外，信誉楼的价值观也不是非此即彼的二分思维，而是在维护自己根本利益的同时，切实为所有利益相关者着想，这符合《基业长青》中提出的"鱼与熊掌兼得"的原则。信誉楼能够基于"利他"的诚信经营理念，在不同的利益相关者之间实现平衡和协调，实现多方共赢。

第五节 商业模式

商业模式是企业创造价值、获取利润的一种系统，包括企业的目标市场、价值主张、盈利模式等要素。商业模式是企业的基础，决定了企业的生存和发展。好的商业模式能够让企业在竞争激烈的市场中脱颖而出，创造持久的价值。不恰当的商业模式则会让企业陷入困境，无法适应变化的环境。企业在日常经营活动中，要不断审视和创新商业模式，以保持核心竞争力和长期优势。

一、商业模式的定义

商业模式是指一家企业创造价值、传递价值和获取价值的逻辑。商业模式包括企业的产品或服务、目标市场、收入来源、成本结构、资源配置、合作伙伴、竞争优势等要素。

（1）产品或服务。企业提供给客户的解决方案可以是有形的产品，也可以是无形的服务，或者是二者的结合。产品或服务是企业创造价值的核心，不仅要符合客户的需求和期望，还要有独特的优势。

（2）目标市场。目标市场是企业传递价值的对象，不仅要有足够的潜力和规模，还要有明确的定位和划分，以便企业有效地为客户服务。企业选择的目标客户群体通常是某个细分市场或多个市场组合。

（3）收入来源。企业向客户提供价值，从而获得不同形式的回报，有的是一次性的，有的是持续性的。收入来源反映了企业的价值创造能力，需要合理地制定价格和收费方式，同时保证良好的利润水平和现金流，以维持企业的正常运作。

（4）成本结构。企业为了提供产品或服务而产生的支出，可以是固定成本，也可以是变动成本，或者是二者的混合。成本结构是企业实现价值的代价，不仅要有效地控制和优化，还要有合适的投入产出比，以保证企业的生产效率。

（5）资源配置。企业为了实施商业模式，需要各种资源，如物资、人力资源，在信息化时代，知识储备也是重要的资源。合理配置这些资源对企业传递价值有着举足轻重的作用。

（6）合作伙伴。合作伙伴，是指企业为了优化商业模式而与之合作的各方利益相关者，如供应商、分销商或其他合作方。合作伙伴是企业获取价值的支持者，要有良好的信任关系及互利目标，以实现企业的共赢和共生。

（7）竞争优势。竞争优势是企业在商业模式中具有的相对于竞争对手的优势，如成本优势、品质优势、创新优势。竞争优势是企业保持明显差异化与领先性、持续改进和创新的来源。

二、商业模式的工具

商业模式可以用不同的工具来描述和分析，具体如下。

（1）商业模式画布。商业模式画布是一种简洁有效的工具，它用价值主张、客户细分、渠道、客户关系、收入流、关键资源、关键活动、关键合作伙伴和成本结构等九个要素概括一家企业的商业模式。商业模式画布既能让企业迅速整理和展示自己的商业模式，也能让企业对比和分析不同的商业模式，从而找到改进和创新的可能性。

（2）价值主张画布。价值主张画布是一种用来补充商业模式画布的工具，用两个部分描述一家企业的价值主张，分别是客户画像和价值地图。客户画像用来描述客户的需求、痛点和收益，价值地图用来描述产品或服务的特性、优势和价值。价值主张画布不仅可以帮助企业深入了解和满足客户的需求，还可以测试和验证自己的价值主张，以提高客户的满意度和忠诚度。

（3）商业元理念。商业元理念是一种更高层次的工具，通常是用简单的语句描述一家企业的商业模式，包括三个要素，分别是目标客户、价值主张和收入模式。商业元理念不仅可以帮助企业清晰地表达和传达自己的商业模式，还可以激发和引导自己的商业模式创新，以寻找新的市场和机会。

三、商业模式的作用

商业模式不仅与产品或服务的设计有关，还涉及市场定位、客户关系、收入来源、成本结构、资源配置、合作伙伴等方面。

第四章　企业理念管理的内容

笔者归纳了商业模式的主要作用：为企业提供战略指导、促进创新和创业、提升客户价值和满意度。

（1）为企业提供战略指导。商业模式可以让企业清晰地认识自己的优势、方向、价值和收益，从而制定出合理的战略目标和行动计划。商业模式也可以让企业及时感知和应对外部环境的变化，灵活调整和改进自己的商业方式，以适应市场需求和竞争压力。

例如，星巴克的商业模式不仅仅是卖咖啡，还提供一种"第三空间"的体验，让顾客在家庭和工作之外，有一个舒适和温馨的地方，享受咖啡和社交。星巴克通过高质量的咖啡豆、标准化的咖啡制作流程、个性化的咖啡定制服务，以及优质的顾客服务，创造了一个独特的品牌形象和忠诚的顾客群体。星巴克也根据不同的地区和文化，调整自己的产品和服务，以满足当地的口味和习惯。这使星巴克始终保持领先地位，应对竞争对手的挑战。

（2）促进创新和创业。创新和创业是企业发展的动力与灵魂。商业模式是一种能够激活企业创新基因的工具，不仅可以帮助企业发现和创造新的价值，突破行业固有框架和商业惯性逻辑，形成自己的核心竞争力；还可以降低创业门槛和风险，让创业者用最少的资源和时间，测试并验证自己的想法和假设，找到最适合市场和客户的商业解决方案。

阿里巴巴的商业模式就是建立一个全球性的电子商务生态系统，为各类商家和消费者提供在线交易、支付、物流、数据、金融、云计算等一系列服务。阿里巴巴通过平台化的战略，实现了多方互利共赢，创造了巨大的社会价值和商业价值；通过创新的商业模式，为创新和创业提供了一个广阔的平台及丰富的资源。阿里巴巴不仅自身不断创新，而且鼓励、支持各类商家及消费者进行创新和创业，实现共赢和共享的价值。阿里巴巴这种开放、协同、共享、生态的商业模式，能够激发社会的创新活力，推动经济的转型和发展。

（3）提升客户价值和满意度。商业模式不仅可以帮助企业更好地了解与满足客户的需求和期望，为客户提供更高的价值和更好体验，也可以帮助企业建立和维护与客户的长期关系，提升客户的忠诚度和口碑。

胖东来是一家以客户为中心的企业，主打以人为本、以服务为核心、以商品为基础的综合性商业模式。胖东来不仅提供各种优质的商品和服务，满足客户的不同喜好和需求，还通过会员制度、优惠券、积分兑换等方式与客户建立长期的互惠互利关系，让客户感受到尊重和关怀。胖东来吸引顾客的是服务，优质、免费的售前及售后服务使顾客享受到了"上帝"般的待遇。胖东来为顾客提供的免费服务不胜枚举，如在停车场为顾客免费提供打包工具和打气筒，每天打烊后收起来，第二天营业前再拿出来。多数顾客表示，在价格相同的情况下，肯定会选择胖东来，甚至价格稍贵一些也会选择胖东来，因为这里的服务让人觉得舒心，值得多消费。

四、企业商业模式受企业使命与价值观的主导

商业模式是描述企业创造、传递和获取价值的工具。好的商业模式可以帮助企业在竞争激烈的市场中脱颖而出，实现可持续发展和增长。但是，商业模式不是一成不变的，而是需要随着外部环境的变化和内部能力的提升不断调整与创新。那么，企业在设计和优化自己的商业模式时，应该遵循哪些原则和指导呢？

在《基业长青》一书中，作者通过对18家卓越非凡、长盛不衰的公司进行研究，发现了这些公司的共同特质和成功秘诀。其中一个重要发现是，这些公司的商业模式都受到企业使命与价值观的主导。企业使命是企业存在的根本目的和理由，是企业为达到目标承担的社会责任和义务。企业价值观是企业在追求使命过程中遵循的行为准则，是企业的核心信念和文化基石。企业使命与价值观构成了企业的核心理念，是企业的灵魂和DNA，是企业的不变之本。

有了清晰而坚定的核心理念，企业在设计与优化商业模式时就有了明确而一致的方向和标准。企业的商业模式应体现和传递企业的核心理念，同时支持和促进企业的核心理念。这样，企业的商业模式就不会成为短视、机会主义或者模仿他人的行为，而是一种有意义的、有价值的和有特色的创造。这种创造不仅能为企业带来经济效益，还能为企业带来社会效益和品牌效益，从而成为企业的长期竞争优势和生存能力。

卓越公司的商业模式都是以自身核心理念为出发点和归宿的，不仅能为自己带来利润，也能为客户、员工、社会和世界带来价值。只有这样的商业模式才是真正基业长青的商业模式。

在第三章我们已经总结过，元理念是管理者对管理最根本的理念，是系统的主旋律，具有全局性和奠基性。它涵盖了管理的各个方面和领域，是管理者哲学、信念、思想及理论的源泉和基础。元理念是最高层次的理念，决定了管理者的行为、价值和目标；是一种超越具体产品或服务的思维方式，有利于创造出更有意义、更有价值、更有影响力的产品或服务。

惠普：用元理念设计产品或者服务模式

惠普公司的创始人之一戴维·帕卡德曾说，惠普公司的经营宗旨是"以对社会的贡献为先"，并且"我们的主要目标是设计、开发和制造最完美的电子（设备），以促进科学的进步和人类的福利"。他还说，利润是惠普公司实现这些更广泛目标的手段，"如果不能认同（利润）这个最重要的目标之一，任何人，无论是现在还是将来，在这家公司的管理团队里都没有位置"。戴维·帕卡德将这一观点进行了制度化。

惠普公司始终致力于开发具有技术领先性的产品，洞察客户的潜在需求，创造了众多创新产品。1966年，惠普实验室成立，成为公司的核心研究机构。多年来，惠普把资源集中在最有前景的项目上，优先开发能满足市场需求的新技术。惠普公司早在20世纪60年代就预见了计算机的巨大影响，大力投入了计算机领域的研究。

惠普公司始终坚持以科技创新为导向，其元理念是"以对社会的贡献为先"，并以利润为实现这一目标的手段。惠普公司的产品和服务模式都是基于这一元理念设计的。其不断追求技术的突破和创新，为客户提供最完美的电子设备，以促进科学进步和提高人类福利。此外，惠普公司深入了解客户的潜在需求，为客户提供满足其需求的解决方案。惠普公司坚持提供高质量的产品和服务，不追求低端的市场份额。惠普公司认为，只有高质量的产品和服务才能在科技上作出贡献，才能赢得客户的信任和忠诚。

惠普公司用元理念设计产品或者服务模式的做法，使其成为世界上最成功的科技公司之一，同时赢得了广泛的尊重和赞誉。惠普公司的元理念体现了其对科技和社会的热情与承诺，也为其他公司提供了一个值得学习的典范。

第六节　管理方法

管理是一种社会活动，目的是通过协调各种资源，实现个人或组织的目标。管理方法是为实现管理目标运用的手段、方式、途径和程序等的总称。管理方法是管理的核心，决定了管理的效率和效果。

一、管理方法的普适表述

管理方法的种类很多，不同的管理者及组织会采用不同的管理方法。管理方法的选择受目标和环境的影响，且只有遵循一些基本的原则和规律，才能发挥作用。这些原则和规律构成了管理方法的普适性表述。管理方法的普适性表述有以下几个方面。

（1）管理方法是目的导向的。管理方法的选择和运用，必须以管理目标为依据，不能脱离管理目标而盲目地采用某种方法，也不能只是为了显示管理者的权威或个人喜好。管理方法应该是灵活的，能够根据管理目标的变化进行适当的调整和改进。

（2）管理方法是系统的。管理方法不是孤立的，而是相互联系和影响的。管理方法应该构成一个有机的整体，能够协调各个方面的资源，形成一个有效的管理系统。管理方法应该考虑管理的各个环节（如计划、组织、领导、控制等）、各个层次（如战略、战术、操作等）、各个对象（如人力、财务、信息等），以实现管理的协同效应。

（3）管理方法是科学的。管理方法应当基于事实和数据，而不是凭借经验和直觉；还应当运用科学的理论和方法并注重实证和验证，如逻辑分析、统计分析、系统分析、决策分析等，以提高管理的准确性和可靠性。

（4）管理方法是创新的。管理方法应该不断地更新和改进，以适应管理环境的变化和管理需求的增长。管理者应当借鉴和吸收其他领域的先进理念与技术，如信息技术、人工智能、大数据等，以提升管理方法的水平和质量。另外，管理者还应当支持团队成员的创造性和创新性，以发现解决管理问题的新方法和新途径。管理方法的普适性表述体现了管理方法的一般性和共性的特征及规律，为管理方法的选择与运用提供了指导和依据，体现了管理方法的本质和价值。

二、传统的管理方法

传统的管理方法可以划分为四个类别：行政方法、经济方法、法律方法、教育方法。

（1）行政方法。行政方法是最常见的管理方法之一，体现了管理者的权威和责任，要求管理者具有较强的组织能力和领导能力。管理者通过制定规章制度、分配职责权限、设定目标任务、下达命令指示、进行考核评价、实施奖惩措施对组织成员进行管理。行政方法的优点是，能够明确管理的目标和要求，保证管理的秩序和效率，激励管理的绩效和质量；缺点是，可能导致管理的僵化和单一，忽视灵活性和多样性，抑制管理者的创新思维，影响员工对管理活动的参与热情。

（2）经济方法。经济方法，是指管理者通过运用经济原理和手段，如成本收益分析、预算控制、价格机制、利润分配、激励约束等，对组织资源进行管理的方法。经济方法体现了管理者的理性和效益，要求管理者具有良好的经济素养和较强的逻辑分析能力。经济方法的优点是，较为严谨，能够充分利用组织的资源，提高管理的效果和效率，增强管理的竞争力和适应性；缺点是，过于强调管理的经济性可能导致管理者忽视管理的社会性和人文性，影响管理的公平性，不利于团队的和谐。

（3）法律方法。法律方法，是指管理者通过运用法律规范和手段，如法律法规、合同协议、诉讼仲裁等，对组织活动进行管理的方法。法律方法是一种必要的管理方法，体现了管理者的正义和合法，要求管理者具有较强的法律意识和遵守能力。法律方法的优点是，能够规范管理的行为和关系，保障管理的权益和安全，维护管理的秩序和稳定；缺点是，可能过于依赖管理的外部约束，忽视管理的内部动力，限制管理的自主性和创造性。

（4）教育方法。教育方法，是指管理者通过教育手段，如培训教育、沟通交流、示范引导、反馈评价、知识分享、学习创新等，向团队成员传递管理理念。教育方法是一种先进的管理方法，体现了管理者对下属个人成长和发展的关注及关怀，要求管理者具有卓越的教育能力和水平。教育方法的优点是，能够显著提高组织成员的能力及素质，并且最大限度地激发他们的潜能；缺点是，需要较长的周期和较大的投入，且效果较难评估，也可能导致较低的管理回报。

三、GE 公司和宋志平的理念管理方法

本书所述，是将在传统管理方法基础上、经过实践证明行之有效并归纳提炼形成的思维模型用于企业经营过程，对质量管理、效率提升或者成本缩减都具有直接效果的管理方法。

管理既是一种技术，也是一种艺术，需要管理者具有创造思维和批判精神，能够根据不同的情境和条件，灵活运用各种管理工具和手段，实现管理的目标和价值。笔者认为，管理方法不是一种固定的模式或者公式，而是一种动态的过程和方法，管理者只有不断地在实践中摸索、学习和反思，不断地调整和改进，以适应环境的变化和企业的发展，才能提高管理效率、增强管理的适应性和竞争力，提升员工的创新能力，从而实现企业的基业长青。

韦尔奇时代的 GE 公司被称为"理念机器"，创造了许多管理方法，其中，六西格玛是在全球影响最大的管理理念之一。六西格玛的核心思想是以客户为

| 理念管理的力量 |

中心,以数据为依据,以过程为手段,以质量为目标,以创新为动力。这种管理方法的基本步骤是,首先将实际问题转化为统计问题,其次用统计方法分析和解决,最后将统计解决方案转化为实际解决方案。六西格玛建立了统计思维,即用数据说话、用分析求真、用方法求效、用创新求进,其主要价值在于适用各种科学领域,从宇宙空间到生物科学,都可以用六西格玛的逻辑发现和解决问题。

杰克·韦尔奇是六西格玛管理方式的忠实拥护者,他曾说:"在改进公司运营效率、提高生产率、降低成本等方面,六西格玛所带来的效力是无与伦比的。它改进了设计程序,让产品能更快地走向市场,减少质量缺陷,建立客户忠诚。然而,六西格玛最大和最未被宣传的好处是它能够帮助建立伟大的领导团队,这是 GE 公司实现长期持续发展的关键。"然而,在杰夫·伊梅尔达接替韦尔奇后,放弃了六西格玛管理方式。他认为六西格玛管理方式已经过时,不适合新的市场环境,因此,没有继续保持对产品和服务的质量要求,导致客户流失和信任损失,这也是 GE 公司在后韦尔奇时代衰败的原因之一。

宋志平被誉为"中国的稻盛和夫",他的管理智慧不仅为中国企业的发展和创新提供了指导与启示,也为全球企业的管理和运营提供了借鉴与参考。宋志平重要的管理智慧是创造管理方法,形成管理理念,若就这方面给他贴一个标签,可以说他是"中国的韦尔奇",他所领导的企业堪称一部"管理理念机器"。

宋志平:"中国的韦尔奇"与他的管理智慧

中国企业改革与发展研究会会长、中国上市公司协会会长宋志平被誉为"中国的稻盛和夫"。他拥有 40 年的企业实践,其中,从事企业管理工作 35 年,包括副厂长 7 年、厂长 10 年和央企董事长 18 年。在此过程中,他成功地使中国建材和国药集团双双跻身世界 500 强。在企业壮大成长的过程中,宋志平创造了许多管理方法,如"央企市营""三精管理""格子化管理""六星企业""八大工法""五化管理"等,这些管理方法在全球范围产生了广泛的影响。

宋志平的"三精管理"理念,即精细、精准、精致,荣获全国企业管理现代化创新成果奖。这种管理理念强调对每个细节的精细管理,对每个决策的精准把握,以及对每个产品和服务的精致打造。通过实施这一理念,宋志平领导的企业在市场竞争中始终保持领先地位。

宋志平提出了"格子化管理"和"六星企业"的理念。"格子化管理"将企业的各个部门、各个流程、各个岗位进行详细划分,形成一个个格子,每个格子都有明确的职责和任务,且每个格子的运行都受到严格的监控和管理。"六星企业"是指在产品质量、服务质量、管理质量、品牌形象、社会责任和员工福利六个方面都达到最高标准的企业。

宋志平创造了"八大工法",这是一套完整的企业运营和管理方法论,包括目标管理、流程管理、人力资源管理、财务管理、市场管理、供应链管理、信息管理和创新管理八个方面。这套工法的实施,使宋志平领导的企业在各个方面达到了行业领先水平。

宋志平的管理方法是一种强调精益求精的品质追求,体现了他的学习型思维和创新型行动的模型,其中,"三精管理"理念要求组织精简、管理精细、经营精益,"格子化管理"理念要求对每个细分单元进行精确控制,"六星企业"理念要求在六个方面都达到最高标准。他的管理方法体现了对细节的关注和对卓越的追求。

宋志平的管理智慧体现了他对中国企业发展的深刻洞察和对管理理论的创新贡献,在传统管理方法基础上提炼而成并实现了超越。他不断学习、借鉴国内外的管理经验和理论,结合自己的实践和研究,创造了一套中国式的管理工法,不仅适应了中国的国情和市场环境,而且具有普遍的适用性和借鉴意义。宋志平成功地将中国建材从一家普通企业发展成为一家全球建材行业的头部企业,创造了一个品类创新的案例。中国建材进行水泥企业整合的案例于2011年入选哈佛商学院案例库,成为为数不多的中国案例之一。

第七节 产品创新

在本节,我们将探讨企业产品层面的管理理念,即产品创新。产品创新的管理理念,是指企业在进行产品创新的过程中遵循的一系列原则、方法、策略和制度。产品创新的管理理念直接影响企业的创新氛围、创新效果,以及员工的创造力。产品创新主要以学习为动力,不断吸收和运用新的技术、方法、理念或组合,持续改进与优化产品创新的过程,实现创新的迭代和升级。

在经济学领域,熊彼特第一个指出了创新对于企业的重要价值。他认为,创新创造了企业的利润,成就了企业,甚至缔造了企业家。企业给消费者提供的产品是基于客户需求设计和生产的。客户需求是产品创新最重要的动力,也是产品创新的目标。随着社会的不断发展，人们的观念不断变化，需求也变得丰富多彩，并且不同的需求具备不同的层次和维度。

根据马斯洛需求层次理论，人类的需求可以分为五个层次，从低到高依次是生理需求、安全需求、社交需求、尊重需求和自我实现需求。根据克诺斯二维需求理论，人类的需求可以分为两个维度，即功能需求和情感需求。功能需求，是指产品能够满足客户的基本功能和性能的要求；情感需求，是指产品能够满足客户的审美、情感、个性和价值观的要求。这两种需求相互影响、相互作用。功能需求是情感需求的基础，情感需求可以强化功能需求。例如，人们购买一辆汽车，不仅是为了满足交通工具的需求，也是为了满足身份地位的需求。不同的需求，会产生不同的产品理念，进而带来产品创新。产品创新，是指企业在产品的功能、形式、品质、服务等方面进行改进或创造，以满足客户的新需求或潜在需求，从而提高产品的竞争力和市场占有率。

一、产品创新的手段：科技进步

科技进步是产品创新的重要手段和保障。科技进步可以为产品创新提供新的技术、材料、工艺、设备等，从而提高产品的功能、性能、品质、效率；也可以降低产品的成本、风险、资源消耗，拓展产品的应用领域、市场空间和社会效益；还可以带来新的消费理念，引发客户的新需求或潜在需求，推进产品创新的发展。科技进步与产品创新之间存在着互动和互促的关系，科技进步推动产品创新，产品创新反过来促进科技进步，形成一个良性循环。

二、产品创新的方法：品类创新

品类创新，是指在已有的市场中，提供一个全新的产品或服务，满足消费者的潜在需求或未被满足的需求，从而形成一个独特的细分市场，获得竞争优势和高利润。里斯战略定位咨询全球CEO、"定位之父"艾·里斯的传承人张云在其代表作品《品类创新》中明确提出，品类创新是产品创新的最高境界，也是成为市场第一的终极战略。

品类创新的关键是发现消费者心智中的品类空缺，即那些客户有需求但没有相应产品来满足的空白区域。品类空缺的存在说明客户的需求没有被充分满足，也说明市场有巨大的发展潜力和发展机会。企业要利用自己的核心竞争力，推出新的品类填补品类空缺，从而形成自己的独特优势，抢占市场先机。品类创新的过程实际上就是产品新理念的形成过程，是对客户需求的重新定义和解读，也是对产品价值的重新创造和提升。

三、成功品类创新案例

（一）苹果公司

苹果公司从功能手机中跳出，开创了触屏智能手机品类，以 iPhone 为代表，满足了用户对移动互联网、多媒体、个性化体验等方面的需求，改变了手机行业的发展方向和格局，成为全球最具价值的品牌之一。

（二）字节跳动公司

字节跳动公司开创了短视频平台品类，以抖音为代表，满足了用户碎片化、娱乐化、社交化等需求，颠覆了社交媒体的规则，成为全球最具影响力的互联网公司之一。

（三）元气森林公司

元气森林公司开创了"零蔗糖果味气泡水"品类，满足了消费者对软饮料的安全、健康、时尚、环保等方面的需求，突破了传统饮料的局限，创建了新兴的时尚饮料品牌。

（四）瑞幸咖啡公司

瑞幸咖啡公司以酱香拿铁为代表，与国酒茅台捆绑，创造了"时尚咖啡"品类，成功挑战了星巴克的咖啡霸主地位，成为中国规模最大的咖啡连锁店。

（五）三只松鼠公司

三只松鼠公司是互联网坚果的典范，创造了"网红零食"品类，满足了客户对健康美味、方便又有趣味的需求，颠覆了传统零食行业运营模式。

（六）坦克品牌

坦克品牌是长城集团基于 SUV 品类创新，打造的高端豪华越野 SUV 品牌。依托全球专业智能越野坦克平台，引领越野品类向上突破，创造了"铁汉柔情"品类，满足了客户对时尚、舒适、智能、越野性能和可玩性等方面的需求，突破了现有的越野 SUV 和城市舒适 SUV 的界限，成为中国最具创新力的汽车品牌

| 理念管理的力量 |

之一。

除了苹果公司，字节跳动公司、元气森林公司等都是通过开创全新的产品、品类、品牌和定位发展壮大起来的，这些创新案例体现了产品创新的基本法则：起步就是领导者，最终成为品类之王。

打破二卫常规，创造三卫奇迹

在当今的房地产市场上，140平方米的户型是很多家庭的首选，既不太大也不太小，适合三口之家或者四口之家居住。然而，市场上140平方米的户型大都是二卫的设计，即只有一个主卧带卫生间，另一个卫生间则是公用的。这样的设计虽然节省了空间，但降低了居住的舒适度和私密性，尤其是对于有老人或者孩子的家庭来说，共用一个卫生间会带来很多不便。

某房地产公司敏锐地发现了这个市场痛点，决定打破常规，创造出一个全新的品类，即140平方米的三卫户型。这个户型不仅保留了一个主卧带卫生间，还将另一个卧室改造成了次卧带卫生间，实现了"双套房"的设计。这样一来，无论是父母还是孩子，都可以享受到自己的独立空间和卫生间，不用担心打扰到别人或者被别人打扰。同时，这个户型还保留了一个公用的卫生间，方便客人或者家庭成员临时使用。

该房地产公司以"双套房宾馆生活"为理念，将这个户型推向了市场，立刻引起了广泛关注和好评。很多消费者表示，这个户型完全符合他们的期待和需求，既不浪费空间，又提升了居住品质。这家房地产公司的销售人员也充分利用这个优势，向潜在客户展示了这个户型的独特和优越之处，让他们感受到了这个户型的魅力和价值。最终，这个户型在开盘当天就卖出了90%，创造了惊人的销售奇迹，也证明了这家房地产公司品类创新的成功。

在上述案例中，该房地产公司发现市场存在140平方米的户型"三卫空缺"现象。通过品类创新，该房地产公司成功地在房地产市场上创造出了140平方米的三卫户型——"三卫双套房"的新品类，突破了市场的同质化困境，赢得了消费者的认可和喜爱。

本章主要探讨了企业各层级的理念及其作用，包括科学原理、愿景、使命、价值观、商业模式、管理方法、产品创新七个层级。这七个层级相互关联，构成了一个完整的企业理念系统。其中，科学原理贯穿企业生命周期和经营全过程，以及管理理念的各层次。使命、愿景、价值观是企业的核心。一是符合"普世价值"标准，不得违反人类伦理道德规范；二是表达企业经营的长期主义；三是不能在企业的生命周期和日常经营过程中轻易改变，但可以进行优化提升。相对来说，商业模式与管理方法是随技术进步和市场环境变化的，是企业理念系统的灵活部分，是一种应对短期挑战和机遇的策略。产品创新是企业实现持续增长和基业长青的源泉，是题中应有之义。

第五章

理念管理的运行规律

万物以"力"为主要作用载体，相互作用、相互影响，交织在一起。公司里每个个体理念与企业治理理念相互作用，就产生了企业运行力，如同大熔炉里的微小分子，通过各种各样的力紧密联系在一起。基于此，诞生了因理念管理而产生的"八力"，即元引力、锚定力、聚焦力、复利力、穿透力、创新力、灵魂力和传播力，这"八力"就是坚持理念管理产生的。

第一节 元引力

一、元引力普适规律

我们用物理学中自然界的万有引力，演绎出理念管理中的元引力。在自然界中，万有引力是一个普遍存在的规律，描述了物体之间的引力，这种引力的大小与两个质点质量的乘积成正比，但与两个质点之间的距离成反比。这种引力的大小可以用如下公式来计算：

$$F = G\frac{M_1 M_2}{r^2} \qquad (5.1)$$

其中，F代表引力的大小，M_1和M_2代表两个质点的质量，G是万有引力常数，r代表两个质点的距离。

万有引力不仅存在于地球表面，也贯穿整个宇宙，所有质点之间都有引力相互作用。这个定律在牛顿1687年出版的《自然哲学的数学原理》一书中首次提出。万有引力揭示了天体运动的规律，行星围绕恒星运动的轨道，以及人造卫星、月球和行星探测器的轨道，都是以这个定律为基础计算的。太阳系的八大行星围绕太阳有序运转也是遵循了万有引力定律。

理念是在意识世界中凝练的，在凝练过程中被赋予了能量。每个个体的理念随其所带能量的不同，对周围世界产生的吸引强度也有所不同，两个个体在一起相互影响时，是理念的相互作用，相互作用产生的影响力与理念的能量大小成正比，但与两个理念的差异度成反比。也就是说，如果两个人理念差异度较小，并无限接近，则两个人吸引力较大，这就是"人以群分"的道理；如果两个人理念差异度较大，则两个人吸引力较小，此为"道不同不相为谋"；如果两个人的理念能量相当大，而差异度非常小，那么两个人的合作就会迸发出强大的能量。

如果把团队的元理念作为一极，其理念能量用 E_1 表示，把一个个体的理念作为另一极，其理念能量用 E_2 表示，我们称它们之间的相互作用力为"元引力"，用 F 表示，G 为一个常量，r 代表个体理念与团队元理念的差异度，则理念的元引力 F 可以用以下公式表示：

$$F = G\frac{E_1 E_2}{r^2} \qquad (5.2)$$

式（5.2）可以解读团队有序运行的规律，团队的理念就是恒星，即太阳，其能量足够大；个体是行星，其能量远小于恒星。团队与个体的理念相互作用产生万有引力，形成类似于太阳系中八大行星围绕太阳公转，而自身自转的有序局面。

二、元引力的表现形式

团队理念分为元理念、亚理念、辅助理念三个层级。根据三个层级的作用不同，指导全局工作的力度不同，三个理念的能量也不同，依次表现为元理念＞亚理念＞辅助理念，那么它们对团队成员产生的影响力也不同。

我们定义，企业理念管理中的元理念是恒星。元理念是组织运行的底层逻辑，具有全局性、奠基性的作用，组织中各单元围绕元理念的牵引运行，组织元理念与各单元及单元间理念的相互作用形成组织"元引力"。元理念落地强度越大，元引力越大，各单元脱离组织的逃逸力越小，组织的有序度越高；反之，组织局面越混乱。元理念与各单元间的理念差异度越小，元引力越大，组织有序度越高；反之，组织局面越混乱。

团队组织的各个部分都围绕元理念的指引运行，而元理念的确立可视为一种麦克斯韦妖，它既是在物理学中想象出的存在，也是组织与各单元以及单元之间的核心引导力，使团队和组织的运行变得更加有序。在这一架构下，组织的有序度有助于实现熵的减少，从而使整个系统更好地适应开放性的运作环境。

从理念元引力公式我们可以看出，要增大引力，对员工的要求有三点值得注意。第一，在招聘员工时，要特别注意受聘者的做人做事理念，其做人做事理念要与企业的元理念接近，所以，在面试时要考察这方面的内容；第二，对于试用期的员工，要强化企业秉持各系统元理念的培训，培训后要考察，使其思维方式在企业的元理念下运转；第三，企业的元理念要深刻，能量强大才能引起员工的共鸣。

笔者通过电视剧《功勋》了解了"共和国勋章"8位获得者的事迹，并得到深刻启示：这些英雄人物的重要推动力是心中一直怀揣着一个元理念，这个元理念牵引着他们的行为，使他们取得不凡的成就。本节重点介绍"共和国勋章"获得者张富清。

1924年，张富清出生于陕西省汉中市洋县畅镇双庙村。1948年3月，张富清参加中国人民解放军，曾荣立西北野战军特等功，两次获得"战斗英雄"荣誉称号和"人民功勋"奖章。他一直把这些奖章锁在一个箱子里，家里人谁也不知道他是一位英雄。张富清转业以后，在地方基层做过粮站站长、副乡长以及县银行副行长，工作兢兢业业，一直默默无闻，从不提起自己曾经的荣誉。此外，他还屡屡把利益与方便让给别人，把艰难困苦留给自己。

1961年，为了给国家减轻负担，张富清率先动员妻子放弃供销社的"铁饭碗"。大儿子张建国当初有进国企的机会，张富清得到消息后却动员他下放林场当知青，把机会留给别人。2018年11月，张富清去武汉做白内障手术时，虽然医药费能全部报销，但他选择了最便宜的晶体。他一直住老房子，穿旧衣服，一个搪瓷缸子用了60多年。一直到2018年11月国家开展退役军人信息登记，张富清这些奖章和证书才被人发现，其隐藏半个多世纪的战功才为人所知。

为什么张富清有着这样强的定力，在长达半个多世纪的时间里不享受功成名就的舒适生活，也没让亲人沾光得福，默默无闻地奉献，坚持艰苦奋斗的作风？张富清说："我一想起和我并肩作战的战士，有多少人都不在了。比起他们来，我有什么资格拿出立功证去显摆自己，比起牺牲的战友，我有什么功劳啊！我有什么资格把功劳拿出来在人民面前显摆啊！""我的战功与牺牲的战友比，算不了什么，他们才是功臣、英雄，我是替他们领的。"

"我是替他们领的。"这就是装在张富清心中的太阳，是他做人做事的元理念，牵引着老英雄60多年深藏功名，一辈子坚守初心，默默奉献，不求回报。正如他所说的"我是革命的一块砖，哪里需要哪里搬"。

2019年6月，中共中央宣传部授予张富清"时代楷模"称号；9月，张富清获得"共和国勋章"。

对于个体来说，坚守元理念形成熵减的元引力，人生就会开启熵减不断成长的模式。团队也是如此，团队的元理念就是团队的太阳、团队元引力的源泉。

三、元引力转化为组织力

企业需要元理念，需要元引力。在胖东来的商业模式中，每挣10元就有8元进了员工的口袋。员工几乎不加班，公司实行强制休假，设立高额委屈奖，对员工善良的保护进行了到位的实践。买贵退差、全额退款、需要单独采购、在服务设施建设上不计成本，甚至在晴天为客户的车准备冰袋，在雨天为客户的车披上雨衣，为宠物设立单独的小笼子，为外卖骑手准备丰富的午餐……胖东来将真诚贯彻到服务的每个环节。胖东来的卓越表现背后，是其深邃的商业思想和优秀的企业文化。胖东来的创始人于东来曾公开强调，胖东来成功的秘诀在于"道"，而不在于"术"。这一切卓越表现的背后，是胖东来"再真诚一些，再善良一些"元理念的元引力。胖东来坚持践行核心理念，孕育了卓越的企业业绩。这种坚持不懈、真诚而深刻的商业文化，使胖东来在商界脱颖而出。

在房地产行业遇到寒冬的时候，许多企业自保艰难，但一些民营企业能成功地赢得市场活下来，不是依靠外界的救济，而是依靠对正确的经营元理念的坚持，如滨江的"品质"、冶都集团的"产品+服务"等，都反复证实了在激烈的竞争中，企业要在市场上占据一席之地，并不只是与竞争对手拼流量、资金、品牌等，最关键的是要充分发挥企业独特元理念的元引力所形成的长期组织力。企业成功的秘诀在于核心理念的坚持，这不仅仅是对产品和服务的专注，更是对一种独特文化、价值观念的执着追求。在消费者眼中，这些企业不仅仅是提供商品或服务的机构，更代表着一种独特的企业文化和理念。

强大的团队离不开强大的团队组织力，这背后的本质是企业元理念的元引力。如果企业的每个单元、每个个体都拥有元理念的共识，就能让团队拥有凝聚向前、让竞争对手无法忽视的执行力。

第二节 锚定力

元理念通过浸入企业的机制与制度，对企业的经营产生锚定作用。锚定力发生作用的原理是：组织运转效率取决于各要素间的利益连接关系，这种连接关系是由组织机制与制度设计决定的，元理念对组织机制与制度设计起主导作用。在组织机制与制度设计中，元理念主导作用越强烈，组织运转效率越高；反之，则越低。

在企业管理中，理念的重要性可以通过两个强烈的比喻来理解：船锚和陀螺。

一、组织成长的锚定力

理念在企业中的作用就像船锚对船只的作用一样至关重要。锚，即我们熟悉的船锚，是锚泊设备的主要部件之一。锚在海上是船舶的"定海神针"，船夫用铁链连接锚和船，通过与船相连接，确保船在风浪中保持水平稳定。对于一艘船来说，锚就是它的根系，深深扎根于水底。同样的道理也适用于企业管理，理念充当着组织成长的根系，扎根融入员工心智，保证了组织的稳定性，这便是理念管理在企业中的锚定力。

二、元理念的锚定力

陀螺之所以能够长久旋转而不倒，是因为它具有稳定的角动量，能够抵消外界环境带来的不确定性，实现稳定的运动状态。企业管理也可以看作一个不规则转动的陀螺，其中各要素间的利益连接关系决定了组织的运转效率。这种连接关系受组织机制与制度设计的影响，类似于角动量对陀螺的影响。在这个过程中，企业的元理念起着主导作用，类似于角动量的大小对陀螺转速的影响。如果找到了元理念与组织机制制度的平衡点，就相当于找到了合适的陀螺角动量，从而确保组织运转效率的最大化。元理念的主导作用越强烈，类似于角动量越大，越有助于组织的稳定发展。因此，角动量使陀螺稳定地旋转，而元理念使企业稳定地发展。这两者的相似性在于，它们都是在不同领域提供稳定性和持久性的关键因素。

与此相类比，引领者在企业管理中扮演着至关重要的角色。对于企业来说，引领者如同铅笔的笔芯，也就是企业元理念的提出者。他设立了最基本的企业元理念，使组织体密切连接，在元理念的主导下，员工各取所需，完成了企业需求与员工目标的转化。每个员工紧握元理念这支"铅笔"，在公司中发挥所长，实现了员工与领导者密不可分、共同作用于整体的目标。这类似于在陀螺旋转的情境中角动量起着主导作用，类似于角动量对陀螺的影响。最终，通过引领者的作用，企业达到了量子叠加态的坍缩，实现了熵的减少，无序因为元理念的锚定力逐渐转化为有序。引领者就像麦克斯韦妖一样，在组织中实现了熵的减少，促进有序地成功完成。这样，陀螺和企业管理的相似性得以延伸，并且两者都凸显了在不同领域中提供稳定性和持久性的关键因素。

根植于企业文化的理念如同坚固的船锚，确保企业在市场变化和挑战面前保持稳定，为其指明方向并给予稳固支撑。同时，将企业管理的动态性比作陀螺的旋转，强调其依赖于均衡的角动量，代表着组织内部元素的协调和平衡。在这一过程中，理念再次显得至关重要，它作为企业的稳定锚点和维持高效运转的动力源泉，就如同陀螺依赖合适的角动量保持稳定一般。这凸显了企业依赖强大的核心理念来保障其运营的效率和稳定性。

有句老话说："一棵树牢不牢，要看其根好不好。"理念是机制及制度的根，具有系统运行的锚定力，虽然深埋于地下，不为人所知，但是通过各种途径，时时刻刻给大树供给养分，给予各组织精神力量支持，各组织如同绿叶感知外界变化，及时传达给根部让其快速做出反应，这便是理念在公司内部的互通作用。系统运行具有多个环节：发出指令—接受指令—反馈指令—指令优化。一条完整的系统运行链需要各个环节紧密合作。外界市场是动荡变化的，但元理念贯穿整个系统运行是始终不变的。

火车跑得快，全凭车头带。理念是车头，是制度的魂。每一节车厢是每个组织部分通过理念扣结的，摩擦力越大，阻力和影响越大，它们相互拉扯，致使速度下降，这相当于我们所说的企业内部矛盾。合理的公司制度是最好的润滑剂，在消除摩擦力的同时，滋润扣环，使其从内到外完成转变，摩擦系数为零，正向做功效率增加，混乱值下降，进一步达到熵减。

有学员曾问我："在企业里有许多管理系统与方法，我感到云里雾里，您认为什么是最重要的？"我回答："普通人改变制度，优秀的人改变流程，顶级优秀的人改变系统。"改变系统就是根据企业的元理念，架构企业的运行机制。

人终其一生，也未必能站在山巅。因此，只有极少的人能达到顶级优秀。然而，个体的局限性与有限的人生时光并不能阻挡元理念的力量。许多企业创始人出身平凡，他们的企业却能在动荡的市场中始终抢占一席之地。他们的成功不只源自个人魅力，更是得益于企业的卓越理念。在机制设计阶段，他们运用卓越理念进行深入推演和分析，反复雕琢推敲，最终塑造了钟表般的复杂系统，进而创造了口耳相传的行业奇迹。这也进一步证明，先进企业制度的有效性根植于先进理念以及由此产生的精心设计的制度。

胖东来作为优秀的企业代表，是商品零售界的永恒支柱。"品类丰富，人无我有"一直是胖东来的突出优势，背后确实是胖东来始终不变的初心——再善良一点，再真诚一点。面对市场上铺天盖地的营销策略、声势浩大的扩张行动，胖东来依旧"我行我素"，按照自己的节奏稳步发展。事实证明，胖东来的企业理念发挥了锚定力作用，使其时刻谨记初心，建立了完善、独特的员工福利制度，构建了服务至上的零售系统。因此，是时代选择了胖东来，也是胖东来成就了零售界。

三、激励相容的锚定力

锚定力的元理念是激励相容（详见本书第七章）。一个企业就是一个小社会、大熔炉，包罗万象。企业里有来自全国各地的人，他们之间的差异是一把"双刃剑"，利用好了是发挥优势，弥补劣势；用不好就是矛盾碰撞，势同水火。但怎样让形形色色的人成为好员工是一门大学问。合理的激励制度或许是一剂良药，把它丢进大熔炉里，便会发生奇妙的反应，不同颜色的液体慢慢混合，犹如截然不同的人在激励制度的催化作用下达成合作共识。

系统是由一个个要素通过特定的连接关系组合而来的。在系统设计上，以激励相容为原则，明确系统各部门的责权，确保部门之间无障碍合作，使系统里每个人的目标和项目的总目标一致，从而实现锚定力的作用。

毋庸置疑，企业的运行犹如一艘大船在辽阔无际、暗潮汹涌的海面穿行，虽然表面风平浪静，但是你永远不知道下一秒的风向。市场导向千变万化，总是使人应接不暇，但是锚能使船屹立于风浪中，企业依靠元理念的锚定力，以不变的理念应对万变的市场。正如管理大师曾仕强的经典语录："以不变应万变是管理的最高智慧。"

第三节　聚焦力

理念管理是组织成员意识坍缩的观测器，也是理念选择的麦克斯韦妖。通过管理理念的落地，引导组织抓住事物的主要因素，对目标的达成起到事半功倍的作用，这就是聚焦力原理。

一、聚焦受众心智

"二八定律",又称"帕累托定律",由意大利经济学家帕累托提出。他的观点是:在任何一组东西中,最重要的其实只占20%,其余的80%是次要的。理念管理是"二八定律"的二次方($0.2^2=0.04$,$0.8^2=0.64$),将进一步聚焦重要部分,忽视无关紧要部分,任何事物中的关键因素永远只是一小部分。俗话说:"蚂蚁虽小,却有撼动大象的力量。"企业不应该忽视任何一个小点,集中力量猛打一个点比分散力气反复折腾更加有效、省力,用最小的能耗实现最大的效率方为智者之策。聚焦理念,实现简单,用4%的思维掌控64%的人生(团队)成果。

英国某家报社曾举办一项高额奖金的有奖征答活动,题目如下。一个充气不足的热气球上载着三位科学家,面临坠毁的紧急情况。这三位科学家分别是:环保专家,能够帮助人类避免因环境污染而死亡;核子专家,掌握着避免全球核战争的关键技术,保护地球免遭灭绝;粮食专家,能在贫瘠的土地上种植粮食,挽救数千万人于饥饿之中。为了减轻热气球的重量并保证其他两人的生存,必须有一位科学家被舍弃。这个问题要求参与者决定:在这三位科学家中,应该牺牲哪一位?这个问题不仅考验逻辑思维,也深刻触及道德伦理的选择。

问题登报后,立马引起了广泛热议,大多数读者回复报社的答案都聚集在讨论哪位科学家比较重要上。结果出来后,所有人都大吃一惊:获奖者是一个小男孩,他的答案再简单不过——丢下那个最胖的人!

企业面临的状况远比上述例子错综复杂。在管理过程中,领导经常面临这样的挑战:当他们在解决一个特定问题时,随着事态的发展,往往会出现其他各种复杂且相互关联的问题,仿佛层层叠加的阶梯。在这种情况下,真正的智慧体现在将复杂事务简化的能力上。简化问题的过程,本质上是一种思维方式的升级。这种思维方式要求管理者从宏观视角应对不断变化的经济环境,用远见面对动荡的市场,以简捷有效的方法应对复杂多变的商业世界。

为了更好地理解理念管理如何聚集力量,可以通过分析具体的营销案例加深认识。里斯和特劳特在《定位》理论中提出,在品牌定位和营销推广中,争夺客户的心智才是最重要的,一定要避免大谈特谈自己产品的卖点,而是要聚焦心智,非常简洁地表达产品的概念,如七喜饮料刚面市时,要从可乐的世界中抢夺市场份额,虽然七喜有许多卖点可以叙述,但生产企业紧紧抓住客户的心智,以"非可乐"包装产品品牌形象聚焦了重点,就像它的推广诉求一样,简单、直接地赢得了市场。无论是简单还是复杂的策划与营销活动,历史上被认为是教科书级别的成功案例都有一个共同特点：非常聚焦且深入。这些案例不仅用精简的方式聚焦于受众的心智，还执行得非常彻底。语言学里面对于人们接收言语信号的解释是"听者接收到的信息＝理念＋理解"。用理念管理企业也一样，理念要聚焦于员工的心智，要精简、深入人心，能够让员工时刻理解认同，从而有效地聚集并增强他们的内心力量。这种理念与理解的融合提升了团队的一致性和执行力，增强了团队的凝聚力。

二、聚焦力使企业战略路径清晰

在高质量发展阶段，大多数企业会面临新的机遇和挑战。管理者必须考虑多种问题，如企业需要满足哪些需求、提供什么产品以及采用何种管理理念。在这个过程中，企业应考虑自身的规模、特性和优势，以便更有效地解决这些问题，达到充分发挥优势效应、赢取市场发展力的目标，选择合适的管理理念是最为高效的方式。

多元化发展使得许多企业在市场中的核心竞争力下降。1981年，韦尔奇继任GE公司的CEO时，GE公司涉足的行业繁多，但是只有航空发动机、高端医疗设备、照明灯等产品在行业数一数二。此外，GE公司还生产收音机、照相机、电视机、钢铁等产品，但许多产品在市场竞争中不敌日本产品，市场占有率较低。

韦尔奇的治理之道是推出企业治理的元理念，其中有名的是"数一数二"战略与"六西格玛"。"数一数二"战略，是一个典型的聚焦战略，就是要让GE公司在其涉足的产业行业领域，要么是第一，要么是第二，不能做到的一律关闭或者出售。因为关闭许多子公司导致大范围裁员，韦尔奇还被戴上了"中子杰克"的帽子，但企业从臃肿与官僚体制中解放了出来，为后期的大发展奠定了坚实的基础。

三、聚焦力促使专业力提升

与市场上众多企业管理策略相比，全面提升专业力是成功企业背后的核心竞争力。企业的文化组织架构、理念管理、合作服务等共同构成了企业持续经营的核心竞争力。聚集化的理念管理，有助于打造企业经营专业力，也是复合资源协同作用的结果。对于影响企业经营的各个要素，管理者只有具备清晰和深入的认识，明确目标方向，梳理与构建专业的理念管理，才能形成经营专业力的优势。

"六西格玛"是韦尔奇时代GE公司创造的全面质量管理体系，就是要将产品制造的流程聚焦在质量管理上，提升产品质量，在市场中赢得口碑，进而增强市场竞争力，助力"数一数二"战略的成功。因为实施了"六西格玛"管理体系，员工的专业能力大幅提升，确保了产品质量提升。由此可见，这个理念的聚焦是成功的。

笔者在带营销团队时期推出"率化管理"理念，就是把房地产销售中心从电访客户到来访到成交以及办理银行贷款手续的各环节，参照流水线管理方式，围绕提升每个环节"转化率"这一目标做员工的专业培训，提升员工专业力比之前更快速。

企业的理念管理可以有效地聚集员工思想，起到内部团结、一致对外的作用。这种管理方式将员工的思想逐片集结，仿佛拼凑成一个巨大的球体模型。当外部压力攻击或针对公司时，理念管理的黏合力和集结力能使员工紧密团结起来。这样的团结不仅具有防御作用，而且在某种程度上能有效地反弹这些压力。换句话说，谣言与外部干扰最终无法穿透每位员工坚定的意识和共同的信念，这种理念管理的强大作用在于它能够增强员工的凝聚力和对抗外界负面影响的能力。

第四节　复利力

复利力作用原理：理念管理是组织围绕一个目标，按照一组理念运行，在运行过程中，意识反复地坍缩与纠缠会产生持久的专注力，同时围绕目标不断修正组织的行为与方法，随着时间的推移，组织目标的能量"利滚利"积累，达到临界点后快速爆发取得成果。

特别是，在实行理念管理的第一年，由于对核心目标的集中关注，组织不断调整和修正其行为策略。随着时间的推移，成员的稳定状态逐渐固化，组织目标的能量转化逐渐累积，产生了"利滚利"的效果。这种量子效应的倍增叠加最终会在达到某个临界点后快速爆发，使组织在短期内取得显著的成效。

一、复利力是指数增长

在"滚雪球效应"中，雪球的表面积与其半径的平方成正比。这个表面积决定了雪球与雪地接触的面积大小，从而影响它吸附的雪量。类似地，在理念管理中，核心理念的强度决定了组织的凝聚力。这种凝聚力随着理念管理核心力量的推动而增强，使组织在发展过程中能够更快地积累资源和能量，最终形成具有巨大潜在影响力的"雪石"。

当用统一的理念进行持续观测时，意识会不断地经历坍缩和纠缠的过程。这个过程使得理念能量不断增加，从而对组织内其他成员的意识产生吸引力。这样的相互作用和纠缠使理念能量持续累积，从而提升了组织的状态及行动的稳定性和力度，使专注力增强。随着时间的推移，组织越来越接近其目标的能量频率。理念的力量取决于时间和理念的强度，可以通过以下公式来表达：

$$理念的力量 = 理念的强度 \times (1+0.1\%)^t \qquad (5.3)$$

其中，t 可以是时间单位或者反复的次数（若 $t=30$ 天，则 $1.001^t=1.03$；若 $t=180$ 天，则 $1.001^t=1.20$；若 $t=365$ 天，则 $1.001^t=1.44$），即理念的力量随着时间的延长而呈指数增长。理念的强度则与多种因素相关，理念的强度决定了员工意识、执行力度、结果成效等，员工意识的多样性和复杂性导致了一定程度上的不可控性，也使企业面临员工意识可能导致熵增方向的风险。

二、复利力的叠加效果

公司理念对员工意识的结果导向直接受时间长短和反复次数的影响。理念力量的叠加，就像不断对折一张纸。假设一张可以充分折叠的纸厚度为 0.1 毫米。在不计纸张本身以外的任何厚度的情况下，将其对折 n 次后，其厚度为

$$H = 2^n \times 0.1 （毫米） \qquad (5.4)$$

对折 10 次，厚度约 0.1 米，相当于一根棉签的长度；

对折 15 次，厚度超过 3 米，约等于一层楼高；

对折 20 次，厚度大约 105 米，约等于一架飞机的长度；

对折 25 次，厚度大约 3355 米，高于五岳的海拔；

对折 30 次，厚度大约 107 千米，已经进入大气层；

对折 40 次，厚度大约 109950 千米，可以绕地球两圈半；

对折 51 次，厚度约 2.3 亿千米，足以到达太阳；

…………

对折 100 次，厚度达到 1268 万亿亿千米，大约折合为 134 亿光年。

如果我们把纸叠这么高，则需要接近从宇宙大爆炸到现在的全部时间（137 亿光年）才能使光从这张叠纸的顶端到达我们的眼中。如果理念力量叠加 100 次，则其结果甚至可以与宇宙抗衡。

英国国家自行车队被誉为"金牌收割机",这背后是逐代运动员不断积累努力的成果。2003年之前,英国国家自行车队在奥运会上仅获得过一枚金牌,而在环法自行车赛上几乎毫无收获。面对这种困境,英国国家自行车协会聘请了戴夫·布雷斯福德作为新的绩效总监。布雷斯福德带来了创新的理念管理战略——1%的边际效益理论。布雷斯福德将自行车项目的全部环节逐一拆解,然后把每个分解的部分都改进至少1%,大到每年和自行车制造厂商合作定制每个运动员的骑行装备,小到针对队员的睡眠习惯选配不同的枕头和床垫,以确保每个运动员都能拥有最佳的睡眠质量和恢复效果。这些在外人看来近乎偏执的行为,却在时间的见证下发挥出了理念管理的神奇魔力。

在数百项改进措施的坚持下,2004年雅典奥运会上,英国国家自行车队夺得久违的金牌;2008年北京奥运会,自行车项目60%的金牌被英国国家自行车队收入囊中;2012年伦敦奥运会,英国国家自行车队打破了9项奥运纪录和7项世界纪录,毫无悬念地包揽自行车项目近一半的金牌;2016年里约奥运会,英国国家自行车队再接再厉,打破了11项奥运纪录和6项世界纪录,成为世界公认的自行车项目霸主。在布雷斯福德独特的理念管理下,英国国家自行车队队员在世界舞台上披荆斩棘,创下无数丰功伟绩。

在每个细节上提升1%,你会看到整体上的明显改变。每天进步1%,1天看不到任何变化,3天后也许依然如此,1周后你与别人可能还在一个水平上,但1个月后你爬山的步子会渐显轻快,半年后你站在山腰回看身后的人山人海,1年后你将屹立于山峰之巅。故"不积跬步,无以至千里;不积小流,无以成江海。"

在企业管理过程中,不要忽视任何一个可能存在的隐患,不要低估任何一个可能革新的机会,不要拒绝任何一个可能发展的趋势;要认真对待每一个管理细节,要时刻重视每一个员工意识,要持续追求每一个盈利可能。理念管理是拆解,是阶段,是针对,是积累,是结果。

坚持用理念管理企业,坚持长期主义,其复利作用将把企业推向新的高度。

三、伴随潜意识的复利力

稻盛和夫在"驱动潜意识"理论中提到,潜意识的力量远超我们的显意识,并具备引领我们走向成功的能力。他强调,对于悬而未决的问题,能否持续不断地思考,往往成为成败的关键。这种不间断的思考过程会孕育出强烈的愿望,而这种强烈且持久的愿望会逐渐渗透我们的潜意识。即使在休息时,潜意识也在活动，它像是神灵的私语，揭示成功的秘诀。心理学中的潜意识是指潜藏在一般意识之下的神秘力量，与意识相对。科学家普遍认为，宇宙的95%由暗物质与暗能量构成，正是它们推动着宇宙运动。那么，主导人们行为的是否就是潜意识呢？从自然科学规律的角度来解释，这种可能性很大。良好的理念管理可以以低投入收获高回报，用5%的公司理念撬动95%的员工潜意识。

埃隆·马斯克评价接近神一般的人物尼古拉·特斯拉："我的那些东西不是我发明的，而是有一个声音告诉我，我只是转述而已。"这位出生于1856年的科学家，一生致力于不断研究，取得了约1000项发明专利。这反映了潜意识的驱动性远超想象，它能在无意识的状态下做出很多意想不到的事情。没有意识支配的行为令人恐惧，但是潜意识驱动的行为结果往往出人意料。我们可以在睡梦中思考，受到来自潜意识的启发，这些都是潜意识的神奇作用。它存在于生活的每个角落，无论何时何地，都在默默地发挥作用。在企业管理中，坚持推行理念管理，有助于培养员工的潜意识，当员工在潜意识中认同公司理念时，他们会无意识地将其体现在工作方向和工作习惯中，这种来自潜意识的力量更有利于激发员工的创造力。

电视剧《功勋》中袁隆平的事迹是典型的理念驱动产生复利力的案例。

20世纪60年代，袁隆平先生肩负起"愿天下人都有碗饭吃"的使命。在湖南怀化安江农校，金老师的一句"做人做事都要搂底浆"成为他工作的核心指导思想。夜晚，他在床上辗转反侧，做了一个梦，梦见稻穗异常茂盛，稻米粒大如花生米，令人看之即觉饱满。这个梦境深深烙印在他的心中，成为他日夜追求的目标。1960年夏天，袁隆平三次奇迹般地发现了"鹤立鸡群"水稻（天然杂交种），每株稻穗上竟有200多粒稻米。自1964年起，袁隆平几乎将所有时间都投入到水田中，寻找"天然雄性不育株"，以培育人工雄性不育株。他甚至将家搬到了农田边，那里的小棚子对他而言就是家的全部。终于，在1973年，袁隆平成功培育出杂交水稻。2000年，超级稻的培育也取得了成功。袁隆平的成就不仅解决了中国人的吃饭问题，还造福了全世界。如今，杂交水稻已经走出中国，走出亚洲，迈向世界。

爱因斯坦曾说，复利是世界第八大奇迹，它的威力超过了原子弹。

有成功学专家指出，创业者的成功75%源自专注的重复。在时代的大背景下，保持初心，制订专业战略计划，有效利用管理理念，借助复利效应取得成就。

　　意识的反复坍缩与纠缠是形成专注的必要条件，也是科学家成功的必由之路。一家企业就如同创业者的孩子，圈养会使其叛逆，放养会导致其不懂得分寸。只有正确引导，因材施教，充分尊重孩子的兴趣爱好，才能使其全面发展。网络上流传着这样一个教育案例：一位母亲在女儿首次表现出购物欲望时，告诉她每月可以挑选一件她想要的物品并无条件满足。这位母亲的目的是通过这种方法培养孩子合理平衡欲望的能力。起初，女儿会选择玩具车等昂贵的玩具，这让周围人认为母亲在溺爱孩子。然而，孩子到了5岁时，学会了购买存钱罐，开始理解延迟满足的价值，并表现出谨慎的消费态度，她的自我意识在同龄人中显得尤为成熟。这个例子表明，良好思维的形成是一个复杂而细致的过程。量子间不断地纠缠和碰撞能激发潜在的能力，卓越的理念管理能够促进员工个人成长，实现复利般的效果。改变命运，要从树立正确理念开始。埋下一颗希望的种子，利用正确理念的坍缩效应，使种子萌发出小小的胚芽，使得众多意识相互纠缠，胚芽与泥土不断抗争，形成专注反复的力量，从而卓越成长。

　　愿你能在企业中长久坚持理念管理，见证复利的效果。愿你追求的梦想与你的心灵同频共振，孕育出复利的硕果。

第五节　穿透力

　　理念在企业运营管理中具有穿透力。组织的运转围绕使命与既定的目标展开，而元理念则构成了这个运转的底层逻辑。在组织运行过程中，一旦偏离元理念，就会引起熵增，即组织内部的混乱度增加。使用元理念对企业运营管理过程中的问题进行分析，能够简明而有力地厘清庞杂的因素。元理念穿透性强，借此可轻松识别问题的本质。

一、元理念是"刺猬理念"

　　在企业发展过程中，充分发挥元理念的深远影响力至关重要。这种元理念被吉姆·柯林斯形象地称为"刺猬理念"。在这个比喻中，狐狸拥有精通多种策略和技巧的智慧，擅长构思各种复杂的计划对抗对手，但往往以失败告终。然而，刺猬虽然不起眼，却专注于一种重要的策略。当面临威胁时，刺猬会迅速蜷缩成一个带有尖刺的球体，从而有效地抵御来自各方的攻击。这种策略虽然简单，但是能有效抵御狐狸的攻击。这象征着，在商业环境中，专注并深化一个强大、简单的核心理念，往往比追求多样化的复杂策略更有效。

狐狸的特点在于同时追求众多目标，将世界视为一个错综复杂的体系。这种视角导致其思维方式呈现散乱且多元化的特点。刺猬则将纷繁复杂的世界转化为一个单一而有条理的核心理念，这一理念成为其决策和行动的指导原则。面对世界的种种复杂性，刺猬能够将各种挑战归纳为这个简明的核心理念。刺猬绝非愚者，其洞察力深刻、穿透性强，能够洞悉复杂事物的本质并设计出高效的应对策略。

二、元理念应对市场的穿透力

复杂的市场环境、多变的经济政策，让人应接不暇。不打无准备的仗固然是好的，但是企业的预案永远只能尽可能覆盖。危机公关处理等情况就是"养兵千日，用兵一时"，需要以最简单的方式直击要害。这种直截了当的处理方式看似简单，其实际效力和深远影响却常常超出预期。

20世纪50年代，在面对国际上高度垄断的技术环境时，松下公司发展遇到瓶颈，为了长期发展考虑，急需先进技术支持。当时，作为全球知名的电器生产商，飞利浦公司已经拥有最尖端的技术和强大的资金实力。经过广泛的调研和筛选，松下公司确信飞利浦公司的技术是解决其当前技术难题的理想选择。然而，松下作为一家正在发展的小型企业，与电气行业巨头飞利浦的实力差距显著。由于松下公司对飞利浦公司的技术需求迫切，飞利浦公司在谈判中占据了优势。飞利浦公司要求松下公司支付相当于销售额7%的技术援助费，以及一次性支付55万美元（约合2亿日元）的专利交易费。对于当时总资产仅为5亿日元的松下公司来说，2亿日元几乎相当于公司资产的一半。松下公司内部管理层因此产生了激烈的争论。一些人认为，飞利浦公司的商务条件远高于市场行情，这样的代价不值得承担；另一些人则主张从长远角度考虑。最终，幸之助先生基于公司的实际情况，采取了一个简单的决策逻辑：基于企业长远利益决策。基于这个决策逻辑，松下公司决定与飞利浦公司合作，以获取当时飞利浦公司巨大的技术优势。在当时，这个决定被视为一次冒险性赌博，但事实证明，这是一个冒险却明智的选择。与飞利浦公司的技术合作为松下公司未来的飞速发展奠定了坚实的基础。所处立场的不同导致了不同的思考模式，面对商业领域纷繁复杂的环境，有些企业家可能荆棘缠身、足困泥潭、一叶障目等，企业经营决策的元理念就是"行稳致远"，不能只考虑当下的商业利弊，所以，坚持元理念往往能简化决策过程，穿透利益本质，做从长远来看对企业有利的决定。

三、元理念对企业内部问题的穿透分析

企业通常会基于功能、任务、产品或地理位置组织划分横向部门和纵向层级，这些点、线与块的设置构成了一些无形的壁垒。在企业运营中，因为人们的立场与观念不同，这些壁垒的存在会带来分析问题时的扯皮，导致决策效率低下。元理念是企业的无边界语言，可用来打破企业各种界限，穿透各种壁垒。

某房地产集团城市公司从二级市场收购一个住宅项目，该项目 1# 地块主力户型为 180 平方米，工程进度已近地面；2# 地块主力户型为 130 平方米，工程进度尚在底板浇筑阶段。在运营会议上，各条线的意见相左。

营销部：该地段 180 平方米户型为不适销产品，开盘去化率在 20% 左右，应当对 1# 地块产品做适销化调整，重新设计；130 平方米户型为市场热点产品，开盘去化率超过 80%，应抢抓 2# 地块建设进度，争取早日面市。

设计部：产品调整报规手续烦琐，可以提升产品标准，提升产品力，促进 180 平方米户型去化。

成本部：调整产品会增加成本，1# 地块进度快，应确保 1# 地块首先开盘。

各部门都有自己的目标和利益考量，这是常见的情形。然而，对于运营官来说，面对这样的局面，一定要以经营元理念的思维掌控会议，这个元理念就是激励相容。其核心在于要抓住组织目标，就是现金流与利润在年度内如何得到保障。所以，要算清账，算清各方案的现金流与利润，即哪个地块开盘，在年度内实现的现金流、成本、利润有多少，这样做方案就会变得非常简单，直击问题的本质，从而避免各条线不同立场与观念冲突带来的议而不决，甚至做出错误决策的问题。

因此，在企业的运营会议上，主导者有必要在会前强调一下，本次会议研讨的事项之于企业的经营目标是什么。各部门的与会人员在讨论问题、提出建议时，其措施要紧紧围绕组织目标。这样会使会议效率大大提高。

有一次，一家房地产公司的营销总监咨询笔者，他们在某城市有四个项目，两个项目在售产品已经到尾盘，离下期开盘还需半年时间，而另外两个地段不错的项目刚开盘，公司想把到尾盘销售项目的大部分营销人员临时调到刚开盘货量充足的项目，集中三个月打"歼灭战"，但无法调动营销人员，他们给出的理由

是离家远不愿去，就此问题咨询笔者该怎样开展工作。笔者认为，这是团队文化建设出了问题，用激励相容理念去分析，这部分人员去三个月刚开盘项目可以获得较大的经济利益，从经济利益角度考虑，他们应该是会去，不去的原因一定是有文化冲突。营销总监调查发现，果然是项目操盘手之间的个人恩怨导致了整盘运营策略的执行层面出现问题。找到了问题的根源后，问题迎刃而解，同时要进一步加强营销团队建设。

用企业元理念分析问题就会达到"大道至简"，真理都是简单的，简单的东西都是实用的，实用的东西都是深刻的。企业里，不管你是管理者还是一线员工，不管你属于哪个部门，遇到的问题都会牵扯很多因素、很多相关方。虽然事情经常是复杂的，但是多思考事物背后的本质，抓住元理念去观察、分析问题，更容易看到问题的症结所在，更能帮助你得到简单而有效的解决方案。

第六节　创新力

理念具有潜力巨大的创新力作用，其原理在于：一个事物在新概念诞生后，就会产生一个新理念，形成新类别；事物按照新的理念发展，迸发出新的活力，产生相对同领域、同行业已存在事物的优越性力量。

一、企业产品创新

企业产品创新本质上源于新理念下的创新。产品创新并不是凭空产生的，企业通过提供产品为用户提供价值，而提供价值的重要步骤是对用户心智进行研究，生产出满足用户需求的产品。

在用户心智里，需求可分为两种。一种是用户已知的需求，这种需求通常是基本需求，也是明确的需求；另一种是用户未知的需求，这种需求源自企业对用户心智的深入挖掘，通过提出新的消费理念，改进或者创新产品，从而提升用户的消费水平。小米公司的造车理念是"科技大厂""生态造车"，这一理念在小米公司的造车计划中得到了充分体现。

2021年，雷军宣布造车计划，小米公司自此进入被誉为"工业之王"的汽车界。不同于其他厂商，小米公司提出"生态造车"的理念，将汽车作为一个智能生态空间，而不仅仅是一种交通工具。在这个智能生态空间中，人、车、生活将融为一体，为用户提供更加便捷、智能、舒适的生活体验。

在新能源汽车市场上，国内已有许多出色的汽车品牌，如蔚来、理想、比亚迪、小鹏、问界等，它们都有自己的市场定位和主打车型。作为汽车领域的后来者，如何找到自己的定位，建立自己的优势，是小米面临的关键问题。

回顾汽车的发展历史，可以看到人们对车的认知理念的变化。1886年，卡尔·本茨成功制造了第一辆由内燃机驱动的汽车。交通工具从马车变为高效的"机械载具"燃油车。经过几十年的发展，汽车工业不断升级、改进"机械载具"，以获得更快的行驶速度、更安全的驾驶体验、更少的燃油消耗等。

随着计算机智能技术的发展，近年来，汽车不再是简单的机械式驾驶工具，而是在一定程度上成为"移动智能终端"。以特斯拉为代表，它提供给用户一些可配置的智能功能，如利用摄像头、雷达和超声波传感器实现一定级别的自动驾驶功能，基于实时定位和实时交通信息的智能路线规划技术等，提高了用户出行的效率和便利性。

小米公司的"生态造车"是对汽车理念的进一步升级，把汽车定义为"移动智能空间"，旨在将汽车当作原生的智能生态节点，提供人工智能赋能的服务，通过设备互联互通提供移动家居式的服务，同时融入更大的全场景智能生态，连接人、车和家。汽车成为高质量生活的一部分。小米这一理念创新带动的汽车产品创新，正是源于其对用户需求的深入挖掘，得益于理念的创新力。

二、企业管理创新

企业的运营通常以项目为单位，根据行业的不同，项目所需的人、物、资源管理、项目周期、项目反馈等要素往往也不同，并且会随着行业发展发生变化。以软件行业为例，每过一段时间就会出现新的项目管理理念，原因是软件行业在不断迭代。当人们反思项目开发中的问题，思考如何改进以提高整个项目的效率时，便形成了新的项目管理理念。其将带动行业在项目管理上的创新，并随着时间的推移逐渐成为新的行业规范。

敏捷管理是一种强调快速响应变化、高度协作和灵活性的管理方法。敏捷管理注重小团队的协作、迭代开发和频繁交付，以更好地满足市场需求。敏捷管理之前的主要开发模式被称为"瀑布模型"（Waterfall Model）。"瀑布模型"是一种线性、顺序的软件开发过程，被认为是传统的经典开发模型，由甲方（需求方）提出一系列需求，进行排序和整理，形成一个长阶段的开发计划，交付给开发部门。这个阶段的开发周期通常是三个月（或者六个月），开发过程按照三个月的计划进行，三个月后交付，得到甲方的反馈，再循环前面的步骤，进入下一个阶段。"瀑布模型"存在几个问题：阶段之间的划分明显，每个阶段的目标很明确，导致进入下一个阶段后很难修复上一个阶段的问题；每个阶段的周期很长，如果在项目进行中发现之前没考虑到的问题，则很难对原有计划进行修改；反馈的周期过长，即通常在阶段末尾才能交付产品原型，得到甲方的反馈，即使反馈不佳也已经过去了三个月。敏捷管理为解决"瀑布模型"问题而生，是软件开发行业的杰出创新。它有着更短的项目迭代周期（通常是两周）；接受需求和优先级的变化，可以快速调整计划以适应变化的环境；鼓励持续的用户参与和反馈，以便及时调整产品细节；等等。

敏捷管理模式是软件管理行业的一个典型管理模式创新，很好地解决了"瀑布模型"在实际开发期间与交付时的不灵活性问题。软件开发管理人员对整个开发流程进行了深度思考，找出了影响效率的瓶颈，大胆改进了开发人员和客户的交互方式，创造了这一有效的新模式。

如何做好项目管理和人员管理，是管理者需要持续思考的问题。对管理流程进行深度总结与思考，找到问题的根源，看到问题的本质，思考解决问题的方向，便有了理念的思维，就能产生管理上的创新。

三、社会创新

人类社会的发展就是新思想指引下的不断变革，引发社会制度的创新。经济学家拉斯·特维德在《创新力社会》中提出，古往今来，众多帝国和文明的兴衰起伏，都与创新力息息相关。新思想、新理念带来的创新力在历史上推动了社会进步与制度创新。

在过去几十年里，信息化时代来临，数字化理念逐渐深入人心。计算机、互联网和通信技术的飞速发展带领人们从电气时代进入了信息化时代，数字化已成为信息时代的标签。计算机使事物的表现形式不再局限于实体，如金钱除了是纸币还可以是银行账户里的数字，文件除了可以在纸张上还可以是电子文档等。互联网将这些非实体形式的事物连接起来，以史无前例的速度和效率传递信息。当人们逐渐意识到数字化的巨大潜力后，电子商务、在线支付、社交媒体等纷纷涌现，进一步加深了人们的数字化理念。这种相信数字化可以提升效率、改变生活方式的理念，影响了很多创新型企业的发展，也彻底改变了现代人们的生活方式。

新事物的诞生往往伴随着新理念的普及，在新理念的驱动下，企业和社会展现出卓越的创新力。理念的创新力无处不在：企业通过挖掘用户需求，理解用户心智，创造新的产品，提升服务品质；企业总结现有的运营流程，基于已有的管理模式，扬长避短，提出新的管理理念，帮助企业更好地运营管理；人类社会的每一次进步都与科技发展密不可分，但理念的进步则是改变人类思想方式、普及科技影响力的关键。

第七节　灵魂力

元理念在组织中发挥着元引力的作用，对人与人形成简单的工作关系起锚定作用，把不确定性逐渐转变为确定性，潜移默化地影响企业运营状态，形成一种内部循环强化作用。在此基础上，企业利用复利定律，能够更加轻松地实现理想的组织目标，那么这个元理念就是组织的灵魂，长期坚持理念管理就形成了"灵魂力"。

一、团队的灵魂文化

谷歌公司的一位创始人于1999年提出了"不作恶"的企业宗旨。"不作恶"是谷歌公司的一项非正式口号，口号全称是"完美的搜索引擎，不作恶"（The perfect search engine, do not be evil）。在过去的20年多里，它是谷歌重要的价值观之一。

谷歌公司的"不作恶"深入到了企业基因，把使命、价值观放在了利润之前，而利润只是做正确的事带来的副产品，这个理念既划定了企业行为底线，也保留了企业行动的自由空间。谷歌公司的这一理念深入人心。企业理念管理的灵魂决定了一家企业的发展趋势，同时会时刻纠正企业的发展方向。

相比谷歌公司的"不作恶文化"，"狼性文化"近年来被曲解，但最初的"狼性文化"其实是元理念灵魂力的典型体现：在狼群中，狼与狼之间的默契配合决定了狼群捕猎的成功率。平日里，狼分布各处，一旦进入捕猎状态，它们就会立即集结成群，在捕猎的过程中形成一个有序合作、团结又有力量的团队。它们清楚自己的任务，不论做任何事情，都可以依靠团体的力量完成。在极端情况下，为了实现集体目标，它们甚至可以完全牺牲自己。

有效的"狼性文化"可以强化员工意识，聚集员工力量，任正非在《华为的红旗到底能打多久》的讲话中说："企业要想前进，就是要发展一批狼，狼有三大特性：一是敏锐的嗅觉，二是不屈不挠、奋不顾身的进攻精神，三是群体奋斗。"不可否认的是，"狼性文化"在华为发展中起到了重要作用，华为追求卓越的"狼性文化"，是其"狼性"的核心。

从目前发展状况较好的中国企业来看，大多能像狼一样做到迅速抓住商机，团结一致奋斗，但像华为这样充分以狼性文化为元理念，始终如一、从上到下贯彻的企业十分少见。从华为的各种表现可以明显感受到这种特定的元理念的强大影响力，华为领袖任正非充分利用狼性文化应对外部环境的竞争压力，规范内部行为，促进团队领袖成长与团队铸魂，实现了共同发展。

元理念为组织提供了坚实基础，发挥着作为精神源头的可持续作用，就像多米诺骨牌一样。多米诺骨牌是一种用木头或塑料制成的长方形骨牌，玩时将骨牌按一定间距排列成行，只要轻轻碰倒第一枚骨牌，其余骨牌就会产生连锁反应，依次倒下。企业在变化，企业的人也在流动，会有老员工离职，也会有新员工入职。当企业员工普遍认同企业的元理念，并将其体现在他们的日常工作和交流中时，元理念的灵魂力就会在老员工和新员工之间传递，成为企业文化的一部分。

二、团队的灵魂人物

理念管理的灵魂力与团队的灵魂人物密不可分。能够建设理念体系并熟练运用其进行组织机构设计，推进组织高效运转，提升员工能力与品格的人，容易得到大家的认同，成为组织的灵魂人物。灵魂人物的产生是企业成长的一个过程。当理念深入人心，企业的蓬勃发展得益于理念的力量时，团队便有了灵魂力，大家会自然而然地把推崇理念、带领大家前进的人当作企业的灵魂人物。

谈到华为，人们就会想起任正非，因为任正非正是华为的灵魂人物。我们对任正非的认同不仅仅来自华为的良好业绩，还因为他在面对美国制裁时展现出的坚定信念和领导能力。任正非很早就确定了以"活下来"为最低和最高纲领的"1131"理念，并一直贯彻在企业的运营中。华为对创新和技术的投入远超中国的其他公司，在一定程度上减少了制裁带来的技术封锁影响。在受美国制裁期间，任正非在公开场合把华为比作一架二战中满身弹孔的战斗机，表达了英雄自古多磨难的观点，带领整个华为为生存而拼搏奋斗。这种由灵魂人物发出的灵魂式影响力，正是理念的巨大力量。

灵魂人物的影响力具有穿越时间的魔力。耶稣作为西方基督教的灵魂人物，教导人们形成爱、宽恕、认错、善良和希望等价值观。耶稣的思想体系和教义不仅对基督教产生了深远影响，也对西方文明的发展产生了重要作用。佛陀（释迦牟尼）创立了佛教，强调超越个体的自我，追求悟和解脱，对文化、哲学、宗教、道德和社会领域产生了深远影响。孔子创立的儒学是中华优秀传统文化的重要组成部分，在塑造中华文化及其精神方面发挥了不可替代的作用，儒学的影响跨越千年，对中华文明的传承和发展产生了深远影响。这些穿越时间的文化都有其灵魂人物，他们宣传和实践自己的理念吸引了众多追随者，从而使其理念流传千年。

2016年，著名经济学家厉以宁提出，除了"市场调节"和"政府调节"，未来经济发展还应重视"道德力量的调节"。经济学通常关注效率，但一定要认识到效率有两个基础：一是效率的物质技术基础，如厂房、原料、机器设备等；二是效率的道德基础，如认同感、凝聚力、共同危机感等。所以，这里的"道德力量"之于企业就是"灵魂力"。前者决定了常规效率，后者决定了超常规效率。只有在人们基于道德意愿的因素起作用时，在调动人的积极性的情况下才会产生超常规效率。

长期坚持理念管理，随着团队和领袖的成长，灵魂力会水到渠成地出现在团队中，提高企业运营效率，指引团队行稳致远。

第八节　传播力

管理理念的传播力是一个成功的管理理念的重要特点。管理理念作为组织运行的底层逻辑，不仅包含特定时期凝固的思维模型，还具备简洁易懂的特点，使其易于传播和理解。此外，新颖的管理理念和符合普世价值观的管理理念能获得更强的传播力。

一、简洁深刻

在绿地集团流传着这样一句话："你要你的手下怎么做，就让他们看你怎么做；你要问我怎么做，就看我怎么做；永远让你的手下看到的都是你奋斗的背影。"这句话被绿地集团员工形象地总结为"背影效应"。每个员工听到"背影效应"，就知道怎么做，以什么精神去做，以身作则，让团队始终保持斗志昂扬的状态。

这种优秀的企业文化之所以用两个字——"背影"就得到了极好的传播，是因为这两个字揭示了简单且深刻的道理。这种简洁性和易懂性能使管理理念快速传播到组织内部的各个层面，引导员工共同追求组织的共同目标。

二、独创性

独创性是管理理念传播的关键因素。有句老话说："人们只会记住第一名。"快速回想一下，好像有很多东西和事情，我们只能记起第一名。第一个登上月球的人是阿姆斯特朗，第一个举办奥运会的国家是希腊，第一个发明纸张的国家是中国……心理学对这个现象的解释是习惯性记住在某一领域的第一名，就是记忆的首因效应。在人文层面，人们都喜欢争第一；在物质存在领域，人们都想确定一个第一。因为，任何事物在人们心中都有个高低标准，否则该事物对于人类来说可能就是具有可替代性的，第二、第三好像都是在强调第一的独特性。企业管理可以借鉴、学习，但不能照抄照搬，树立独特的企业管理理念不仅可以调动企业内部的积极性，也可以帮助企业更加广泛地传播。

三、新颖性

管理理念的新颖性是管理理念传播力强的另一个关键因素。管理理念不仅可以是对过去经验的总结，也可以提出新的思维方式。这种新颖性能够吸引人的注意力，让人们愿意了解和尝试这些新理念。特别是，一些具有革命性或者引人注目的词汇，如"一切皆有可能""不作恶"，更容易引起人们的兴趣，从而增强传播力。

瑞幸咖啡就是一个很好的案例。在它推出"酱香拿铁"这一新颖的概念之前，市场上的消费者和经营者从未有过"酒和咖啡"结合的理念，"酱香"一词也从未作为咖啡的形容词出现过。"酱香拿铁"将茅台酒与咖啡相结合，奇妙的组合方式让人眼前一亮，即使不喜欢喝咖啡的人，也想要尝试一下。瑞幸咖啡用"酱香拿铁"这一新颖的产品实现了极强的传播效果。新颖产品利用两款产品的品牌效应，快速提高品牌影响力，是一种惯用的营销策略。理念管理的传播性离不开新颖，新颖本身的定义丰富多样。其可以是途径创新，也可以是方法创新，对公司理念管理传播力的新颖性定义不应仅仅局限于人们的认知，只有突破传统认知，打造新颖营销，才能让公司长盛不衰。

除了咖啡，奶茶赛道的竞争也同样激烈。不同于很多专做奶茶的店，茉酸奶开创了新的赛道。茉酸奶的产品体系聚焦酸奶这一品类，形态主要是"酸奶＋鲜果＋坚果小料"。虽然名为酸奶，但实为奶昔，人们喝它的场景和现制奶茶类似。产品的独创性带来的行业壁垒，让茉酸奶在新的赛道成为"领头羊"，极具天然优势。不可否认的是，后来诞生的酸奶品牌无一不在模仿茉酸奶。"新赛道""新主人""新潮流"成为茉酸奶的最佳代名词。

四、符合普世价值观

符合普世价值观的管理理念，更能引起企业内外的共鸣，因而具有更好的传播力。

鸿星尔克作为国货品牌，在自身经营不佳的情况下，慷慨捐款5000万元。长期以来，其产品价格亲民，宣传低调。这些亲民、低调又爱国的行为，就像每个普通工薪阶层的你我，虽默默无闻，不高调，却拥有一颗爱国之心。广大民众与鸿星尔克产生了共鸣。鸿星尔克就如同我们大众的代言人，购买鸿星尔克产品就如同支持国家、支持救灾，一时间满足了大众的心理需求。鸿星尔克也借此机会完成了逆风翻盘，绝境重生。深度剖析这次营销的背后，会发现鸿星尔克的营销出发点与其他品牌截然不同，除了大笔捐款，它还在自身危难之时捐助别人，彰显了"真诚、善良"的普世价值观，在企业内部与普通大众中引起了强烈共鸣，极大地增强了理念的传播力，树立了良好、正面的企业形象，为长期发展奠定了坚实基础。

总体来说，传播力强的管理理念有着简洁深刻、独创性、新颖性、符合普世价值观等特点。传播力在理念管理中有着不可忽视的影响，它有助于确保组织内外的理念共识，提高组织的凝聚力，塑造品牌形象，提高员工的满意度和忠诚度。企业应选择传播力强的企业理念，充分发挥企业理念的影响力。

第三部分
建立理念管理体系

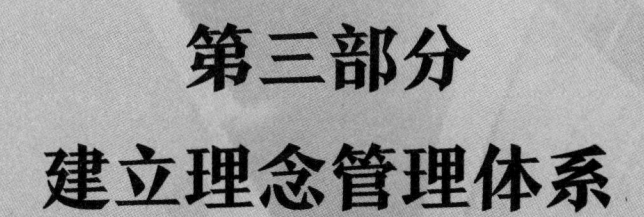

第六章

管理理念的建立与管理方法

如何在企业实践中贯彻执行管理理念？我们应当牢牢掌握它的五个层次：知道、记住、内化、做到、产生结果。这五个层次不仅是管理理念的实施过程，也是其效果评估过程。

知道是管理理念的认知层次，在实施管理理念之前，我们首先要了解其内容和意义，这是管理理念发挥作用的起点；记住是管理理念的记忆层次，在准确了解的基础上，将管理理念牢记于心；内化则上升到管理理念的理解层次，这一步尤为关键，将管理理念转化为自己的思想之后，便可对其进行深化；做到是管理理念的行动层次，将管理理念体现在日常生活和企业经营中，是管理理念的实践；产生结果体现了管理理念的实施情况，是管理理念的成果层次。这五个层次是一个循环往复的过程，每个层次都需要不断地反馈和修正，以提高管理理念的质量和效果。

第一节 管理理念的形成方法

管理理念是组织在管理活动中遵循的指导思想和基本原则，是组织的灵魂和核心竞争力。管理理念的生成过程涉及组织的目标、环境、文化、战略、管理及产品等多个方面。管理理念的形成方法有多种，本节将介绍一念爆炸法、问题导向法和目标导向法。

一、一念爆炸法

众所周知，宇宙是由一个致密炽热的奇点于140亿年前一次大爆炸后膨胀形成的。这个奇点包含了所有能量和空间，在某个神秘时刻，它突然爆裂开来，释放出了无穷无尽的光芒和热量,这就是宇宙的诞生。

宇宙爆炸之初,物质以电子、光子和中微子等量子形态存在。这些粒子在极端的温度和压力下不断地碰撞、反应,形成了最简单的原子核——氢核和氦核。宇宙爆炸后的不断膨胀导致温度和密度很快下降,随着温度降低、冷却,原子、原子核、分子等逐渐产生并复合成通常的气体,这些气体在引力的作用下凝聚成星云,星云进一步形成各种各样的恒星和星系,最终形成了我们如今看到的宇宙。

2011年,诺贝尔物理学奖被授予给为研究宇宙大爆炸作出贡献的美国物理学家帕尔玛特、斯密特和里斯,3名获奖者所获研究成果改变了人类对宇宙的认识,评奖委员会表示:"将近一个世纪,一种公认看法是,宇宙正在膨胀,是大约140亿年前大爆炸的结果。"他们利用宇宙微波背景辐射,发现了宇宙加速膨胀的证据,揭示了宇宙中存在着神秘的暗能量,这种反抗引力的力量推动着宇宙向外扩张。宇宙大爆炸这一伟大发现让我们对宇宙的起源、结构和命运有了更深刻的理解,也提出了更多的挑战和谜题。宇宙大爆炸是一个令人惊叹的故事,它既讲述了我们的过去,也预示了遥远的未来。

根据宇宙大爆炸理论,宇宙的未来取决于宇宙的总能量。如果宇宙的总能量为正,那么宇宙将会一直膨胀下去,最终所有物质都将被拉散到无穷远处;如果宇宙的总能量为零,那么宇宙将会停止膨胀,最终收缩回原来的奇点;如果宇宙的总能量为负,那么宇宙将会不断加速膨胀,最终所有物质都将被撕裂。宇宙大爆炸理论为我们提供了宇宙起源的一种合理解释,改变了人类对宇宙的认识。该理论的提出,也为天体物理学的发展作出了重大贡献。

宇宙大爆炸是一个令人惊叹的奇迹,它展示了从无到有、从混沌到秩序、从简单到复杂的创造力。这也启发了人类,只要有足够的热情、勇气和智慧,一个微小的点、一个简单的念头,或许也可以引发无限的可能性。那么,一个人的一刹那念头又是如何爆炸膨胀,生成一个理念体系的呢?

理念管理中的一念爆炸是指理念的爆发力。理念就像一个奇点,蕴含着无限的潜力。当理念被激发出来时,就会产生爆炸式的力量,推动企业发展。一念是我们思想的基本单位,可以是一个灵感、一个目标、一个信念、一个价值、一个理想、一个愿望、一个梦想……

如何使一念成为驱动自己或者组织成长的元理念?

首先,我们要明确一念的内涵和价值。一念,是思想的起点,也是行动的动力。一念是我们对自己和外界的认知与判断,也是我们行动和决策的依据与动力。一念可以引发无限的可能性，就像宇宙大爆炸一样，从一个微小的点，膨胀成一个庞大的系统。

其次，要使一念成为元理念，就要把它提升到最高层次，使之具有全局性、奠基性、指导性和动力性。基于第三章的分析，元理念是管理者对管理最基本、最核心、最普遍的理念，涵盖管理的方方面面，是管理者的管理思想与管理理论的源头和基础。要将一念提升为元理念，就要不断地思考、探索、验证、完善，使之符合管理的本质和规律，适应管理的环境和变化。

最后，我们要将一念落实到企业实践，使之成为管理的行动和结果。一念不是空洞的口号，而是具体实践，需制定合理的亚理念和辅助理念，构建完整的理念体系。通过将这一念与亚理念和辅助理念有机地结合起来，形成协调统一的理念体系，使之能够有效地指导和支撑管理实践，推动管理的创新和改革，提高管理的效率和效果，实现管理目标和价值。

我们参考宇宙大爆炸的过程，认为个人的思想或行动也可以始于一念，然后通过不断实践，确定企业的愿景、使命、价值观、商业模式和管理模式等，逐步构建起完整的管理理念体系，这便是"一念爆炸法"的主要过程。

量子是物质的最基本单位，具有不确定性和波粒二象性，可以同时存在于多种状态，也可以相互干涉和纠缠。同样地，大脑中的量子是创造力的源泉，它可以产生无限的可能。一念即大脑中的一个量子，可以在不同状态间跳跃，也可以和其他量子相互作用，形成更复杂的念头。等到大脑中的量子足够多、足够复杂且足够稳定时，它们就会形成一个整体，即意识。意识是人类的特征，是人类对自我和环境的认知，意识可以决定哪些念头是有价值的，哪些念头应该放弃。意识清晰、目标明确的个人或组织会将念头集中于具体方向，从而形成主题。

在确定具体主题的念头后，我们需要把它付诸行动、变成现实。这就需要不断地实践和观察、测试并验证，不断地修正和改进。在反复实践和观察中，我们能了解自己的念头是否可行、有效和有意义。最终，我们能够总结出念头的规律及原理，逐渐形成对未来的设想，即愿景。愿景激发了人们的热情和信心，促使其不断追求和创新。使命则对创造力产生影响，能使个人的念头成为共同的念头，成为组织或团队的念头。价值观规范行为和态度，是人们对自己念头品质和水准的要求，可以确保念头的正确性和合理性，保证其质量和效果。

对于企业而言，商业模式是策略，是对一念的市场化，体现了具体产品和服务的设计，包含了对收入和成本的计算。商业模式是创造力的利用，可以使念头产生价值和利润，使个人的念头成为一个商业的念头，进而成为一家企业的念头。管理模式则优化商业模式，促进其发展，是创造力的提升，可使念头更高效、更持久且更具竞争力。

基于上述分析，我们得出如下结论。

一念爆炸法是从大脑量子到管理模式的创造之旅，是个人念头如何从微小之点逐步发展为完整理念体系的过程。我们也可以将这一过程类比成一棵大树生长过程的四个阶段：种子、幼苗、树干、树冠。

种子是一棵大树的起点，也是一念爆炸法的起点。种子包含了一棵大树的全部基因，管理理念是组织的DNA，包括了企业的全部基因。幼苗是一棵大树的成长期，也是一念爆炸法的成长期。幼苗需要不断地接受光照，吸收水分、营养，才能长高，即我们需要不断地收集信息、观察现象、分析问题，才能丰富想法。树干是一棵大树的支撑，需要有足够的强度和稳定性，才能承受风雨。管理理念也需要有足够的逻辑和理性，才能在实践中得到验证。树冠是一棵大树的展示，由无数枝叶组成，每片叶子都代表了某种可能性。此外，树冠需要不断地修剪、整理、优化，才能保持美观和健康。也就是说，我们需要不断地筛选、整合、改进，才能形成最佳的管理理念。

一念爆炸法不仅是管理理念的形成方法，也是一种有效的创新方法，可以帮助个人或者组织从简单的念头走向成功的事业。比如，1991年，热爱摄影的罗红为了给母亲过一个有意义的生日，决定买一个既好看又好吃的生日蛋糕。可是，罗红跑遍雅安和成都，都没有找到合适的生日蛋糕。最后，他决定自己画设计图找师傅定做，这让罗红发现了商机。很快，罗红关掉照相馆，开了一家蛋糕店，全身心投入烘焙行业，打造了好利来品牌，正是"给母亲过一个有意义的生日"这一念头，成就了好利来蛋糕品牌。

以下案例来自笔者的生活，也是一念爆炸法在企业管理理念形成中的应用。

一念爆炸，加一百分

我师弟曾在义乌从事电商供应链工作，因工作太过单调乏味，想找一个更有人情味的行业开启自己的创业之路。师弟发现，汽车是人们除了房子以外最大的一笔消费，而国内的二手车市场却充满了不透明和不信任，让消费者和经营者感到困惑不安。师弟认为，凭自己的人品和能力可以在二手车市场找到新机会，创造新价值。

我告诉师弟，创业的核心是运营和管理，他需要有一套清晰有效的理念与方法提升服务和效率，让客户及员工满意。他领悟了我的意思并将"+100"理念作为他创业的指导原则。

我建议师弟围绕透明、服务、便捷的"+100"理念，对经营和服务全过程做体系性的架构。从那以后，师弟就围绕"+100"理念运营和发展他的企业。"+100"理念具体体现在以下几个方面。

第一，"企业愿景+100"：以透明度和服务质量为突破口，打造"透明+100，服务+100"的品牌形象，引领行业向着更高的标准和水平发展。师弟为公司起名"加壹佰"，寓意着公司能够为人们的美好生活增添一百分的幸福。

第二，"企业使命+100"：让二手车交易变得更透明、更靠谱、更规范，让消费者买得放心，买得舒心，让经营者经营得有序，赚得合理。

第三，"企业价值观+100"：客户为先，诚实尽责，创新进取，协作共赢，品质就是生命。坚持以客户的需求和满意为导向，以诚信和责任为基础，以创新和进步为动力，以协作和共赢为目标，以品质和细节为保证。

第四，客户服务+100：为客户提供全方位的服务，具体包括以下服务。

（1）咨询服务：针对不了解二手车、不知道如何选择合适车型的客户，提供专业的咨询指导服务，帮助他们找到最适合自己的车辆。

（2）代购服务：针对不熟悉二手车、不知道如何判断车况和行情，担心买到贵车或坏车的客户，提供专业的代购服务，让客户足不出户就能买到物超所值的二手车。

（3）检测服务：为每辆二手车进行全面检测，排除重大事故、泡水、火烧等隐患问题，核实车辆的真实里程数，防止调表欺诈，并承诺，如果检测有误，原价回购。

（4）流程服务：为客户办理车辆过户、提档、售后等手续，为客户节约时间、省去麻烦。

（5）质保服务：对于10年以内、15万公里以下且通过检测的车辆，提供一年3万公里的"三大件"（发动机、变速箱、传动系统）质保服务，让客户用车无忧。

（6）社群服务：建立了"加壹佰车友会"，为客户提供一个交流和互助的平台，定期组织各种活动，让车友之间的联系更加紧密。

（7）避坑服务：涵盖了所有可能让客户陷入困境的环节，包括资料审核、历史纪录查询、读表服务、检测服务等，让客户在买车的过程中避免各种风险和陷阱。

师弟计划在未来增加更多服务，如代驾、教练、物流、保养、洗车、维修等，让客户在用车过程中也能享受到加壹佰的优质服务。他的愿景是，无论客户在买车或用车时遇到什么问题，都可以找到"+100"的解决方案，甚至可以提供付费教练陪练车服务，以及上门取车、送车的维修保养和洗车服务。他的理念是，我们多做一点，"客户便利+100"。

第五，"公司运营+100"：利用抖音短视频平台，打造了一个淘车IP（大东淘车），通过有趣和实用的内容，吸引了大量粉丝和潜在客户。同时，建立淘车群和成交车主车友会微信群，定期举办线下活动，既服务和维系了老客户，又提高了新客户的转化率和转介绍率。师弟通过抖音IP运营、微信私域运营和线下落地转化，形成了一个完整的运营闭环，实现了高效的客户获取和留存。

公司发展规划如下。

1年目标：打磨公司的产品和标准化流程，成为杭州第一的淘车团队，团队规模6~8人，月淘车辆突破100辆，年成交总额过亿元。

3年目标：立足杭州，由专业替客户淘车转化成"一体两翼"发展战略。"一体"为二手车交易后市场服务，主要针对交易后的二手车，提供代驾、教练、物流、保养、洗车、维修、质保等一条龙服务；"两翼"为替客户买车和替车商卖车，解决客户不懂车、不懂行情、不懂车况需要避坑的痛点，同时解决二手车商库存积压、资金难周转的困难。

10年目标：像链家在二手房行业一样，改变二手车行业的差价模式，走向透明服务的方向，让中国的二手车交易变得更透明、更靠谱、更规范。

师弟通过"+100"理念，构建一个以透明和服务为核心的二手车交易平台，为客户提供全方位的服务，为创业企业创造持续的竞争优势。师弟的创业之路，从一个简单的"+100"念头开始，通过不断地实践、观察，使"+100"理念体现在企业的愿景、使命、价值观、商业模式和管理模式等各个方面，逐步构建起一个完整的管理理念体系，符合理念管理的一念爆炸法过程。

虽然师弟的创业之路才刚刚开始，但他已经取得了令人瞩目的成绩。他用"+100"的理念为二手车行业注入了新的活力，也为其他创业者提供了宝贵的经验和启示。

二、问题导向法

管理理念是组织的DNA，它通过组织的创始人、领导者、核心员工等传递给后续的管理者和员工，形成组织的基因库。管理理念的传承和演化是组织发展的重要驱动力，也是组织应对外部变化的关键因素。

随着社会环境、技术进步、市场等跳跃性变化，组织面临着前所未有的机遇和挑战，原有的元理念可能不再适应新的时代和需求，需要产生新的元理念，以引领组织的发展和变革。

亚理念和辅助理念是元理念的延伸与细化，它们是管理者对管理方法、原则、流程、规范等的认识和主张。系统的亚理念和辅助理念应该与组织的元理念相一致，以保证组织的整体性和协同性。然而，随着系统的发展和变化，系统的亚理念和辅助理念可能出现与元理念的偏差，导致系统运行脱离正常轨道，影响组织的效能。

因此，我们需要找出系统的当下问题，分析系统的亚理念和辅助理念与组织元理念的差距及矛盾，重新审视并调整系统的亚理念和辅助理念，使之与元理念相协调和统一，或者在元理念的引领下，产生系统新的元理念与亚理念、辅助理念，以适应新的情况和需求。

问题导向法，是指在管理理念生成过程中，以问题为导向，通过分析问题的根源，提出解决问题的理念。这种方法具有较强的针对性，能够解决实际问题。问题导向法生成管理理念的步骤如下。

第一步：界定系统范围。管理者首先应明确组织所处的系统环境，确定系统的边界和内部要素，建立一个清晰的系统视角，为后续的问题识别和分析提供基础，同时能够确保问题的定义和解决是在一个合理的范围内进行的，避免过于狭隘或过于宽泛的视角。界定系统范围的方法有多种，管理者可以使用环境分析、利益相关者分析等工具，描述系统的结构、功能、目标、资源、影响和受影响的因素，界定并细分系统的内部和外部环境，分析系统的行为、变化、趋势、不确定性和风险，预测系统的未来状态。

第二步：找出问题。这一步骤要求管理者深入了解系统的运作，找出阻碍系统实现目标的关键问题。这些问题可能涉及系统的战略、结构、流程、文化、人力资源、技术、财务等各个方面，也可能是系统与外部环境互动时产生的问题。这一步骤的目的是确定问题的范围和重要性，为后续的分析和解决提供基础。在企业实践中，管理者可以通过市场调查、员工访谈、顾客反馈、竞争对手分析等方式收集和整理相关信息，找出问题的表现和对组织的影响。借助问题树、鱼骨图、SWOT 分析等工具，管理者可以将问题进行分类和分解，明确问题的层次和关系。

第三步：追溯本质。在这一过程中，管理者要深入分析问题的根源，找出问题产生的原因和条件，这一步骤也是问题导向法的核心，需要管理者运用逻辑推理、系统思维、批判性思维等，从多个角度和层面，探究问题的本质和内在机制，追溯问题的起源和演变，揭示问题的因果关系和影响因素。追溯本质的目的是找出出现问题的根本原因，为后续的问题解决和改进提供方向。

第四步：寻求解决方法。基于前面三个步骤，管理者在对问题根源深入了解的基础上，能够进一步提出可能的解决方案或改进措施，并预测其可能带来的效果。管理者运用创造性思维、扩散性思维、发散性思维等能力，生成新的理念和方法。例如，管理者可以使用头脑风暴、思维导图、类比推理、逆向思维等工具，激发和收集各种可能的想法，形成解决方法的候选列表；还可以使用评价矩阵、决策树、成本效益分析等方法，对解决方法进行筛选和排序，选择最优的解决方法或方法集合。寻求解决方法的最终目的是生成新的理念和方法，为组织系统中产生的新问题、面临的新挑战提供参考价值。

第五步：举一反三。举一反三的目的是提高解决方法的适应性和通用性，为后续的凝练模型和输出理念产品环节提供支持。管理者应运用类比、转化和扩展等思维能力，将解决方法应用于不同的情境和场合，检验其适用性和普遍性。通过与其他类似的问题或系统进行比较和联系，发现其共性和差异，管理者可以将解决方法在不同的条件及环境下进行调整和改变，发现其优势和劣势。

第六步：凝练模型。凝练模型的目的是提高解决方法的简洁性和清晰性，为后续的输出和传播提供依据。模型是管理理念的载体，能够将管理理念的核心内容抽象化。凝练模型要求管理者将解决方法进行抽象和概括，形成一个简洁、清晰的模型。例如，管理者可以对解决方法的结构、功能、过程、关系等进行可视化的表达，形成一个图形化的模型；还可以使用公式、定理、原理、法则等工具，对解决方法的逻辑、数学、物理、化学等进行符号化的表达，形成一个符号化的模型。

第七步：输出理念产品。理念产品是管理理念的最终呈现形式，管理者可以将模型转化为具有实用价值和影响力的理念产品，如书籍、文章、课程、软件、工具等；还可以进行理念培训，让组织中的人员了解并掌握管理理念。

问题导向法生成管理理念的步骤如图 6.1 所示。

界定系统范围 ⇒ 找出问题 ⇒ 追溯本质 ⇒ 寻求解决方法 ⇓
输出理念产品 ⇐ 凝练模型 ⇐ 举一反三

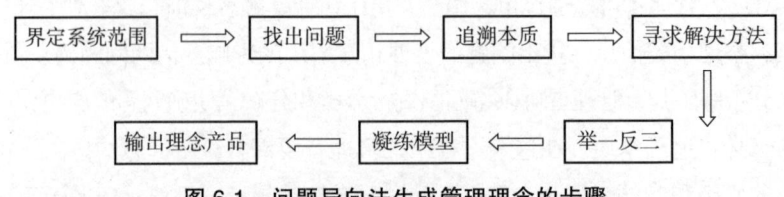

图 6.1　问题导向法生成管理理念的步骤

简单思维理念生成

某房地产销售团队虽然业绩尚可，但存在一些问题。团队氛围不佳，部分员工经常在工作时间议论八卦、谈论公司的内部事务，或对同事进行揣测和评价，甚至传播不实的信息。这些熵增行为不仅影响了工作效率，也破坏了团队的凝聚力。

团队领导 T 总察觉到这些问题，认为其根源在于团队成员缺乏正确认知，必须采取措施引导团队聚焦于工作。他首先召集团队开会，阐明议论八卦对个人成长以及企业管理的危害性。同时，为了在短时间内"用正念"占领思想阵地，T 总在营销部办公室墙面张贴了"今日不努力工作，明日努力找工作""谣言止于智者"等理念口号。

为了进一步让大家理解"聚焦业务"对团队成长的重要性，T 总给每个团队成员发了一本《从优秀到卓越》并要求在每周的团队会议上分享心得体会。

在接下来的例会上，有些人分享了自己的想法，有些人只是敷衍几句，有些人则根本没看。T 总说："这本书让我们知道团队需要有简单思维理念，卓越的企业都会把复杂的事情简单化，把不重要的事情排除掉，将注意力集中在最重要的事情上。我希望我们团队的每个成员在看待问题时从问题本身出发，聚焦工作业务去思考，这样就去除了工作以外的思维阻力，提高工作效率，并且使人与人之间的关系变得简单而纯粹，最大限度地减少心累现象。"T 总又说："谣言止于智者，这是简单思维的具体要求之一，团队成员要避免传播和听信一些没有事实根据的信息，要用事实来判断、用逻辑和理性来思考。"T 总接着列举了几个谣言的危害案例，告诉大家谣言会造成人心惶惶、影响工作效率，甚至可能引发严重后果。

这些措施的实施，使团队成员逐渐意识到简单思维的重要性。他们开始在工作时间专注于销售工作，减少了八卦和揣测。团队的风气明显改善，业绩有了显著提升。

上述案例通过会议讨论、经典书籍学习和分享等方式，帮助团队成员形成简单思维理念，并在团队中落地执行。这表明，理念管理需要在实践中不断完善和升华。

三、目标导向法

目标导向法是在管理理念生成过程中，以目标为导向，通过分析目标的特征和关联点，提出实现目标的理念的方法，其核心是将目标分解为各个子系统的目标，并通过对各个子系统的管控实现目标。这种方法具有较强的导向性，能够明确组织的使命和战略，同时充分考虑组织的子系统和环境，展现出系统的思想。目标导向法是从使命、战略、目标、子系统特征、目标关联点、管理理念等方面分析组织或个人的管理现状和管理需求，然后根据分析结果输出管理理念。目标导向法生成管理理念的步骤如下。

第一步：明确使命。使命，是指组织或个人存在的根本原因和最终目的，是管理理念的基础和灵魂。明确使命是形成管理理念的第一步。管理者首先应该清楚地认识到自己或所属组织的使命是什么、为什么要做这件事、为谁服务、要创造什么价值。使命在企业中起到了激励管理者和员工热情与责任感的作用。

第二步：制定战略。管理者应该根据自己或自己所属组织的内外部环境，确定自己的优势、劣势、机会和威胁，然后制定出符合自己使命和愿景的战略，包括战略目标、战略措施和战略评估等。战略应该具有可行性、灵活性和创新性，能够帮助管理者和员工有效地应对变化与挑战。

第三步：设定目标。目标是指组织或个人为实现战略制定的具体的、量化的、有时限的结果要求，它是管理理念的具体化和量化。在形成管理理念的过程中，管理者应该根据自己或自己所属组织的战略，分解出具体的、可衡量的、可实现的、有意义的和有期限的目标，然后将目标分配给相应的部门或个人，形成目标体系。

第四步：分析子系统特征。子系统构成了组织或个人为实现目标的各个部分或环节，是管理理念的载体和工具。管理者可以根据所属组织的目标体系，分析各个子系统的特征，如子系统的功能、结构、流程、人员、资源、技术、文化等，明确子系统的优点、缺点、问题和改进空间。

第五步：确定目标关联点。目标关联点是指子系统之间或子系统与目标之间相互影响和相互作用的点。我们应该明确组织各个子系统的特征，确定它们的位置、类型、程度和方向，然后分析目标关联点的作用、影响和风险，以及如何优化和协调目标关联点。

第六步：输出管理理念。在完成前面五个步骤后，管理者应该根据自己或自己所属组织的特点和需求，输出自己的管理理念，包括管理理念的具体内容、表现形式。管理理念应该具有简洁性、独特性和感染力，能够引导管理者和员工的思想及行为。

目标导向法生成管理理念的步骤如图 6.2 所示。

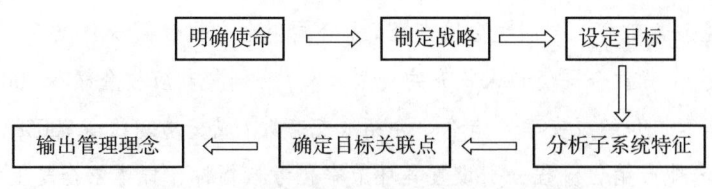

图 6.2　目标导向法生成管理理念的步骤

率化管理理念的生成

率化管理是一种典型的目标导向法，目前流行于许多房地产企业的售楼中心。售楼中心的工作流程包括客户来电、接电、客户来访、来访后接待办理意向购买卡、第二次及以后来访、进一步明确意向后办理一张深度意向购买卡、明确购买后签署定金协议、按照定金协议签署购房买卖合同，支付首期房款、办理银行按揭以及再介绍新客户成交等环节。率化管理法将售楼处当作一个现代化工厂的流水线，每个岗位的工作人员都要充满工作热情，工作技能要越来越熟练，如果将每个流水线岗位上的工作效率提升，那么整个系统的效率就会得到提升。

率化管理法的目标是提升售楼中心来访客户购买转化率，转化率的提高就是销售金额的提升。为了实现这一目标，率化管理法将售楼中心的这些销售流程分解为多个环节，并对每个环节的工作效率进行量化，形成率化考核，将原本主观的效果判定变为客观的、数据化的效果表现。对于营销管理者而言，此举的最大作用就是最大限度地为每一次调整、每一步动作提供数据化支撑，进而实现关键业绩的过程可控、结果可控。率化管理法在实际应用中取得了较好的效果，有效提升了售楼中心的销售效率和转化率。

以下为某房地产企业销售全流程涉及具体环节中的一些率化指标。

来电转访率：来电客户到来访的转化率。其公式为

$$来电转访率 = 来电到访数 / 来电总数 \times 100\% \quad (6.1)$$

来访转卡率：来访客户办理意向卡的转化率。其公式为

来访转卡率 = 办卡数 / 来访客户组数 ×100%（来访客户组数指客户首次到访组数）

办卡转定率：办理意向购买卡转为大定的转化率。其公式为

$$办卡转定率 = 大定套数 / 办卡组数 \times 100\% \quad (6.2)$$

大定转签率：大定客户转为购房合同签约客户的转化率。其公式为

$$大定转签率 = 签约套数 / 大定套数 \times 100\% \quad (6.3)$$

其他一些公式为

现金逾期率＝合同现金逾期金额/合同现金应收金额×100%　　（6.4）

资料逾期率＝贷款合同资料未收齐的贷款金额/合同贷款应收金额×100%（6.5）

老客户介绍成交率＝老客户介绍成交套数/成交总套数×100%　　（6.6）

按照房地产销售流程分别设置各环节率化考核指标，根本依据是上级部门下达的销售额与回款额考核指标，以考核指标为基础通过已经确认的率值进行反推，即各阶段需要实现的阶段性考核目标。在此基础上进一步细化，即可将一个团队总体的大目标逐步分解到每位员工身上，营造"人人知业绩、个个背指标、天天有考核、单单有奖惩"的良性竞争氛围。

目标导向法是一种科学有效的管理方法，通过将目标分解为各个子系统，并对各个子系统进行管控达成目标，提高企业经营效率。

在企业项目管理中，有一个常用的工具叫作"工作分解结构"，它就是一种将项目总目标分解为不同层次的子目标和任务的方法，该方法不仅有助于项目经理与项目团队清晰地理解项目的范围和内容，也有助于分配和协调项目的资源与责任，以及监控和控制项目的进度与质量。工作分解结构就是一种体现项目管理元理念和亚理念的工具，可以让项目管理更具科学性和系统性。

第二节　建立管理理念体系

本章第一节着重介绍了三种管理理念的形成方法，并结合案例讲述了这些方法的应用，本节将介绍建立管理理念体系的方法，主要包括三个方面：一是元理念和亚理念的关系，二是管理理念的内容划分，三是管理理念的层次划分。

元理念是企业管理的核心和基础，亚理念是企业管理的具体实践，两者应相互协调、相互支持，共同构成一个完整的管理理念体系。管理理念的内容可以从科学原理、愿景、使命、价值观、商业模式、管理方法、产品创新七个方面进行系统思考，确保管理理念的全面性和科学性。管理理念的层次可以按照企业组织架构，为各条线和各板块建立各自的元理念，从而保证管理理念的针对性和适应性。通过这种方法，可以建立一个有机的、协调的、灵活的管理理念体系，为企业管理提供指导和动力。

一、建立管理理念体系需要遵循的原则

管理理念体系的建立，需要遵循以下原则。

元理念为主，亚理念为辅。元理念是企业管理最基本、最核心、最普遍的理念，涵盖了管理的各个方面和各个领域，是企业的管理哲学和信念，也是企业管理思想与管理理论的源头和基础。元理念是企业管理的灵魂，决定了企业的管理风格和文化，指导着企业的管理目标和策略，同时是企业管理创新和改革的动力。亚理念是企业管理某个层面或领域具体、特殊、针对性的理念，是元理念在不同管理场景和管理问题中的具体化与实践化，是元理念的延伸和补充、分解和细化。亚理念包括企业管理的工具和技巧，是企业管理的方法和手段，是企业管理的规范和标准，是对企业管理的评价和反馈。在建立管理理念体系时，应以元理念为主导，以亚理念为辅助，形成一个完整、有机且协调的管理理念体系。

按照企业管理理念内容系统思考。企业管理理念的内容丰富多样，可以从不同角度进行划分和归纳。一种常见的划分方法是按照科学原理、愿景、使命、价值观、商业模式、管理方法、产品创新七个方面进行划分。在前面的章节中，我们分别对这七个方面进行了详细的阐述，总结出在建立管理理念体系时，应按照这七个方面进行系统思考，确保管理理念的内容完整、全面、科学且合理。

按照企业组织架构，建立各条线、各板块的元理念。企业组织架构是企业管理的基本框架，它按照一定的原则和规则，将企业的活动和资源进行分工、协作。企业组织架构通常包括各条线和各板块，各条线是指企业按照不同的职能或业务划分的部门或单位，如生产线、销售线、研发线、财务线、人力资源线等；各板块是指企业按照不同地域或市场划分的分支机构或子公司，如华北板块、华南板块、海外板块等。在建立管理理念体系时，应按照企业组织架构，在企业管理元理念的指导下，为各条线和各板块建立各自的元理念，以保证管理理念的层次性和针对性。各条线和各板块的元理念应与企业的总体元理念保持协调一致，同时应根据各自的特点与需求进行差异化和个性化，以体现管理理念的灵活性和适应性。

笔者在带领营销团队时，在营销条线架构中构建的"123-634"管理理念体系（如图6.3所示），也是对上述管理理念体系建立原则的实际应用。

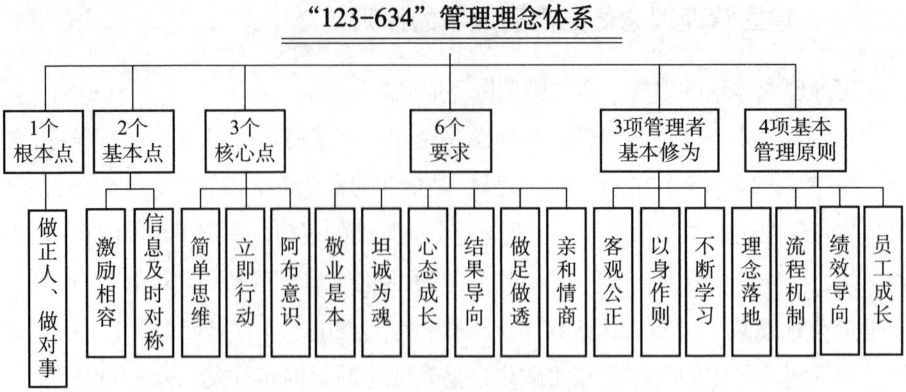

```
                    "123-634"管理理念体系
   ┌──────┬──────┬──────┬──────┬──────┬──────┬──────┐
 1个      2个    3个    6个    3项管理者  4项基本
 根本点   基本点  核心点 要求   基本修为   管理原则
```

1个根本点	2个基本点	3个核心点	6个要求	3项管理者基本修为	4项基本管理原则
做正人、做对事	激励相容 / 信息及时对称	简单思维 / 立即行动 / 阿布意识	敬业是本 / 坦诚为魂 / 心态成长 / 结果导向 / 做足做透 / 亲和情商	客观公正 / 以身作则 / 不断学习	理念落地 / 流程机制 / 绩效导向 / 员工成长

图6.3 "123-634"管理理念体系

《华为基本法》是管理理念的系统设计

华为成立于1987年，在历经8年的发展后，从一家默默无闻的小公司成长为市场上的热门企业。在取得了短期成功后，华为总结经验，明确未来的发展方向。1995年，任正非邀请中国人民大学的6位教授，对公司成功的管理经验进行总结提升，确定华为二次创业的观念、战略、方针和基本政策，构筑公司未来发展的宏伟架构。

从1995年起草到1996年正式定为"管理大纲"，再到1998年3月审议通过，其间用时两年半，八易其稿，最终名称确定为《华为基本法》。《华为基本法》共6章103条，涵盖了公司宗旨、基本经营政策、基本组织政策、基本人力资源政策、基本控制政策、接班人与基本法修改等多个方面内容，实际上是对任正非管理思想的统一梳理，也是华为管理理念在各个方面的体系架构，更是中国企业第一部完整系统地对其价值观进行总结的文件。华为后期的一系列变革从未脱离《华为基本法》的框架。比如，在《华为基本法》中，接班人的产生原则是：接班人是在集体奋斗中从员工和各级干部中自然产生的领袖。华为实行的CEO和董事长轮值制度就是这一理念的体现。《华为基本法》的制定与落地，使华为完成了蜕变，涅槃重生成为中国最优秀的国际化企业之一。

二、管理理念体系说明

管理理念是企业管理的思想和信念，是企业管理的灵魂和指南。正如数学有各种公理和定律，管理理念的建立与运用也需要有一套科学的方法和原则。本书将从这个角度探讨管理理念的公理与定律，对管理理念体系进行说明。

元理念是"公理"。公理是数学的基础，是数学最基本、最核心、最普遍的命题，它不需要证明，被认为是显而易见的或自明的。例如，欧几里得几何的五条公理，就是几何学的公理，它们决定了几何学的范围和特性。同样地，元理念是管理理念的公理，如客户至上、以人为本、持续创新等就是一些企业的元理念，直接决定了企业的管理哲学和管理文化。

其他理念是管理理念的"定律"。定律是数学的推论，是数学中具体的、特殊的、针对性的命题。定律需要证明，而且是基于公理或其他定律的推导。如勾股定理、欧拉定理、费马定理等就是几何学的定律，它们是基于欧几里得几何的公理或其他定律推导而来的。同理，其他理念是管理理念的定律，如质量管理、时间管理、风险管理等就是一些企业的其他理念，是管理理念具体的、特殊的、针对性的理念，需要基于元理念或其他理念推导证明。

理念体系需要在实践中不断完善。管理理念是一门不断发展的科学，它的元理念和其他理念并不是一成不变的，而是会随着管理的实践和创新不断更新与完善。例如，传统的管理理念被现代管理理念挑战和改进，从而开创了新的管理模式和管理思潮。管理理念的完善，需要管理者不断观察与分析管理的现状和问题，探索与尝试管理的方法和策略，总结与反思管理的经验和教训，进而实现管理理念体系的创新和改进。

理念的特性影响理念的管理与应用。管理理念的元理念和其他理念具有不同的特性。例如，有的管理理念是普遍的，有的管理理念则是特殊的；有些管理理念相互依赖，有些管理理念则相互矛盾。管理理念的管理与应用，需要管理者根据管理理念的特性，进行合理的选择和组合，以达到最佳的管理效果。管理者应该明确和坚持企业的元理念，同时应用企业的其他理念，形成一个有机、协调、灵活多变的管理理念体系，为企业管理提供指导和动力。

第三节 理念管理的方法

一、理念制度化

有人说，人类最伟大的发明不是产品的创新，而是制度的创新。确实，社会的进步往往源于社会制度的变革，但制度的变革又源于元理念的注入与贯穿。将理念转化为制度化的流程及体系，就是要将元理念与亚理念转化为具体的、可操作的、可执行的制度和机制，使理念能够在企业的各个环节和各个层次得到贯彻与落实。具体来说，就是要根据企业的发展战略、经营目标、市场定位、竞争优势、组织结构、人力资源、财务状况、技术水平、文化氛围等各个方面，确定企业各项制度的元理念和亚理念，包括企业机制建设。

万豪集团能有今天的成绩，离不开传奇酒店人物约翰·威拉德·马里奥特。他不仅有着远见卓识的商业头脑，而且有着深刻的企业文化理念。他认为，员工是公司的核心资产，顾客是公司的生命线。为了将这一理念制度化，他创设了甄选员工和灌输理念的程序。通过严格的招聘标准和制度，万豪集团筛选出具有服务热情和专业能力的员工，并在入职培训中向他们传达公司的使命、愿景和价值观，以强化员工是第一流人才、顾客是贵宾的理念。此外，通过定期的绩效评估、激励机制和晋升渠道，马里奥特培养并留住了大量优秀的管理人才，确保了用公司理念训练的人才源源不断。马里奥特还鼓励员工不断学习和创新，提高自身的专业水平和服务质量。马里奥特的核心理念为万豪集团打下了坚实的基础，使其成为全球最大的酒店集团之一，赢得了无数顾客的信赖和喜爱。

作为一家房地产集团的管理者，笔者深知理念管理的重要性，因为理念是团队的灵魂和方向，是团队的凝聚力和动力，是团队的创新力和竞争力。为了让带领的团队能够更好地理解和贯彻工作理念，笔者制定了一项制度，即在每周、每月、每季度的例会开始前10分钟，讲解一个与当期实际工作相关的案例，以解读工作理念，尤其是元理念。笔者还要求在项目运营会议中，每个团队成员发言的第一句话都要制度化，即"按照实现正常销售情况下的利润最大化的原则或者按照××目标……"的形式开始。通过这样的制度，团队成员不仅能牢记工作理念，还能用理念指导实践解决问题，提高工作效率。笔者相信，只要理念管理到位，团队的战斗力和凝聚力就能达到最强，从而实现企业的长远发展目标。

前面章节介绍到，韦尔奇领导下的GE公司就是一部"理念机器"，这部机器在一系列制度下运转。韦尔奇认为，理念是企业成功的关键，他不断地寻找、学习、创造和传播最优的管理理念，使GE公司成为一部真正的"理念机器"。韦尔奇建立了一个理念管理咨询顾问网络，人员包括大学教授、咨询顾问以及GE公司优秀员工，他们负责从外部和内部收集信息，对其分析、筛选、改进成适合公司的理念，并将理念转化为实际的流程和方法。在制度方面，韦尔奇召开了一系列高强度的学习会议，企业的CEO、角色典范以及GE公司各分公司的精英在这些会议上相遇，研讨和分享最佳的管理理念，形成了一种强大的理念文化。此外，韦尔奇每月至少召开一次管理会议，讨论和监控理念的实施情况，他通过一套严格的绩效评估体系，确保理念能够落地生根，带来实际的效果和价值。

宋志平也是一位将企业打造成"理念机器"的成功企业家。为了提升他领导的建材企业的综合竞争力，他创造了一系列管理理念，并将其管理理念落地——内化于心，体现于行动，结成果实。宋志平的做法首先就是制度化。比如，他提出的"三精管理"理念，包括"组织精简化，管理精细化，经营精益化"，这一理念综合体现了企业内部各个层面的协调运作，旨在通过不断优化和管理创新，推动企业向着更加卓越的方向发展。为了落实这个理念，企业成立了"三精管理"领导小组，组长由总裁担任，分管人事、财务、企管和技术的领导班子成员担任副组长，下设工作小组。区域公司作为利润中心，建立领导小组和工作小组，负责将"三精管理"工作逐级细化、责任传导。成员企业为成本中心，落实上级要求，建立工作小组，扎实开展"三精管理"具体工作。2019年，"三精管理"荣获全国企业管理现代化创新成果一等奖。

华为的第一价值观是以客户为中心。在落实这个理念方面，华为制定了多项制度，其中就有"邀请用户吐槽大会"。

华为每年召开用户大会，邀请全球重要客户的技术总监来华为，会议主题是给华为梳理出需要改进和解决的Top10问题，会议方式为分不同主题进行研讨，历时数天。华为与客户联合组建整改团队，逐一解决Top10问题。在下一年用户大会召开时，整改团队汇报Top10问题的改进情况。将解决问题的情况让客户评分，依据评分对员工给予奖惩，形成闭环。这项制度搭建了华为与客户深度互信的沟通平台，落地"以客户为中心"的理念，不仅不会因客户暴露问题而丑化华为，反而因倾听客户意见不断改进产品与服务，树立了华为在客户心目中的良好形象。

首先，我们要有一个清晰的理念，知道自己的目标和价值是什么，以及如何实现它们。其次，我们要有一项科学的制度，将理念转化为具体的、可操作的、可执行的流程和体系，从而使理念能够在企业的各个环节和各个层次得到贯彻与落实。

二、随时随地案例解读

在将管理理念制度化、注入企业机制后，理念就成为企业运转的基因，但这样还不够，要让机制运转转化为每个团队成员的自觉自愿，而团队成员的自觉自愿与机制制度的契合，是提高企业运营效率的最佳境界。这种内心的自觉自愿是通过管理人员随时随地案例解读实现的。随时随地案例解读是管理理念内化于心的核心方法。

美国强生公司前CEO詹姆斯曾说，他在任职CEO期间，40%的时间是用来和公司上下沟通公司核心理念的。笔者于2000年带出的某区域的营销团队，在当地也有"地产营销黄埔军校"的美誉，总结团队建设的经验，随时随地案例解读管理理念就是其中之一。

1. 为什么要随时随地案例解读管理理念

随时随地案例解读管理理念，就是分析当下团队管理方式是否符合团队管理理念，尤其是元理念。解读就是分析过程，是动态的活动，是在见习、体验、反思。

随时随地案例解读是一种理念落地的核心方法，是指对团队中当下发生的事情，随时随地进行思考、分析、总结和反馈，从而让团队成员不断地体验、反省和学习理念，进而提升自己的能力和素质，实现团队的目标和愿景。笔者在带领销售团队时期，常通过短信、微信等形式临时召集会议、工作例会等，随时随地发送和接收信息进行案例的分享与讨论，不受时间和空间的限制，提高了信息的及时性和有效性。通过随时随地案例解读，员工能深切感觉到自己的成长，就有会心的喜悦，从而更加坚定地认可理念，更加积极、主动地为团队的目标和愿景努力。

2. 随时随地案例解读的作用

"学而时习之，不亦乐乎"的关键词是"时习之"，"时习之"就是"反复"，"反复"是成功的必要条件，是理念落地的金钥匙。所以，随时随地案例解读具有两大作用。

一是信息及时、对称。在信息爆炸的时代，信息的质量和效率是决定团队竞争力的关键因素。通过随时随地案例解读，可以让团队成员及时获取和传递信息，避免信息的滞后和失真，提高信息的对称性和透明度，从而增强团队的信任感，提升团队的协作能力，提高团队的效率和效果。

二是形成专注复利的力量。在注意力分散的时代，专注的能力是决定个人成长的关键因素。通过随时随地案例解读，可以让团队成员专注于理念的学习和应用，形成一种持续思考和反馈的循环，从而不断增加自己的意识能量，激发自己的潜意识，形成专注复利的成果。

我们可以用量子理论来解释。量子理论认为，观测可以影响物质的状态，观测越频繁，物质的状态就越容易坍缩为观测者期望的结果，从而增加观测者的意识能量。意识能量越高，越能吸引与之相符的事物，越能实现自己的愿望。通过随时随地案例解读，笔者也真切感觉到自己成为一名"麦克斯韦妖"，是团队意识的观测器，不仅能传达和执行理念，还能引导和激励团队成员，让他们自主地学习和成长，从而提升团队的整体水平和竞争力。

3. 不断提升管理者的领导力

人们常说，一个管理者的领导力有五个层次。第一层次是职位型，因为有了这个职位，你就有权力去领导别人，这个领导力是被授权的、被别人赋予的，是低层次的领导力；第二层次是认同型，因为你发自内心地去关心下属，与团队建立了良好的关系，得到了大家的认同；第三层次是生产型，因为你作出了成绩，大家跟着你的行动去做；第四层次是立人型，大家之所以跟随你，是因为你能帮助他们不断提高和进步；第五层次是巅峰型，大家之所以跟随你，是因为他们敬仰你的所作所为。当你把第三层次与第四层次要做的事情做更久的时候，你将会自动达到第五层次的领导力，成为具有人格魅力的领导。

其实，如果你能够建立团队管理理念体系，并随时随地案例解读，且长期坚持，你就会达到巅峰型领导力，成为具有人格魅力的领导。因为，不断地随时随地案例解读就是教练型的领导，是不断地在实战中教大家如何思考、如何工作，从而提高大家的思维能力、业务能力和品格修养，团队就会有好的业绩，员工也会得到培养，长此以往，你就会成为大家的精神领袖。

三、专项训练

理念是一种思想，但不是空中楼阁，要将其落实到行动中，成为一种习惯、一种文化、一种力量。如何让理念从头脑中转化为实际的行为，从而创造出卓越的业绩呢？

专项训练是理念管理的一种方法，是指针对某一方面的理念，设计出一系列的训练内容，让团队成员通过反复练习和实践，掌握并运用理念，从而形成一种训练有素的行为。该方法可以提高运动员、教师、销售人员等各行各业从业人员的专业水平和执行力。

专项训练与普通培训的区别是什么？吉姆·柯林斯的《从优秀到卓越》认为："每家公司都有自己的文化，有些公司训练有素，但具有训练有素行为的公司却很少。拥有训练有素的行为时，你不需要进行过多的控制。当把训练有素的文化和企业家的职业道德融合在一起时，你就会得到神奇的能创造卓越业绩的炼金术。"这说明了专项训练的价值和意义。

相较于普通培训，专项训练更有针对性和系统性。根据团队的理念体系，选择最重要的核心理念作为训练的重点，不断强化并加以巩固；根据理念的内涵设计出一套完整的训练内容，包括理论学习、案例分析、角色扮演、模拟演练、实际操作等，从不同层次让团队成员深入理解并掌握。另外，专项训练不是一次性活动，而是一个长期的学习过程，要求团队成员不断地重复练习、检验和优化，直到理念成为一种习惯、一种本能、一种信仰。

IBM、迪士尼、宝洁等企业都有理念专项训练，通过专项训练，让理念深入人心，成为团队的灵魂和基石。迪士尼的"舞台"角色式培训是非常有名的培训案例。迪士尼的理念是让大家快乐，为了实现这一理念，迪士尼把所有员工视为演员，把所有工作场所视为舞台，把所有顾客视为观众，要求员工在舞台上展现真诚的微笑，为观众提供最佳的服务。

为了让员工掌握这一理念，迪士尼的新进人员都要接受数天的舞台角色式培训，迅速学习贯穿基本理念的新语言。这是精心编写的剧本，由训练有素的培训员，用有关迪士尼特性、历史和神话的问题做练习，不断向新人灌输与加强公司的基本理念。例如，培训员会问："我们从事什么事业？每一个人都知道麦当劳做汉堡包，迪士尼做什么？"新员工会回答："我们做的是让大家快乐的事业。"培训员会继续说："我们雇的人没有一个是来担任什么职务的，每一个人都是我们拍定的戏里面的一个角色，我们在迪士尼乐园里会很疲倦，但是永远不能厌烦，必须展现真诚的微笑。如果什么事情都帮不上忙，请记住：我是领薪水来微笑的！"通过这样的培训，新员工能迅速融入迪士尼的理念和文化，成为快乐的演员，为观众提供快乐的舞台。

华为的许多员工认为，华为虽然是一家企业，但更像一所大学，如果华为只选择留下一种能力，那么一定是学习能力。针对中高层干部的培养，华为大学设置了高级研讨班，不仅仅是让学员理解公司的干部管理政策、职责和应用管理工具与方法，更重要的是探讨新的管理理论，传递华为的管理哲学和核心价值观。在高级研讨班里，学员要通过以下流程学习。

（1）理论自学：华为的核心管理理念及管理方法是主要的理论课程。它们都源于华为的核心价值观，是公司的管理哲学与文化。自学阶段结束后要进行理论考试。

（2）课堂研讨：公司核心管理理念与管理方法研讨。首先分组讨论，其次全班讨论。整个过程中，公司高层担任专门的引导员，负责流程控制以及对学员的观点进行点评。研讨结束后，每个学员都要提交本阶段的心得总结，在此基础上初步筛选优秀学员。

（3）管理实践：实践时间为 1~6 个月，实践结束后，学员提交实践论文与案例。

（4）论文答辩：每个学员提交论文后须进行答辩，强化对理论的理解和应用。答辩结束后，确定优秀学员进入后备管理干部池。

（5）深度发酵：学员在华为大学的案例平台发布自己的案例和心得，使更多干部和员工了解学员对案例的见解与思考，然后进行学习和讨论。

在房地产行业，营销人员的核心理念同样是为客户创造价值。为了实现这一理念，我们需要不断提升自己的认知力、思维力、表达力和行动力，从而更好地了解客户的需求，为客户提供恰当的解决方案，传递客户的价值主张，提升客户的满意度和忠诚度。笔者在房地产行业带领营销团队多年，始终践行专项训练法，如执行例会案例解读制。在团队的周、月、季等工作例会上，笔者会用 10 分钟的时间分享一个近一周或者近一个月的案例。分享方法是通过对案例的解读分析该案例符合或者违反了哪个元理念。

笔者多年来坚持执行例会案例解读制，最终提高了团队成员的理念认同，形成了一致的工作思路和工作方法，提升了团队的专业水平和执行力；同时增强了团队成员之间的交流和互动，形成了良好的学习和竞争氛围，激发了团队的创新意识和竞争力；建立了一套完善、可行的奖惩机制和激励机制，形成了良好的工作动力和工作目标，最终提升了营销团队的业绩和收益。显然，例会案例解读理念也是一种管理理念落地的"专项训练"。

四、氛围包装

理念是一种思想，但不是孤立的，而是要与组织所处的环境相互作用，成为一种氛围、一种影响、一种力量。按照量子力学理论，在企业各种场所做理念氛围包装，可以起到麦克斯韦妖或者意识观测器的作用，可以让全体员工思维受企业管理理念的影响，起到纠缠作用，使管理理念内化，从而感染和激励更多的人。

氛围包装是指利用视觉、听觉、触觉等感官，将理念的内涵和外延，通过各种形式和方式，展示和传达给团队成员以及外部客户等利益相关者，从而营造出一种符合理念的氛围，增强理念的感染力和影响力。氛围包装的特点如下。

（1）创意性。我们可以根据理念的特点和目的，选择最合适的形式及方式表达和展示理念，既可以是文字、图像、音乐、色彩、装饰、服饰等，也可以是工作方法、肢体语言、图画、歌曲、价值观、礼仪、句式等，只要能吸引注意力，引发共鸣，激发情感，就是一种氛围包装。

（2）渗透性。管理理念通过氛围包装，能够渗透到团队的各个方面，从办公区域到公共和培训场所，从公司大门到公司网站，理念无处不在，无时不有，让团队成员和外部客户时刻感受到理念的存在及力量。

（3）一致性。理念的氛围包装需要与理念内容和行为保持高度一致，避免理念和氛围的脱节与冲突。让理念的氛围成为理念的体现和支持，而非遮盖和破坏。

星巴克的"第三空间"氛围，是一个非常有名的例子。星巴克的理念是"提供一种生活方式的选择"，为了实现这一理念，星巴克将每一家门店都打造成一个舒适、温馨、友好的"第三空间"——既不是家庭也不是工作的中间状态，为繁忙的都市生活提供了一个放松、交流的场所。

星巴克通过各种形式和方式包装、展示它的理念。暖色调的灯光、木质的家具、舒缓的音乐营造温暖舒适感，多样化的咖啡、茶、甜点满足不同需求，亲切专业的服务建立信任和尊重，活动和社区参与增强归属感与责任感。这样的氛围让顾客感觉星巴克不仅仅是一家咖啡店，更是一个可以放松身心、享受生活的场所。

氛围包装可以通过布置办公室、公共和培训场所、公司大门口等醒目区域得以实现。

在办公室的墙壁上，可以张贴公司理念标语或图案，让公司理念时刻提醒并激励员工，也可以在办公室的角落摆上一些与公司理念相关的书刊，时刻启发；在公共和培训场所（如会议室、培训室、休息室等），可以展示一些与公司理念相关的内容，如可以在会议室的屏幕上滚动播放与公司理念相关的视频和案例，也可以在培训室的墙壁上张贴一些与公司理念相关的奖状和证书。此外，还可以在公司大门口设置一些管理理念的标志和口号，能让理念时刻提醒并激励员工。

"思考"是IBM创始人沃森确立的企业核心理念，他在IBM不遗余力地推销这个词语：一幅幅装潢别致的"Think"横幅在IBM办公室随处可见，IBM培训学院门前是用两英尺高的字母刻制而成的一块"Think"牌匾，工人的工装上都印着"Think"的标志，公司创建了*Think*杂志。"Think"成为IBM的象征，成为IBM始终坚持的信念。

氛围包装是一门艺术，也是一种科学，需要我们不断地学习和改进才能达到最佳的效果。氛围包装不仅可以让理念从头脑中扩散到周围的空间，还可以让理念从周围的空间回馈到头脑中，形成一个良性循环，让理念不断地更新和完善，让团队不断地进步和发展。

五、工作竞赛评比

在当今的市场竞争中，企业要想生存和发展，就必须不断创新和提升自身的竞争力。要实现这一目标，就需要员工的积极参与和贡献。员工是企业的核心资产，他们的工作态度与工作效果直接影响着企业的业绩和形象。因此，如何激发员工的积极性、提升员工的工作效率，是每一家企业需要面对和解决的问题。

工作竞赛评比是一种有效的理念管理方法，可以通过设定合理的评比标准和奖励机制，让员工在工作中产生竞争意识和合作精神，从而提高工作质量和效率。工作竞赛评比不仅可以促进员工的个人发展，而且可以增强企业的整体实力。

卓越的企业往往会把工作竞赛评比作为重要的理念管理方法，并通过科学的设计和实施，取得良好的效果。在《基业长青》一书中，卓越企业的经典做法有评选"顾客服务之星"、推选"百胜冠军""谁最像诺斯通员工"、公布客户表扬信等。

房地产集团举办"七率季度赛"　激励营销人员攻坚克难

房地产业是一个充满竞争和挑战的行业，尤其是在房地产行业面临寒冬的市场环境下，更需要营销人员发挥出色的能力，为企业创造价值。为了激励营销人员提高工作业绩，落地率化管理法，不断提升各销售中心的转化率，某房地产集团区域公司坚持每季度举办一场别开生面的工作竞赛评比——"七率季度赛"。"七率"是将案场接待客户的流程划分为七个环节，设置了七个环节的转化率。

"七率季度赛"是指在每个季度内，对营销人员的销售率、回款率、客户满意率、客户转化率、客户维护率、客户复购率和客户推荐率进行评比，以表彰在这七个方面表现出色的营销人员。这一做法不仅考查了营销人员的全方位能力，也促进了公司销售额的增长。

"七率季度赛"的评比范围涵盖了公司的所有营销人员，无论是销售经理、销售顾问、销售助理，还是客服人员、售后人员、市场人员，都有机会参与评比，展示自己的风采。评比内容主要根据营销人员的工作绩效数据，以及客户的反馈意见，进行定量和定性的综合评价。评比方式是通过公司的内部系统，每周公布一次评比结果，每月公布一次月度排名，每季度公布一次季度冠军，最终根据评比结果，给予营销人员不同程度的物质奖励和精神奖励，如奖金、奖励旅游、授予优秀员工荣誉称号等。

"七率季度赛"的举办对这家房地产集团在攻坚克难的特殊时期起到了积极作用，这项竞赛不仅激发了营销人员的斗志和干劲，让他们在面对市场的压力和挑战时，不畏惧、不气馁，积极主动，勇于拼搏，争取更好的成绩，也促进了营销人员工作效率的提升，让他们在有限的时间内完成更多的工作，提高了工作质量和效果。此外，"七率季度赛"提升了该房地产集团营销团队成员的凝聚力，让他们在工作竞赛中，不仅有竞争，也有合作，相互学习、相互支持，共同进步。

"七率季度赛"的成功，让我们看到了工作竞赛评比的巨大潜力。它可以成为企业激发员工积极性、提升员工工作效率、增强企业整体实力的有效手段。当然，工作竞赛评比也需要注意一些问题，如评比标准的合理性、奖励机制的有效性、评比过程的公平性等。只有科学设计和实施工作竞赛评比，才能发挥其最大的效用。

在未来，随着企业竞争的不断加剧，工作竞赛评比将会成为越来越多企业的选择。企业要想在竞争中取得成功，就必须不断创新与完善工作竞赛评比的方法和手段，让工作竞赛评比成为激发员工积极性、提升企业竞争力的强大动力。

六、员工成长关怀

理念落地需要依靠员工，如果企业管理者不关心员工的成长，那么再好的理念也会失去执行的市场，尤其是在当今的市场竞争中，员工是企业最宝贵的资产，也是企业持续发展的动力。如何激发员工潜能、持续提升员工工作能力、培养员工的忠诚度，是每个企业管理者需要思考的问题。基于此，笔者提出了理念管理的第六种方法——员工成长关怀，旨在围绕员工成长落地团队理念，实现员工的个人价值和企业的共同发展。

员工成长是指员工在工作中不断学习、进步、创新，提高自己的专业技能和综合素质，实现自我提升和价值的过程。员工成长不仅有利于个人发展，也有利于企业的长远利益。因此，我们将员工成长关怀作为团队的核心理念，贯穿日常工作和管理，具体体现在以下几个方面。

（1）为员工提供成长的机会和平台。鼓励员工主动参与各种培训、交流、分享等活动，完善员工知识结构，提升员工工作技能，丰富员工经验，开阔员工视

第六章　管理理念的建立与管理方法

野，拓宽员工职业发展空间。同时，定期组织团队内部学习交流会，让员工互相学习、互相帮助，形成良好的学习氛围和团队合作精神。

（2）为员工提供成长指导和支持。重视员工的个性化发展，根据员工的特点、需求、目标，制订合适的成长计划，为员工提供专业的指导建议，帮助员工解决工作中遇到的问题和困难，促进员工快速成长。定期对员工进行绩效评估和反馈，及时了解员工的成长状况和满意度，调整和优化成长方案，激发员工的成长动力和信心。

（3）为员工提供奖励。我们尊重员工的成长成果，对员工的学习、进步、创新、贡献给予充分的肯定和赞扬，让员工感受到自己的价值和意义。我们也根据员工的成长表现，给予相应的奖励和激励，如晋升、加薪、奖金、荣誉、福利等，让员工享受到自己的成果。

在带领团队的过程中，为了更好地记录和展示员工的成长过程，笔者采用了两种方式：建立员工个人文档、制作员工成长纪念册。员工个人文档是员工的个人档案，其中包含员工的基本信息、工作经历、学习成绩、成长计划、成长评估、成长奖励等内容，是员工成长的详细记录和证明。员工成长纪念册是员工的个人相册，包含员工参与各种活动、项目、事件的照片、视频、文字等内容，是员工成长的生动展示和回忆。

通过建立员工个人文档、制作员工成长纪念册，可以清晰地看到员工入职后的成长历程，不仅能生动地展示员工在工作中的表现和风采，以及员工的专业能力和综合素质，也能为员工的成长提供有力的支撑和保障。除此之外，还能根据员工的成长情况给予适当的奖励，为员工的成长提供持续的动力和信心。

七、理念管理后评估

在实施了理念管理的前六种方法后，我们需要对理念管理的效果和影响进行后评估，以检验管理理念是否得到了有效传播和落实，以及管理理念是否需要进行调整和完善。通常可以从以下几个方面入手。

（1）机制与制度复查。从复查中分析元理念在其中是否起作用。

（2）从案例解读中评估效果。通过收集和分析各种与理念相关的案例，评估理念在实际工作中的应用及体现。这些案例可以是成功的、失败的、典型的、特殊的，也可以是来自内部或外部的。通过对案例的解读识别理念的优势和不足，以及理念与实际的契合度和差距，也可以在日常的工作会议、培训活动、交流沟通等场合进行案例解读，让员工参与其中，分享他们的看法和感受，从而增强他们对理念的认同和理解。例如，我们可以在每周的例会上，邀请一位员工分享一个与管理理念相关的案例，说明自己是如何运用理念解决问题或创造价值的，以及从中学到了什么；也可以在企业每月的培训中，安排一场案例竞赛，让员工分组讨论与管理理念相关的案例，分析案例中存在的问题和相应的解决方案，评价案例中的理念应用和具体体现，最后选出最佳的案例进行分析。在每季度、半年度或年度的总结中，也可以展示一些与理念相关的案例，反映团队在理念管理方面取得的成绩和进步、不足和需要改进的地方。

（3）对企业发生的较大经营与管理问题进行反思，分析理念是否落地、是否存在问题，如果是前者就要成立专班进行解决，如果是后者就要讨论是否修正理念。

后评估既是理念管理的方法，也是理念管理的循环起点。通过后评估，可以不断地检验和改进、提高和完善管理理念，从而使理念更加符合企业愿景和使命，更加适应外部环境和市场，更好地满足客户和员工的价值需求，推动企业的创新和发展。

第七章

企业管理的六个元理念

笔者在30年的企业管理实践中不断学习、总结、提炼与归纳，得出企业管理的六个元理念，称作"企业管理'123'元理念"。"1"是一个根本点，即做正人、做对事；"2"是两个基本点，分别是激励相容和信息及时对称，其中，"激励相容"是企业机制建设要遵循的元理念，"信息及时对称"是运营过程管控要遵循的元理念；"3"是三个核心点，即"简单思维""立即行动""阿布意识"，它们分别属于企业员工思想管理体系、工作执行管理体系、工作方法管理体系的元理念。

第一节 六个元理念之间的关系

在探讨普通与优秀的差异时，我们通常把能否透过现象洞察本质的能力当作关键的衡量尺度。在理念管理逻辑中，倡导树立元理念的思考模式，研究和深入思考系统的底层逻辑，探究事物的共同点与本质，是成就自己的基础。

《从优秀到卓越》一书"先人后事"（First Who Then What）的定义是这样的：让合适的人上车，组建卓越的管理团队（先人），一旦拥有了合适的人选，就去选择通往卓越的最佳途径（后事）。按照理念管理学的逻辑，其中涵盖了两个层面、三个理念、五个体系的理解。

（1）战略层面：选正人、做对事，即由合适的人带领团队去做正确的事。从用人理念维度寻找企业经营管理的根本点。

（2）战术层面：处理做正人、把事做对问题，即如何打造有执行力的团队。从机制设计理念和行为理念维度思考实现机制体系、经营管控体系、思想体系、团队执行体系、工作方法体系的全面提升。

其中，用人理念是根本所在，机制设计理念为基本要点，行为理念则是保障机制平稳且顺畅运作的核心。三者相辅相成，形成了企业经营管理中"由谁来做、为何去做、如何去做"这一思考架构的底层逻辑，这是理念管理逻辑中的元理念。

第二节 一个根本点

从战略层面解读企业经营管理元理念，实际是要探究企业管理者能否把握正确战略方向问题。方向正确可事半功倍，反之则适得其反。无数成功案例向我们证实，在消费决策更加理性、消费理念更加成熟的当下，往昔疯狂的"攫取型收益"已经逐步向"反哺型收益"转变，经营思维也从利己转为利他。这种转变客观地对各级决策者提出了更高的要求，即做正人、做对事。在理念管理学逻辑中，这是企业经营管理元理念的根本点。

一、做正人

做正人是凭良心做事，是人生成长的正念，也是企业经营哲学的源头。何谓正念？现代管理学认为正念是一种世界观，是基于道德基础上的思维模型，代表诚实正直的品格，而这种品格恰恰是管理者需要具备的基础特质。彼得·德鲁克在《管理的实践》中曾这样描述："在任命管理者的时候，必须很清楚地认识到，诚实正直的品格是对管理者的绝对要求，是管理者原本就具备的特质，不能期望他升上管理职位后才开始培养这种特质。""必须表明组织的精神根植于道德，故而必须建立在诚实正直的品格上。"

对企业领导者而言，秉持正念是首要条件，主要表现在两个维度。首先，能够始终秉持正念，将正念根植于天性并融入血脉的道德品质，是能够长期坚持进而形成口碑和生态的。其次，秉持正念需要具有普适性，即理念管理学倡导的管理者的"四个正念"。一是对企业，强调着眼于产品、服务、现金流、利润四大要素，体现对客户、企业与股东负责的态度；二是对合作伙伴，强调基于双方互利原则的平等和服务意识；三是对下属，强调培养和成长，着眼于未来发展而施加的正确的示范和引导，这不仅仅是职业心智的养成，更是企业文化的传承；四是对自己，强调不断地自我学习首先是品性的修养和价值观的完善。"修身、齐家、治国、平天下"，修身之道是立世之本，是履行角色义务，以求得自我人格完善、道德实现的基础。

二、做对事

管理大师彼得·德鲁克在《卓有成效的管理者》一书中指出,效率是以正确的方式做事,而效能则是做正确的事。效率和效能不应偏废,但这并不意味着效率和效能具有同等重要性。我们虽然希望同时提高效率和效能,但在效率与效能无法兼得时,首先应着眼于效能,其次设法提高效率。

做正确的事,就是把握方向,权衡利弊,在做事之前一定要仔细考虑,分析判读,着眼长远,讲求效果,厘清脉络,找出关键点。

渊明咨询创始人、混沌创新领教郁金星老师曾深入研究著名商超、零售企业胖东来的案例,他这样评价:"很多做商超、做零售的企业老板都说,干这一行是世界上最苦的企业。我看到了深深的无奈和焦虑。有没有一个案例能够让他们看到另外一番光景?胖东来就是这样一个案例。"他在《被封神的胖东来,为什么不走出河南》一文中深入回顾了胖东来初创期、成长期、长青期三个重要发展阶段背后的故事,让我们更加清晰地看到创始人于东来赋予企业的幸福基因。

案 例[①]

20世纪90年代中期,市场的监管制度落后,假冒伪劣产品泛滥。借助当时中国商品流通的红利,于东来的糖烟酒小店承诺绝不贩卖假货,真诚待客,于是赢得了人生的第一桶金。"很简单,对老百姓多一点好,你啥都有了。"于东来在这一阶段最关键的动作是诚实,享受了诚实红利。

1997年,糖烟酒小店升级成烟酒购物中心,于东来提出了新的服务理念——"用真品换真心,不满意就退货"。但在1998年3月,一场突如其来的大火把所有东西付之一炬,同时带走了八条鲜活的生命,于东来依靠邻居、亲朋好友和他曾经用"真品换真心"滋养过的顾客的支持,才慢慢走出痛苦。于东来的社会责任意识开始从内心萌芽,从精神世界确认要做一个好商人。

(1)初创期:真品换真心,共同致富。

1999年,于东来发现了许昌快速发展的大型购物商场和普通人群购买力有限的矛盾,消费者迫切需要一种购物方便、价格实惠、品质有保证的业态。他最终选择引入量贩,通过丰富的商品打开市场。从1999年5月开始,名品服饰、鞋业、电器量贩相继开业,连锁便民社区店也同时推向市场,并且首次推出了干

[①] 资料来源于混沌"一思维创新商业案例TALK"系列直播第六期,郁金星老师关于胖东来案例的分享:《被封神的胖东来,为什么不走出河南》。

洗、熨烫、缝边等免费服务。

在以丰富的商品打开市场后，胖东来同样面临初创企业组织管理的两大难题——为什么员工的稳定性差，为什么员工的积极性不高？于东来说，现在很多企业家或老板，挣再多的钱都觉得少，不舍得给员工多发一点，这样的思想一定会伤害员工。他认为工作不仅仅是为了生存，还为了更高质量的生活，而高质量生活的核心就是收入，必须同时解决员工收入和稳定性两个方面的问题。

于东来反复强调"让创造财富的人分享财富"。在工资保障的基础上，他拿出50%的净利润回馈给这些创造财富的员工和管理人员。至今，他每年都把80%的利润分享出去。

基于员工的积极性，胖东来实现了初创期的战略闭环，这是于东来企业家精神的萌芽阶段。

（2）成长期：创造高品质生活方式，拓宽员工成长路径。

2000—2011年，借助市场十倍速发展的利好趋势，胖东来初步完成了从街头小店到现代化商贸集团的华丽转身。进入2012年，于东来对经营的认知发生了改变，他意识到"以真心换真心，还是利己为主，是换客户对我的真心。而真诚的利他，才是经营的本质"。一方面，快速扩张不可避免地带来了管理和服务的缺失，服务不达标令顾客失望；另一方面，快速扩张导致工作量剧增，基层员工的休息权长期被忽视。

因此，2012年1—9月，胖东来停止扩张，关闭了旗下仍处于盈利状态的16家店；2012年3月20日，胖东来宣布每周二闭店休息一天，春节从除夕到初四闭店休息，全年闭店57天；从2014年开始，员工享有每年四周的年假。

随着梦想越来越清晰，于东来进一步提出三点经营战略：据点式作战、修炼式经营、内生式增长。正如郁金星老师评价的那样："仅仅是这样一个周二的店休，我认为，这是他对生命的哲学叩问。""这次选择，我认为是于东来企业家精神的转折点。他的精神世界真正成长为一个企业家。"

2012年，零售行业兴起并购热潮，企业盲目扩张导致服务质量下降的恶性竞争等很多矛盾涌现出来。于东来想将商品的输出转变成一种生活方式的输出。为此，他通过洞察用户需求，提出了创造高品质生活方式的价值主张，并进一步提出了丰富的商品、合理的价格、温馨的环境、完善的服务的经营方针，通过极致服务构建起信任，形成品牌效应，从而提高了顾客的忠诚度。

胖东来的员工会连夜驱车90公里到郑州帮生病的客人买荞麦面；货品标注进货价格，严控毛利，杜绝暴利；商场配备适合各年龄段客人使用的购物车；配置了放大镜的商品标注……胖东来的员工从善意出发，深度观察，发现超越顾客预期的细节，真正做到了让顾客感动。

于东来还意识到，为了匹配极致的服务，必须提升员工的专业能力。他说："我希望五年以后所有的员工都能达到三星级水平，再经过十年到二十年的努力，更多的员工能达到四五星级水平，其中至少有五名'马未都级'的专家。"为此，胖东来为员工设定了一个共同目标，即培养一百名工匠，也就是品类和岗位专家；明确了"三个自主"，即自主经营、自主学习、自主管理，同时构建全方位、立体化的沟通交流机制。

在企业的成长期，于东来着眼于创造高品质生活方式的战略初衷，立足于员工专业能力的提升，实现了组织的成长，转而又反哺于服务，带来了企业内外部的良性循环。

（3）长青期：传播爱的理念，使企业具有学校属性。

2023年1月10日，胖东来综合性商场天使城开业，再度成为零售行业新的天花板。于东来说："我们要牢记，要用爱对待商品，因为它们是有生命的；要用爱对待顾客，因为我们是天使；要用爱对待万事万物，因为我们是伟大的、善良的、快乐的人。"到了这个阶段，于东来看待经营管理又与从前不同了。

从认为自己开超市会扰民，所以承包附近居民的水电费，到新店选址会按照自己的经营水准考核周边酒店、餐饮等业态，并派出管理团队进行培训；从参与慈善和救灾，到把纳税额作为企业的第一经营指标，胖东来显然已经从原来的创造高品质生活转向传播爱的理念，目标不是打造一个人的商业帝国，而是建设一个更美好的社会。

于东来说"胖东来的属性其实是一所学校"，教员工成长、培养顾客的鉴别和审美能力、给同行做标准和示范。对于高度关注员工心智的胖东来而言，内外均形成了价值、信念的同频。

面对互联网影响下的新生代员工，于东来提出了能干会玩的理念，把员工当作完整意义上的人，而不是单纯的工作人。一方面，解决了员工无法保持良好工作状态的问题；另一方面，使员工充分感受到工作的意义，大幅提升了员工主动获取知识和技术创新的能力。所以，胖东来的美好作品是人，培养每个员工成为具有健全人格的人。

长青期的胖东来传播爱的理念，通过细致入微的服务体验，将简单的商品买卖转化成愉悦的体验，做到了让用户有求知和审美需求；通过企业是学校理念，让员工有了幸福感，不但给员工带来对企业的归属感，而且激发出员工的无穷创造力，这正是企业基业长青的秘密所在。

人生成长的正念，是企业经营哲学的原点。作为管理者和决策者，于东来在企业所处的每个阶段都做出了符合局面的正确判断和选择。需要强调的是，这些决策都是建立在凭良心做事、遵循事物本性的基础上，是胖东来倡导的再善良一些、再真诚一些理念的直观表现。

第三节　两个基本点

从战术层面思考企业经营管理的元理念，就是要正确地做事，确保事情按照预想的战略实施，确保企业的效能得到最大化发挥。根据理念管理学的逻辑，可以从机制设计理念与行为理念两个维度进行思考和归纳。

美国管理学家切斯特·巴纳德在《经理人员的职能》一书中提出了著名的系统组织理论。他认为社会各级组织都是一个协作的系统，都包含三个要素，即协作意愿、共同目标和信息联系。

首先，协作意愿是指组织成员对组织目标作出贡献的意愿。一个人是否具有协作意愿，取决于个人对贡献和诱因的合理比较。贡献是指个人对实现组织目标做出的有益的活动和牺牲。诱因是指为满足个人需要而由组织提供的效应。只有当诱因大于贡献时，个人才会有协作意愿。

其次，组织必须有共同目标，而且目标必须被组织成员理解和接受，否则协作就无从发生。对于组织目标的理解，根据组织成员所处的立场（组织利益或个人利益）不同，可以分为协作性理解和个人性理解。主管人的重要职能之一就是协调组织目标与个人目标的差异。

最后，组织的共同目标和个人的协作意愿只有通过意见交流将两者联系与统一起来，才具有意义和效果，即良好的沟通。

理念管理学基于系统组织理论认为，明确共同目标，达成协同意愿，并随时进行沟通交流。如果将其理论延展至市场经济中每个理性经济行为人，将制度安排设置为追求个人利益的行为，恰好与企业实现价值最大化的目标相契合，这与里奥尼德·赫维茨创立的机制设计理论相吻合。

因此，理念管理学认为，企业经营管理元理念的两个基本点是激励相容和信息及时对称。

一、企业机制体系元理念——激励相容

在一个暴风雨的晚上,你开车经过一个车站。有三个人正在焦急地等待公共汽车,一个是生命垂危的老人需要马上去医院;一个是医生,他曾救过你的命,你必须报答他;还有一个是你梦寐以求的恋人,也许错过就没有了。但你的车只能坐下一个人,该怎么办呢?

最理想的答案是把车钥匙给医生,请他带着老人去医院,而你留下来陪梦寐以求的恋人一起等公共汽车。

本案例中,老人的诉求是尽快到医院看病,医生的诉求是搭车离开,而你的诉求是救人、报恩、陪伴,表面看似毫不相干、无法统一,实际上有潜在的逻辑:医生送患者去医院然后去做自己想做的事情,利益并不冲突,条件是需要一辆车;你和梦寐以求的恋人的相处并非一定需要车,雨中等公共汽车未尝不是一种浪漫。所以,解决问题的方法很简单,你把车交给医生,一切问题都迎刃而解。

这个案例浅显地表达了激励相容的内涵:通过实现相关利益方的核心诉求,实现自身诉求的目标。引申到企业经营管理范畴,即设定一个团队目标,通过一套团队规则,使每个团队成员在满足自身利益的同时,最终达成团队设定的原始目标。其关键点就是:将企业的需求转换为个人的目标,实现组织利益目标与个人利益目标激励一致,主观上满足个体利益,客观上达到或者实现集体共同目标。

现代经济学理论与实践表明,贯彻激励相容原则,能够有效地解决个人利益与集体利益之间的矛盾冲突,使行为人的行为方式、结果符合集体价值最大化的目标,让每个员工在为企业多做贡献中成就自己的事业,即个人价值与集体价值两个目标函数的一致化。

反观前述胖东来案例,于东来在企业发展的各个阶段,本质上都是在秉承激励相容的原则进行思考和架构,主要体现在以下两条主线。

于客户而言,从初创期提出的用真品换真心到成长期高品质生活方式,再到长青期传播爱的理念,胖东来在每个阶段都紧扣市场现实,紧抓消费者痛点,围绕价格、品类、体验三项核心诉求下功夫。胖东来已经不再满足于做内功,而是开始理念输出,从自身与社区的关系出发,始终提供有价值的输出,滋养关系,形成共生,让自己与这些关联者一起成长。细微处的服务是最容易被忽视的,但

这种潜在的价值满足恰恰成为消费者进行消费决策的重要因素。如今，胖东来倡导的服务意识和体验艺术，已经使它超越了简单的商品买卖范畴，成为应对电商挑战的制胜法宝。

于员工而言，胖东来在初创期提出了基于利润分配机制的共同致富，解决了员工稳定性差、积极性不高的问题；在成长期提出了基于组织三要素的价值同频、员工成长，解决了专业力升级、服务升级的问题；在长青期提出了基于员工幸福感的企业是学校理念，解决了员工工作状态、感受工作意义的问题。胖东来的一系列做法，设计出了从提升收入到发展路径，从关注成长到凝聚人才的系统性思路，实现了个人与企业价值的激励相容机制，从而走上两者价值最大化的双赢之道。可以说，胖东来的成功是激励相容理念的成功，是以人为本理念的成功。

在市场经济的大环境下，市场配置资源的经济形式决定了在市场评价中，好坏是由别人说了算而不是由自己说了算。市场竞争本质是给别人创造价值的竞争，要谋求自己的利益，首先要给别人创造价值。这就是激励相容的灵魂——利他。

案 例[①]

美国 AVX 公司在电容器领域处于世界领先地位。1989 年，稻盛和夫为了把京瓷发展成综合性的电子零部件公司，向 AVX 公司的董事长提出了收购该公司的要求。

这位董事长爽快地答应了。收购采取股票交换方式，把当时纽约证券交易所价格交易 20 美元左右的 AVX 股票高评 50%，即评估为 30 美元，与在同一交易所上市的、市值 82 美元的京瓷股票进行交换。对方提出希望以 32 美元成交。当时京瓷的美国公司社长及律师都表示反对，认为这会使京瓷在日后的谈判中处于劣势。但稻盛和夫认为这位董事长的初衷是对股东负责，应予理解，于是同意了对方的要求。

然而，当双方股票正要实行交割时，纽约证券交易所道琼斯指数大幅下跌，京瓷股票也跌了 10 美元，变成了 72 美元。对方不顾股市全盘下跌而非京瓷业绩下降引起股票下滑的客观事实，又提出把原定的 82 美元对 32 美元的交换条件改为 72 美元对 32 美元。稻盛和夫再次接受了变更条件。他认为，这既不是出于算

[①] 稻盛和夫. 稻盛和夫自传 [M]. 杨超, 译. 北京：东方出版社, 2015.

计，也不是感情用事，收购合并是两种文化完全不同的企业合二为一，是企业与企业的结合，应该最大限度为对方考虑。

收购之后，京瓷股票一路上扬，AVX 公司的股东获利丰厚。现实的收益和京瓷的高姿态使 AVX 公司的员工没有出现预想中的抵触与不满，一开始就能友好交流，而且很自然地接受了京瓷的经营哲学，也使得收购后的 AVX 公司继续成长。

1995 年，AVX 公司在纽约证券交易所再次上市，盈利增长 5.5 倍。在再次上市过程中，京瓷通过出售股票获利 1476 亿日元的溢价收益。

利他是为了使他人获得方便与利益，尊重他人利益的行为，是一种自觉自愿的、有益于社会的行为。通过采取某种行动，一方面满足了自己的需要，另一方面帮助了别人。在某些极端情况下，可能会不惜放弃自己的需要来满足别人的愿望。

我们提倡企业在经营管理实践中秉承利他理念做事，就是希望管理者能够"做好两类人，远离一件事"。

首先，做真正的明白人。经营长期的事情，享受长期的利益，拿未来的名声。名利是一种利己的驱动，但目的必须利他，利他越大，利己部分越大。让别人变得更好，自己也会变得更好。

其次，培养自己的掘墓人。"培养自己的掘墓人"是笔者带团队时对管理人员培养员工的一个要求，显然，这也是利他理念的亚理念。

案 例[①]

被网友称为"布鞋院士"的中国科学院院士，著名遥感学家、地理学家、中国国内遥感领域泰斗级专家李小文，一生致力于地物光学遥感和热红外遥感的基础研究与应用研究，成果丰硕。

他执着讲台，诲人不倦，在中国科学院研究生院、北京师范大学、北京大学、清华大学举办遥感科学的系列讲座及专题讲座，一生培养了 160 余名研究生，推动中国在短期内形成了一支具有创新能力的遥感机理研究和试验研究队伍，其中许多人已成为定量遥感领域的领军人物。

李小文曾将 100 万元奖金悉数捐出设立奖助学金，而自己却生活简朴，曾因

---

① 资料来源于百度百科。

光脚穿布鞋做报告走红网络，被网友称为"布鞋院士"。2015年1月25日，北京师范大学发起并设立以李小文名字命名的公益基金，感念他的光辉成就和高尚师德，旨在继续推动地理学与遥感科学的学科建设和人才培养。

人民网这样评价：李小文老师身上有侠气，不拘小节、潇洒随性、喜欢喝酒。他从来不反对学生的意见，会以打赌的方式让学生勇敢尝试，他曾在博客里提到"老师合格的标准"：让学生做自己的掘墓人。

"赠人玫瑰，手留余香"，方便别人的同时也会给自己带来方便，成就别人的同时也会提升自己，这不仅是引导人们向善的口号，还蕴藏着"成就他人，成全自己"的智慧与道家的"不争之德"。

哈佛大学校长在2022届毕业典礼上致辞，鼓励毕业生保持谦逊、善良、关怀他人的美德，在珍惜机会的同时不要忘记给别人留个位置。他说："我今天想向你们提出一个挑战：给别人留一个座位，给别人腾出空间，确保你接受教育的机会不仅成就了你一个人的人生。比起绝大多数人，你们改变社会的机会更多，能够给别人的机会也更多。当机会来临时，请充分利用。无论你凭借在哈佛所受的教育从事何种职业，都请一定要谨记谦逊、善良、关怀他人，这些与你的专业成就一样重要。珍惜你生命中的幸运，这些机会会留给你，但同时不要忘记将机会留给别人，那样你才能继续感受你今天感受到的骄傲和快乐。"

最后，远离极致，合作共赢。

激励相容是推动事物不断发展的巨大能量，相容的大小不同，成长的格局不同。上升到人类文明进步基础的高度，如果科学文明是以"要更多""要更舒服"的利己欲望为原动力，那么以利他关爱为基础的和谐力量就是和谐精神文明的基础。提倡激励相容的成长原则，就是提倡思维升维与放大格局，反对极致化的饱和摧毁。

2021年4月10日，市场监管总局认定阿里巴巴在中国境内网络零售平台服务市场具有支配地位，且自2015年以来滥用该市场支配地位推行"二选一"。根据《中华人民共和国反垄断法》，决定对阿里巴巴处以182.28亿元人民币罚款。

市场监管总局调查认定，自2015年以来，阿里巴巴集团禁止平台内商家在其他竞争性平台开店或参加促销活动，并借助市场力量、平台规则和数据、算法等技术手段，采取多种奖惩措施保障"二选一"要求执行，维持、增强自身市场力量，获取不正当竞争优势。其行为构成《中华人民共和国反垄断法》第十七条第一款第（四）项禁止"没有正当理由，限定交易相对人只能与其进行交易"的滥用市场支配地位行为。根据《中华人民共和国反垄断法》，对实施滥用市场支配地位行为的经营者，应处上一年度销售额1%以上10%以下的罚款。监管部门综合考虑阿里巴巴集团违法行为的性质、程度和持续时间等因素，对其处以2019年销售额4%的罚款（阿里巴巴2019年中国境内销售额为4557.12亿元，4%计182.28亿元）。

随后，阿里巴巴集团发布公告称，"今天，我们收到《国家市场监督管理总局行政处罚决定书》，对此处罚，我们诚恳接受，坚决服从。我们将强化依法经营，进一步加强合规体系建设，立足创新发展，更好履行社会责任。"阿里巴巴同日发布《致客户和公众的一封信》，感谢商家、消费者、合作伙伴以及投资者的信任和包容，表达对未来长远健康发展的思考和行动。

阿里巴巴推行的"二选一"，本质上是行业第一意识不断强化，过分强调利己而弱化利他，在熵增定律作用下向物极必反趋势发展的行为。

我们之所以强调合作共赢，是因为在全球化的交往和竞争越来越激烈的时代背景下，只有合作才能在更广阔的舞台上立足，实现更高的目标。合作的核心就是共赢，只有实现共赢，才能推动社会发展、拓展自己的空间。

在实现合作共赢的过程中，我们面临的最大挑战就是时常把自己的利益看得比别人的利益更重要。如果能够学会尊重别人，理解彼此的困境，努力寻找共同的目标，就有机会实现合作共赢的愿景。

利他理念也应当扩展到全球化层面。在全球化进程中，学会尊重其他文化和国家的差异，并努力促进各国之间的合作和互惠，通过共同发展，打破国界、促进和平，创造一个充满机会的世界。

二、经营管控体系元理念——信息及时对称

信息及时对称，是指在交易或决策过程中，各方拥有相同的、及时的、准确的信息，从而能够做出理性的、高效率的选择。

巴纳德在系统组织理论中将"提供信息交流体系"归结为管理者的主要职能之一。他认为，经理人员作为企业组织的领导核心必须具有权威。要建立和维护一种既能树立上级权威，又能争取广大"不关心区域"群众的客观权威，关键在于能否在组织内部建立起上情下达、下情上传的有效的信息交流沟通（对话）系统，这一系统既能保证上级及时掌握作为决策基础的准确信息，又能保证指令的

| 理念管理的力量 |

顺利下达和执行。要维护这种权威，身处领导地位的管理者必须随时掌握准确的信息，做出正确的判断，同时需要关注内部人员的合作态度。

案 例[①]

阿米巴经营模式是目前较为热门的话题，众说纷纭、褒贬不一。

稻盛和夫在企业经营管理中，既坚守了基于牢固的经营哲学，又采取了精细的部门独立核算管理方法，即阿米巴经营模式。其底层逻辑是量化分权，通过将大企业划小经营的方式，让每个员工都能成为主角，实现"全员参与经营"，进而实现利润最大化。

阿米巴经营模式的优势有以下四点。①提高员工参与经营的积极性，增强员工动力，为企业快速培养人才。②小集体是一种能使效率得到彻底检验的系统，能够使"销售额最大化、经费最小化"的经营原则在企业内部得到贯彻。③企业领导人时刻掌握企业经营的实际状况，及时做出正确决策，降低企业经营的风险。④在保持大企业规模优势的同时，具备小企业的灵活性，能根据市场环境变化迅速调整，帮助企业在竞争中立于不败之地。

尽管阿米巴经营模式在解决企业经营管理痛点方面表现出诸多优势，但是在实践，尤其是在国内企业的经营管理使用中，表现出诸多的不适应。究其原因，主要有以下三个方面。

第一，经营理念基础不牢固。阿米巴经营模式倡导"以人为本、以理为先、以家为根、以梦为源"的四大核心经营理念，倡导基于"员工信任、做人正确、高度透明、激情创造"的人员管理守则，旨在员工与企业共同成长的基础上，树立员工的主人翁意识，筑牢"分权"模式下的人才基础。从逻辑上讲，这正是阿米巴经营模式"八大系统"中哲学系统和文化系统的关键要素。

第二，应对市场变化的灵活组织、循环改善不到位。阿米巴经营模式"八大系统"中的阿米巴运作系统和循环改善系统，就是在建立起阿米巴组织体系之后，根据经营环境状况以及市场变化，灵活调整并迅速做出应对，随时保持客观、良性的信息沟通，调整出最适合当时情况的组织，以保障阿米巴经营体系的正常运行。

第三，信息通道不畅，不能实现及时对称。除上述四个系统外，阿米巴经营

---

① 胜蓝股权.阿米巴经营模式：四大理念及八大系统实操落地［EB/OL］.（2023-05-17）. https://zhuanlan.zhihu.com/p/630174802?utm.psn=17769886706522030 08.

模式"八大系统"中的其他四大系统，即策略/组织系统、二元制 HR 系统、赛马平台系统、IT 系统都反映出详细完备的信息反馈和评估对于企业管控决策的重要价值。这些系统涵盖了阿米巴体系中构建划分经营单元、设计经营授权系统、绩效考评系统、基于事实数据的人才能力评价系统等。其中，IT 系统主要负责企业内部信息的传递和数据的计算等，使企业的整个系统得以协调运行，是企业的神经中枢，是阿米巴经营"八大系统"完全融合的关键技术环节。

许多企业都在学习阿米巴经营模式，但笔者认为，虽然模式可以复制，精髓却需要积累和沉淀。阿米巴的"八大系统"不能只是简单堆砌，使其成为一个整体的纽带在于信息的及时对称，这是确保客观、公正、及时、准确决策的基础。

在企业或者集团型企业工作过的人也许有体会，决策系统是董事会，而执行系统是 CEO 领导的千军万马，信息系统纷繁复杂，人事信息、财务信息、用户信息、业务信息、公共信息等往往分属不同的部门，源头不一且信息出口五花八门，如内刊、邮件、网站、微信号、视频号等。信息系统的凌乱或缺位，导致决策者面临越来越严重的信息不对称问题。很多公司走下坡路，并非因为企业家本人的决策能力下降，而是因为信息严重不对称造成决策基础坍塌。从某种意义上来讲，信息及时对称是经济与管理效率的"润滑剂"和业绩的"倍增器"。

北京大学国家发展研究院传播中心主任王贤青在《80% 的管理难题，都是因为信息不对称》一文中列举了信息不对称的五种表现，即"基本信息不对称""专业信息不对称""能力信息不对称""动机信息不对称""人格信息不对称"。笔者认为，对冲信息不对称需要激发欲望、不断学习、遏制熵增、靠近良知。

其实，信息及时对称是对抗熵增的必要条件。熵增定律表明，在封闭系统中，混乱度会不断增加，直至死亡。因此，系统的开放是防止死亡的必要手段，而开放意味着信息的对外交流。企业是一个大系统，各部门、各条线、各板块是子系统，信息交流不仅包括企业与外部环境的信息交流，还包括企业内子系统间的信息交流，这是防止子系统"熵死"的必要条件。信息交流需要对称，不能偏离客观事实，否则就是没有意义的交流。所以，信息及时对称是企业经营管理过程必须遵循的元理念。

1. 信息及时对称的亚理念：坦诚为魂

笔者在团队内部一直强调坦诚为魂的理念，并把它作为信息及时对称的亚理念。小时候在农村生活时，衣服破损了就得及时打补丁，否则破洞会不断扩大。

| 理念管理的力量

同样地，在企业中，如果一个人做错了事自己不能处理，只要及时说出来，别人就可以帮助处理，避免后果扩大，或者避免别人犯同样的错误，所以，员工"坦诚"的态度非常重要。

案 例[①]

2022年10月，郑州富士康工厂员工大逃亡事件在网络上迅速发酵，引起热议。反观事件前后，从舆论传播的层面来看，至少有以下三点值得反思。

首先，新冠疫情期间，员工的生活未得到足够关怀，诉求未得到充分回应，疑虑未得到及时解答，防疫信息不够透明，导致员工恐慌和流言疯传。这是企业内部信息未能及时、有效对称的体现。

其次，在事件初期传播中，大众的消息来源主要是朋友圈和微博。在人际传播中，消息难免变形失真，"郑州富士康感染2万人""园区即将封锁，这里要变成躺平试验区了"等谣言由此产生。这些谣言之所以会被捏造并广泛传播，是因为互联网舆论场已成为与公众信息对称的主要力量。

最后，这起逃亡事件发生前，至少经过了半个多月的酝酿。在这半个多月时间里，有大量信息从富士康员工传播到媒体手中，但是主流媒体未及时发声，让出了"真相导向"主战场。

一方面恐慌始终未得到安抚，另一方面流言始终未被澄清，二者互为因果，愈演愈烈，最终击垮了富士康员工的心理防线，导致集体逃亡。

比起谣言止于智者，谣言更应止于公开透明和坦诚地披露与沟通。所有信息不对称，归根结底都是不坦诚心态作祟。

当奈飞将"绝对坦诚"作为企业文化手册其中一条时，谷歌早已因鼓励员工"自下而上"决策而闻名；当腾讯将"建立畅快透明的沟通方式、激发员工潜能、追求个人与公司共同成长"作为企业管理理念解读时，字节跳动已将"坦诚"清晰纳入企业文化与行为准则。

"坦诚、公开透明"是员工的基本需求，因为他们的需求已不再局限于生理、安全和社交，而是直接从尊重和实现自我价值开始。

[①] 湖北崇道律师事务所.富士康大逃亡：后疫情时代下被模糊的真相[EB/OL].（2022-11-07）. https://zhuanlan.zhihu.com/p/581248287?utm_psn=1776989566295502848.

2. 信息及时对称的最优机制设计：移动互联

要保证信息及时对称，就要打破信息传递的瓶颈、实现扁平化的交流与互通。随着移动互联技术的不断进步，企业内部信息的传递和数据计算共享变得更加便捷，只有使整个系统协调运行，企业才能实现经营状况和信息系统的全面对接。在经营信息稍纵即逝的当今时代，速度逐渐成为竞争的核心要素之一，移动互联系统已经成为现代企业不可或缺的重要支柱。

案　例①

2023年3月以来，"淄博烧烤"话题持续升温，吸引了全国各地的关注。小红书数据显示，"淄博烧烤"一词的搜索指数在清明节后一周内上涨了4.8倍，是上月同期的7.6倍。"淄博烧烤"在短视频平台的搜索量也出现暴涨趋势，截至4月18日，"淄博烧烤"话题在抖音平台的播放量已达38.2亿次。

近一个月来，"淄博烧烤"及其相关话题火爆出圈，在微博、抖音、小红书等平台迅速传播。

2023年3月5日前后，"大学生组团到淄博吃烧烤"这一话题引发第一波热度，小红书及抖音平台出现了第一个热度小高峰。

3月10日，淄博市为烧烤专门举办新闻发布会；3月11日，微博、小红书及抖音再次出现热度高峰。

4月8日，抖音大V博主摸底淄博10家烧烤摊位，发现没有一家店铺存在缺斤少两的情况，淄博当地人的真诚品质再次将"淄博烧烤"推上热搜。

此后，官方开始助推，从宣布加开24列从济南至淄博的周末往返"烧烤专列"，到新增21条定制烧烤公交专线，再到发布规范经营者价格行为提醒告诫书等一系列"保姆式服务"出台，"淄博烧烤"的热度在各大平台不断攀升，"淄博烧烤"及"淄博"这座城市成为互联网新的顶级流量。

对比郑州富士康工厂员工大逃亡事件，淄博烧烤的一系列操作充分显示，淄博利用了移动互联手段，实现了信息及时对称的胜利。自媒体大V从贴近事实的角度提供底层信息，互联网平台整合各类信息资源形成信息交互链路，而官方和主流媒体成为事件的"价值引导"。通过移动互联，各种媒体形式组合在一起，

---

① 钛媒体App.关于淄博，你得了解这些！一文看懂#淄博烧烤靠什么火爆出圈#！［EB/OL］.（2023-04-23）. https://weibo.com/2853016445/4893648887481949.

成为信息高效对称的矩阵。

"淄博烧烤"的火爆出圈是媒体组合的胜利，是移动互联的胜利，更是信息及时对称的胜利。

3. 信息及时对称的最强业务抓手：随时随地案例解读

美国学者李·舒尔曼长期从事教学和教师教育研究工作，在他的教学和教师教育思想中，案例教学思想是重要组成部分。舒尔曼认为，案例知识是对事件进行具体的恰当组织并详细描述的知识。案例的组织与运用要深刻自觉地带有理论色彩。没有理论理解，就没有真正的案例知识。也就是说，研究案例的过程就是注重从现象到本质的过程，对案例的研究实际上是对方法论的研究，更是对实际应用价值的研究。

需要说明的是，我们不仅强调案例解读，还强调随时随地解读。这是因为，不同的案例都有其发生的现实背景，面对复杂多变的市场，客观环境变化往往会导致案例失去现实的指导意义；信息对称要求我们关注及时性，郑州富士康工厂员工大逃亡事件反映出及时沟通对于解决问题具有重要意义；人的大脑对信息的记忆、感知是有时间限度的，超过临界点就会逐渐淡忘，即便再次提起，也很难产生共鸣。所以，及时的案例解读可以最大限度地产生复盘价值，总结经验、牢记教训并形成记忆。

激励相容和信息及时对称是企业经营管理元理念的两个基本点，是从企业经营管理的战术层面分别对团队机制和经营管控两个体系的归纳。在理念管理学的逻辑框架下，其理论内涵是对"做正人、做对事"这一核心点的延展和补充。

第四节 三个核心点

站在战术层面归纳企业管理的元理念，其根本就是解决"正确地做事"的问题，即如何打造有执行力的团队。执行力包含完成任务的意愿、能力、程度。对于团队来说，执行力就是在上级下达指令或要求后，团队成员迅速做出反应并将其贯彻执行下去的能力。执行力是团队把战略决策持续转化成结果的满意度、精确度、速度；是一项系统工程，展现的是整个团队的战斗力、竞争力和凝聚力。

这里关注以下三个关键环节。

第一，获取和解读指令。沟通是前提，沟通的目的是强化意愿，如果不想做，那么肯定做不好。执行的意愿来自目标、利益、危机。有目标才有愿望，有利益才有动力，有危机才有压力。所以，正确地理解指令，势必提倡"简单思维"。

第二，迅速做出反应。着眼于"快"，只争朝夕。必须强化时间观念和效率意识，提倡"立即行动"的工作理念，坚决克服工作懒散、办事拖沓的恶习。

第三，结果的满意度、精确度、速度。客观事物是多个方面相互联系、发展变化的有机整体，在决策执行过程中，避免因循教条，强调灵活处置；避免短视而为，强调着眼长远；避免点状，强调"阿布意识"的链状思维才是提升整体效益和整体结果的关键。

因此，从战术层面归纳企业管理的元理念需要把握三个核心点，即"简单思维""立即行动""阿布意识"。

一、团队思想体系元理念："简单思维"

笔者将"简单思维"定义为"就事论事，对事不对人，聚焦理念思考"的思维方式。在企业管理过程中，任何信息的交流都要以事情本身为原点去表述和推理，不容许发散式或者辩证式地去演绎。"简单思维"理念是团队建设的政治基础，是防止熵增的重要理念。"简单思维"理念可以从以下四个方面进行解读。

1. 约束人的劣根性的需要

胡适曾说，人性最大的恶，就是恨你有，笑你无，嫌你穷，怕你富。2022年7月，河南一名高考601分的女孩不幸遇害，凶手是她同村同族同姓的伯伯。这个伯伯身患残疾，没有家庭，没有孩子，家里经济情况较差，他之所以对女孩行凶，是因为女孩考出了好成绩，对她和她的家庭产生了嫉妒心理，于是做出了如此伤天害理的事。日本著名作家东野圭吾曾说过："你永远不会知道，那些生活中看似与你亲密的人，会在背后对你抱有多大的恶意。有些人的恨是没有原因的，他们平庸、碌碌无为，于是你的优秀、你的天赋、你的幸福，都是原罪，即使赌上自己所剩无几的人生，也要贬低对方的人格。"

约束人的这些劣根性，是团队建设的首要任务。

对人的劣根性有道德与法律两个层面的约束，属于社会范畴的约束。如果一个团队中，再加上一个约束锁链，即团队理念的约束，团队就会更加纯粹，凝聚力就会更强，"简单思维"既是就事论事，也是强化用团队理念思考工作问题的思维方式，所以，对团队中出现的人的劣根性会有强关系的约束。

2. 求真删繁避假的需要

简单思维就是向复杂思想对企业管理的干扰发出挑战，它指出许多东西是有害无益的，我们正在被这些自己制造的麻烦压垮。事实上，在团队管理实践中，随着组织不断膨胀，信息对称过程中常常会遇到"主观情绪干扰""传递衰减"等状况，严重影响着工作效率，我们称为"内耗熵增"。内耗往往降低团队管理效率，有时还会导致"劣币驱逐良币"的不良后果。

产生内耗的根源是什么呢？这需要从个体对影响事物认知的四个方面进行分析。

第一，事实本身，即事物的客观反映。如果所有团队成员对一件事物的认知是事物客观的呈现，那么团队管理效率达到最大值就有了坚实的基础，这就是"简单思维"理念追求的境界。

第二，个体的情感。情感是在生活、工作现象与人心的相互作用下产生的感受，如友情、幸福、厌恶、仇恨等。不同情感的发生，会影响对事物的判断，个体对客观事实的表达会出现偏差。

第三，个体的观念。观念就是个体的思维方式，不同的思维方式对同一个事物的看法是不一样的，所以，团队成员对同一件事情的观点可能会不同。

第四，个体的立场。立场就是个体受所处位置或者利益影响采取的态度。站在不同的立场上，对客观事实的表达也会有不同的结果。

俗话说，人们的"认知就是事实""立场就是真相"，就是从以上不同方面对事物认知的不同表达。如果在一个团队中，管理者被这样的不同认知左右，那么团队将是一盘散沙，毫无战斗力可言。所以，一位管理者必须落地"简单思维"理念，只有练就一双慧眼，把握团队成员认知，把不同的认知统一到事物客观反映上来，才能有统一思想后的强大行动力。

客观来说，不同人生经历、背景造成对事物的判断不同，难免偏激。尤其是部分人群具有感性特质，容易产生敏感、多疑甚至嫉妒的情绪，传播是非、勾心斗角，甚至形成小团体，影响工作效率和团队利益。提出简单思维，就是为了从团队思想体系、理念约束的层面杜绝内耗。一方面，对领导者的用人与管理要用简单思维的理念去看待；另一方面，对同事之间的来往要有开放、理解、包容的胸怀，一切围绕工作规律，善意理解他人的行为和言辞。

3. 及时看清问题本质的需要

落地简单思维的理念，就是还原了事物真相，抓住了问题的本质，有利于团队建设与管理效率的提升。

管理人员会经常与员工交流，会遇到不同性格的员工。比如，有的人个性率直，讲话直接；有的人含蓄委婉，不想得罪任何人；有的人投机钻营，对领导阿谀奉承，甜言蜜语。人们往往喜欢听顺耳的话，厌烦导致自己难堪的真心话。所以，管理人员在面对不同员工时，要抓住简单思维的方法，不要被现象迷惑，要逆人性而动，拨开重重迷雾，看清事物的本质。有个房地产营销总监告诉笔者，在房地产行业进入冬天的时候，他们企业为了加大去库存力度，就给除营销部门以外的岗位分配销售指标，即所谓的"人人背指标"，结果各部门的员工怨声四起。笔者将他说的"怨声"做了归类，大致有三种情况：一是情感角度的，即有了指标，大家就有了压力和怨气；二是观念角度的，认为销售是营销部门的事情，不应该给非营销部门分派指标；三是立场角度的，即指标完不成就要受处罚，经济利益就会受损。但如果用简单思维的理念思考，就事论事，"人人背指标"的本质是在营销部门以外拓展客户资源的一种方式，而这些资源是各条线的强关系资源，是有资源保障的。要想消除大家的怨气，管理人员就要做就事论事的说明，同时，在给每个人定指标时不能粗放地"一刀切"。一方面，要研究各岗位的强关系资源是什么，以什么方式可以转化为购买；另一方面，将一些不切合实际的硬指标转化为"员工为去化某资产可以解决什么问题"的软指标，就是奖惩措施要符合激励相容的理念。

会议是传达上级精神、讨论问题、解决问题的重要方式，自然就会聚集人员，所以，团队领军人物面临着如何把控会议局面和效果的问题。解决和把控问题的本质就是能否做到读懂发言者的情绪、观念、立场，能否引导交流做到简单思维。

"围攻"销冠

一天，某项目销售中心的案场置业顾问投诉称，该项目的销售冠军存在争抢客户的情况。从事过房地产销售管理的人都知道，争抢客户行为于团队而言是影响组织纪律，危害公平、公正的严重事件；于个人而言是影响收入的现实问题。接到投诉后我高度重视，立刻着手调查。

为了避免片面而有失公允，笔者分别询问了该项目案场经理和其他置业顾问，得到的反馈均表明存在争抢客户的情况。随后，笔者又询问销冠本人，得到的答复却与之前的反馈大相径庭，要点为：其一，事情发生于早晨上班时，按照案场制定的轮流接待规则，该客户确实为销冠直接客户；其二，客户到访时，本该接待的置业顾问不在岗，若销冠不出面则客户可能由于无人接待而流失；其三，销冠在接待之前，已向案场经理进行微信报备，说明了客观情况并获得批准。

在了解事情原委和症结后，笔者召开了问题讨论会，并本着随时随地案例解读的原则，召集其他各案场经理和骨干参会讨论。会议紧密围绕事件始末，设计了四个主题渐次展开。第一，澄清真相。让当事人还原事实，表明销冠做法并无过错，而案场经理和投诉的置业顾问传递的信息有违客观，其他置业顾问的反馈均为道听途说。第二，集体讨论、帮助过错当事人认清思想根源，帮助改正。第三，强化简单思维理念，提倡客观公正、就事论事原则。第四，形成鼓励销售人员积极主动服务客户的制度。

看似简单的问题讨论会却收到了理想效果，当事人后续并未因为此事造成矛盾和隔阂，各个案场也再未发生过类似事件。

4. 避免因信息差而误判导致损失的需要

人与人交流中出现信息差是很常见的，即出现与原来事实不符的情况。当两个人交流第三方的事情时，如果第三方不在场解释，就容易由于时间差、场景环境差、语境语气差等因素的影响，对事情的描述产生偏差。如果用有偏差的信息做决策，那么决策的科学性、合理性就会受到影响。笔者曾做过一个实验，在同一时间、同一个销售中心，将20名销售人员分为2组，每组排成一行。笔者给每组排在第一名的销售人员写了一段话，第一名销售人员看完这段话后，将其讲给第二名销售人员，第二名销售人员听完后再讲给第三名销售人员，依次传到第十名销售人员。传递完成后，我们将第十名销售人员请到前台，让他复述一下他听到的内容。结果，两组最后一名销售人员复述的内容与第一名销售人员讲的内容偏差很大。

牛是怎么死的

牛耕田回来，躺在栏里，疲惫不堪地喘着粗气，狗跑过来看它。"唉，老朋友，我实在太累了。"牛诉着苦，"明儿个我真想歇一天。"

狗告别后，在墙角遇到了猫。狗说："伙计，我刚才去看了牛，这位大哥实在太累了，它说它想歇一天。也难怪，主人给它的活儿太多、太重了。"

猫转身对羊说："牛抱怨主人给它的活儿太多、太重，它想歇一天，明天不干活儿了。"

羊对鸡说："牛不想给主人干活儿了，它抱怨它的活儿太多、太重。唉，也不知道别的主人对他的牛是不是好一点儿。"

鸡对猪说："牛不准备给主人干活儿了，它想去别的主人家看看。也真是，主人对牛一点儿也不心疼，让它干那么多又重、又脏的活儿，还用鞭子粗暴地抽打它。"

晚饭前，主妇给猪喂食，猪向前一步，说："主妇，我向你反映一件事。牛的思想最近很有问题，你得好好教育教育它。它不愿再给主人干活儿了，它嫌主人给它的活儿太重、太多、太脏、太累了。它还说它要离开主人，到别的主人那里去。"

得到猪的报告，晚饭桌上，主妇对主人说："牛想背叛你，它想换一个主人。背叛是不可饶恕的，你准备怎么处置它？"

"对待背叛者，杀无赦！"主人咬牙切齿地说道。

一头勤劳而实在的牛，就这样被传言"杀"死了。

以上小故事说明，大家的传言造成了信息偏差，使得最后听到信息的主人做出了将牛宰杀的决定。虽然讲的是牛，但在许多人类组织中，类似的案例不胜枚举。由此可见，团队树立简单思维理念是多么重要。

二、团队执行体系元理念："立即行动"

名为《哈佛研究：9个让你变穷的原因》的视频，列举了9个变穷的原因，即犹豫不定、拖延、三分钟热度、害怕被拒绝、自我设限、逃避现实、找借口、恐惧、不愿意学习。笔者却认为，除不愿意学习外，其他8条都是立即行动的"杀手"，笔者为如何做到立即行动提出了有益的指导。

比鲁莽更糟糕的是犹豫不决，一个人无论能力多强，如果做事犹豫不决，就会被那些坚定的人挤在一边。立即行动难免会犯错，但比什么事都不做强。拖延就是逃避问题和懒惰，是抱怨、消极、倦怠的根源，它留给我们的只有负罪感和自我否定。立即行动会带来积极、乐观、充实的人生体验。

世界上80%的失败源于半途而废，因为坚持的过程总是充满挫折的。人的天性是好逸恶劳。所以，我们不仅要立即行动，而且应当坚持下去，长久行动。

因为害怕被拒绝，我们总会被别人对自己的态度和看法干扰，厚重而脆弱的自尊总使我们放弃行动。所以，立即行动要求我们放下自尊，成为专注目标成果导向的人。

自我设限就是在没有做之前先否定自己。我们往往会对自己设定好的目标产生怀疑，并且在内心找到无数个无法实现目标的理由，而这种自我否定又成为无须行动的理由。所有平庸和低成就的诱因之一就是不行动，也是自我设限的后果。

逃避现实的人有这样五个特征：经常做白日梦；向往游手好闲的生活；沉迷于游戏和魔幻小说；觉得现实世界很残酷；无法面对现实的环境。如果不能勇敢地面对现实，就无法树立目标，立即行动也无从谈起。

喜欢找借口的人往往推卸责任，害怕承受压力。立即行动要求我们直面困难，勇于担当。

恐惧的表现是谨小慎微的懦弱，害怕被领导批评，害怕别人认为自己无能，害怕被别人知道自己的缺点，在意别人的评价，害怕自己的付出得不到回报。瞻前顾后的恐惧，脱离了"简单思维"的理念约束，成为立即行动最大的绊脚石。

综上所述，立即行动就是不要给自己留退路。制订好计划后就立即行动。

有人说，判断一个团队是否优秀，就看团队成员走路的速度和力度。如果速度快、力度大，则拥有雷厉风行的团队作风，这种团队通常能够攻坚克难，成功的概率比较大。成功的团队必是崇尚立即行动的团队，因为于他们而言，时间就是生命，时间就是效率，时间就是金钱，拖延一分钟，就浪费一分钟。只有立即行动才能挤出比别人更多的时间，比别人提前抓住机遇。

三、工作方法体系元理念："阿布意识"

"阿布意识"理念的定义为：树立层层递进、链状思维的工作意识。

事物发展总是一环套一环，不能忽略对互有联系的各个方面进行连环思考。链状思维就是一种互为原因、互为结果、因果连锁的思维方式。

问题构成一环又一环的链条，要将整个问题链解开，就必须从链条的一端一个问题接着一个问题地步步深入，用已知推导未知，使过去、现在、未来贯串成一条信息与认识的长链，沿着层层递进的思路去创造新的成果。

"阿布意识"理念源自德国的一个典故，这是笔者的团队在做演讲比赛时其中一位演讲者讲述的故事，故事中的两位主人公是阿诺德和布鲁诺，我们各取"阿"字与"布"字，提炼成"阿布意识"。让我们从链状思维的角度感悟一下这个故事。

第七章　企业管理的六个元理念

两个同龄的年轻人同时受雇于一家店铺，并且领着同样的薪水。一段时间后，阿诺德青云直上，布鲁诺却仍在原地踏步。布鲁诺很不满意老板给的不公平待遇。终于有一天，他到老板那儿发牢骚了。老板一边耐心地听着他的抱怨，一边在心里盘算着怎样向他解释清楚他和阿诺德之间的差别。

"布鲁诺先生，"老板开口说话了，"您今早到集市上转一下，看看都有卖什么的。"

布鲁诺从集市上回来向老板汇报今早集市上只有一个农民拉了一车土豆在卖。"一共有多少土豆？"老板问。

布鲁诺赶快戴上帽子又跑到集市上，然后回来告诉老板一共有40口袋土豆。"价格是多少？"老板问。

布鲁诺只好第三次跑到集市上问来了价钱。"好吧，"老板对他说，"现在请您坐到这把椅子上，一句话也不要说，看阿诺德是如何表现的。"

阿诺德去了集市很快就回来汇报，到现在为止只有一个农民在卖土豆，一共40口袋，价格是多少。他觉得土豆的质量不错，特意带回来一个给老板参考是否考虑进货。这个卖土豆的农民在一小时后运来了几箱番茄，价格非常公道。阿诺德知道店铺里昨天卖了很多番茄且库存不足，建议老板再进一些，他不仅带了番茄样品，还带来了那个卖货的农民，此时这个卖货的农民正在外面等老板回话。此时，老板转向了布鲁诺，说："现在您肯定知道为什么阿诺德的薪水比您高了吧？"

以往教科书引用这个案例通常是从评价执行力的角度出发，但执行力由理念推动，我们不妨再从链状思维的角度重新审视阿诺德与布鲁诺的差别。

布鲁诺认真执行了老板的指令，来回奔波了三趟，才搞清楚老板提出的每一个问题，这体现了他诚恳、老实却效率低下、缺乏创造力的特点；反观阿诺德，只需要一趟，不仅明确反馈了老板的指令，还站在客观需求的基础上，收集到了其他市场信息。从链状思维的角度来看，阿诺德正是从"集市上有什么卖的"这一链条端点出发，步步深入，用已知条件推导未知信息，使看集市、卖土豆、买番茄贯串成一条信息长链。阿诺德因具备"阿布意识"的链状思维，使工作富有创造性与主动性；而布鲁诺因思维僵化使工作效率低下，工作成本增加。

在探究团队工作方法体系的过程中，强调"阿布意识"的链状思维方式，就是要求员工站在"结果导向"的基础上，以全局眼光关注流程链条上的每个环节，在谋划之初即制定全方位、全流程、全要素的解决思路，达到"过程管控、有的放矢、稳妥协调、事半功倍"的效果。管理人员经常会遇到下属汇报某事项的处理方案时，将问题抛给上级，询问该怎么办，这明显不符合"阿布意识"理念。按照"阿布意识"理念，下属应该提出解决问题的方案，并对几个方案进行优劣分析，做出选择和推荐，经常这样要求下属，他们的能力就会得到较快提升。

企业管理元理念的归纳，本质上是基于"做正确的事、正确地做事"的原则，从用人理念、团队机制、行为理念三个维度出发，围绕机制体系、经营管控体系、思想体系、团队执行体系、工作方法体系做出的总结。

其中，"做正人、做对事"是核心，秉持正念是为人的基础，更是团队所有机制体系和方法论的灵魂；"激励相容""信息及时对称"是基本点，它们既决定了团队机制体系架构的稳定性，也是经营管控的重要抓手；"简单思维""立即行动""阿布意识"是核心点，是从方法论的角度对团队思想、执行和工作方法三大体系进行的指导。

在理念管理学的框架下，"六个元理念"治理企业，更多的是着眼于"执行力"的建设、培育和养成。从某种意义上来说，如果从战略高度看待执行力，并坚定地"将'执行'执行到底"，企业内部就会逐步构建起一种执行力文化，让执行力成为所有行为的最高准则和终极目标。

第四部分
应用理念管理

第八章

理念管理在企业战略中的应用

第一节 战略的定义

提到战略，大家都明白它的重要性，即战略高于战术，然而对于战略的具体定义却没有明确统一的阐释。

如果从百度上去学习，则可以找到对战略的普适性理解：战略源自军事，被定义为指导战争全局的计划和策略。这里的关键词是"全局"与"策略"。春秋时期的《孙子兵法》就被认为是中国最早运用于军事的战略著作。

从军事领域延伸到其他领域，战略的普适性定义则是一种从全局考虑以实现全局目标的规划。其中的关键词是"全局""目标""规划"。许多专家学者还加入了时间维度，为战略赋予了"长远"的周期。

宋志平是我国著名的企业家和企业思想家，曾把两家国企带入《财富》世界500强，被誉为"中国的稻盛和夫"。他说，企业的战略是研究做什么、不做什么，包括先做什么、后做什么、多做什么、少做什么，以及如何获得资源，如何取得竞争优势等问题。他认为，战略要达到三个目的：一是定目标，即做什么和做到何种规模；二是研究如何获取资源，是依靠内生式发展，还是借助整合资源，或者是通过资本运营的方式；三是建立竞争优势，也就是如何形成规模、技术、管理、品牌等竞争优势。

王志刚是智纲智库的创始人，也是中国战略顾问咨询业的拓荒者，拥有30多年的战略咨询经历与实践，被誉为"中国的战略规划大师"。他对战略的定义有着独到且深刻的理解。他将战略定义为：所谓战略，就是我们在关键阶段面临重大抉择时，如何做正确的事以及正确地做事。"做正确的事"是一种思维，"正确地做事"是一种能力。战略的本质是一种思维，掌握了这种思维就能动态地做出正确的决策，并最终沉淀为一种能力。这不是领导者一个人的能力，而是领导者和核心团队共同具备的解决问题的能力。

王志刚对战略的定义，是对战略问题的本质性的深入思考。笔者曾看到一个来自总裁读书会的短视频，著名企业家宁高宁在谈及"战略的起点"时说道："我过去认为战略的起点是从市场开始的，现在我不这样认为了。现在我认为战略的起点是价值观，是你自身的一种价值诉求。"

毫无疑问，战略的正确性和成功与企业的元理念息息相关。理念是凝练后的思维模式，是思维的升华，所以战略就是底层理念的呈现。

笔者通过对理念管理规律的研究，给出企业战略的定义：所谓企业战略，是指从企业核心理念出发，针对企业全局在某个时期的经营筹划。

以企业核心理念为原点进行思考，能够确保战略的正确性；企业的核心团队是在企业理念下成长起来的，其思维与行为方式就是在企业理念下锻炼而成的，这是能正确做事的能力体现。采用"某个时期"的表述，是结合企业的实际情况与外在环境的变化，由企业自行确定的，也包括出现的"关键阶段"。

企业的核心理念包括使命、愿景和价值观，分别代表了企业为何存在、将来要成为何种模样以及在追求成功时坚守的原则。

实现企业的战略，或者企业战略能否成功，取决于与企业相关的各方利益主体，即消费者、员工、投资人、供应商以及社会，只有在上述各群体的全力协作下，才能实现企业的战略目标。而能否获得他们的支持，则取决于企业与这些群体的利益关系，包括马斯洛需求层次理论中的各种需求保障，如果对方在你的企业有尊严，那么其为企业提供资源以及付出的力度就会更大，而企业对这些群体的利益态度又源自企业的价值观。

经过长期对理念管理规律的研究，企业在每个阶段产品与服务设计的战略正确性，是由企业坚守的使命定位、客户定位、员工定位、股东定位、供应商定位、社会责任定位决定的，这六个方面的正确性是企业行稳致远的重要因素。正确的企业战略就是让企业进入客户心智、员工心智、股东心智、供应商心智以及社会心智，就是解决企业发展与客户、员工、供应商以及社会发展的利益相容问题。

（1）使命定位：企业的使命是其存在的核心原因和目标。一个定义明确的使命不仅为企业指明了方向，还赋予了战略决策以更高的意义。正确的使命定位能够指引产品方向、激励员工、吸引客户，并为企业的战略奠定坚实的基础。

（2）客户定位：充分考虑和满足客户需求，并将其纳入战略规划，是企业成功的关键。把客户放在第一位可以提升客户的忠诚度，赢得客户口碑，这是企业巨大的竞争优势。

（3）员工定位：员工是企业成功的重要因素，他们的技能、动力和忠诚度对企业的战略实施至关重要。企业应当充分保障员工各方面的利益，营造良好的工作氛围，以提高员工满意度、士气和绩效，从而更好地服务客户和实现企业的长期成功。

（4）股东定位：股东是企业的投资者和利益相关者，他们的期望和目标也需要在战略中考虑。企业需要平衡股东回报和长期价值的关系，在满足股东利益的同时保证企业的长期发展。

（5）供应商定位：供应商是企业供应链的一部分，与他们的关系直接影响到产品和服务的质量、成本及可用性。正确的供应商定位包括选择合适的供应商、建立稳定的供应链，与供应商成为利益共同体。

（6）社会责任定位：企业在社会和环境方面的责任是现代社会越来越关注的问题。正确的社会责任定位包括可持续发展、环保、社会公益等方面的考虑，以促进企业的声誉和可持续性。

上述六个方面的正确定位相互关联，共同决定了企业战略的正确性。如果一家企业能够在这些方面取得良好的平衡，并使它们与企业的使命和核心价值观一致，那么这家企业便有可能在竞争激烈的市场中行稳致远，实现长期成功和可持续发展。因此，企业战略的首要任务是确保这六个方面的正确定位。

第二节　坚守使命

使命是企业存在的理由和方向，它不是赚多少钱的问题，而是明确了企业为谁做事，解决哪些社会问题。例如，阿里巴巴的最初使命是"让天下没有难做的生意"，它激励团队架构出了让千千万万个普通人在淘宝、天猫做自己伟大的事业，员工因此产生共鸣而感到自豪。所以，使命承载着企业的核心价值观和长期目标，可以被看作企业的灵魂。那么，使命有什么样的特点呢？

使命是企业的初心，它回答了一个基本问题，即企业为什么存在。使命指引着企业前进的方向，为员工提供了明确的目标和动力。它不仅是企业的口号或标语，也是企业文化和行为的根本基础。

使命反映了企业的核心价值观和信仰。它定义了企业对社会和客户的责任，以及企业如何对待员工和合作伙伴。通过使命，企业能够在商业决策中始终坚持自己的价值观，树立信任，提高忠诚度。

使命不是短期目标，而是长期导向。它可以跨越岁月，为企业提供持久指引。使命的稳定性使企业在市场波动中不致迷失，坚定地追求长期成功。

使命具有共鸣与激励之效。杰出的企业使命可以让员工与客户产生共鸣，因为他们能够感受到企业使命与自身价值观的契合。这种共鸣激励员工为实现使命而努力，吸引客户与企业建立深厚关系。

使命表明了企业的社会责任。一些企业通过明确的使命，对社会和环境做出承诺，为可持续发展和社会进步贡献力量。让我们通过案例深入探讨一下，优秀企业是如何十年如一日坚持初心与使命，并取得长足发展的。

华为的初心与使命是"把数字世界带入每个人、每个家庭、每个组织，构建万物互联的智能世界"。这一使命贯穿其发展历程，犹如一艘航船，初心就是它的舵，指引它前行。

自1987年创立以来，华为专注于生产、研发通信的基础设备——数字交换机，在国内外市场取得巨大成就。1995年，由于国内电信设备市场发展总体放缓，华为开始移动通信领域的研发。21世纪初，华为涉足3G手机业务，致力于移动端连接个人服务，并于2011年推出了第一代荣耀手机。如今，华为与运营商在全球范围内共建设了1500多张网络，助力数以百万计的企业进行数字化转型，帮助全球超过30亿人口实现连接。

2021—2022年，华为先后成立煤矿、公路、港口、机场、电力、光伏、健康、汽车等多个"军团"，并开放鸿蒙系统。这并不是华为要走多元化经营道路，而是坚守万物互联、促进社会进步的使命，以数字为企业赋能，立志建设万物互联、人人受益的生态环境。

为了帮助盲人自由奔跑，使生活变得更美好，华为工程师组成了"助盲团"。"助盲团"通过专业训练陪伴全盲跑者，提醒他们注意路上的障碍，在比赛中给予他们鼓励和支持，同时研究他们的其他需求。经过这些研究，华为手机拥有了无障碍功能，图像识别使全盲者能够识别周围环境，手表语音提示帮助他们跟踪跑步数据和心率。这些技术帮助全盲者克服恐惧，重拾奔跑激情。无障碍功能的开发，不仅是技术上的突破，更是华为践行使命，对用户人文关怀和数字技术改变人生命运的表现。

坚守使命，不仅是大企业行稳致远的核心因素，也是每个创业者成功的密码，众多民营企业因坚守使命获得伟大成就。

自2020年新冠疫情以来，我国房地产行业逐渐步入寒冬，多数企业巨额负债浮出水面，生存成为当务之急。但有一家民营房地产企业——冶都集团，成立于2010年，扎根于河南濮阳，在清丰县累计开发了14个项目，业主口碑极佳，年市场占有率达30%，2020—2022年，冶都集团年销售额从8亿元增长到28亿元，公司负债率为零，它们交付的社区二手房价是同类项目的120%。许多企业纷纷组织员工前往该企业访问学习，戏称"研学"。有趣的是，由于参观的人数太多，企业不得不象征性收费以控制人数。

探究企业成功之道，我们往往只关注表象，如极致的产品、服务、体验，以及标准化、流程化、作业指导化的"三化"。然而，要实现并长期保持这些标准，需要员工具备过硬技能、利他精神，企业具有严密组织以及有序的企业氛围。那么，推动企业发展的强大力量究竟是什么呢？类似于宇宙大爆炸，起初是一个奇点，在强大能量推动下不断膨胀，形成了今天星际间的有序运转。对于企业来说，推动企业发展的巨大力量是使命，使命发自内心，而非宣传口号，企业管理者需要始终坚守使命，以使命指导产品制造、服务提供、企业文化营造。

冶都集团的使命是成为在家乡扎好根、服务好父老乡亲、实现美好生活的"伟大的小企业"。冶都集团通过提供极致的产品与服务，让"城市更美好，生活更美好"，并借此希望"一家企业改变一座城"。为践行这一使命，冶都集团"用爱筑家"，以业主为中心，在小区自然环境、餐饮、家政等方面提升业主的居住体验，增强业主的幸福感。一位参观者在社交账号里写道："起家濮阳清丰的冶都集团，体验两天，大受震撼，一家企业改变一座城，从审美高度、服务理念、建筑水平、匠心细节，能看出这家房企对美好生活的用心和追求！"

理念管理规律揭示，坚持企业的初心与使命，企业在发展的同时，利润会越来越丰厚。目前，在高质量发展理念的指引下，"规模至上""唯利润论"已经不符合未来企业的发展逻辑，坚持使命、坚持长期主义成为每家企业做战略定位时必须考虑的问题。

笔者在自媒体"城市设计联盟"上看到这样一段话：

越来越多的企业家在觉醒，越来越多的企业在觉醒！追求超越利润之上的伟大目标！日拱一卒用细节和不断改进称霸一方！自上而下的信任，自下而上的坚持，让企业变得美好，让社会变得美好。

从长远来看，如果企业脱离了使命的指引，就会对企业产生致命的伤害。为什么美国 GE 公司在后韦尔奇时代逐渐衰败？很大一部分原因就是其脱离了使命的方向，或者是缺失了使命的牵引。

GE 公司的使命是以科技与创新改善生活品质，关键词是"科技创新"。但在后韦尔奇时代，企业经营的关键词变成了"并购扩张"和追求"速度取胜"。由于 GE 公司漠视"科技与创新"的使命，在短时间内大量并购扩张，追求短期规模而放弃技术创新，结果在遇到"黑天鹅"事件时，企业遭受了毁灭性的灾难。如 2008 年爆发的国际金融危机，造成 GE 公司金融业务毁灭；新能源技术的发展，使 GE 公司重金收购全球第三大石油服务商——贝克休斯和法国阿尔斯通的传统能源业务成为很大的败笔。所以，GE 公司的衰落恰恰是没有坚守"科技与创新"这一使命驱动企业内生式成长的战略结果。

使命是企业航行的舵，是企业成功的关键。它不仅为企业提供了清晰的方向和价值观，还培养了员工和客户的信任与忠诚度，为企业的长期成就和社会贡献奠定了坚实基础。因此，使命是企业战略的核心组成部分，应当认真制定和坚守。

第三节　客户第一

客户第一或以客户为中心是伟大企业的核心价值，强调将客户的需求和利益放在企业经营活动的核心位置。这意味着将客户的满意度和价值视为最重要的目标，为满足客户需求而努力提供产品、服务和解决方案。

客户第一不仅仅是满足客户的基本需求，更重要的是深入了解客户，了解他们的期望、价值观和痛点。这意味着不仅要提供产品和服务，还要建立与客户的互动和关系，以确保客户在整个购买与使用过程中都感到满意和受到关注。

苹果公司一直以注重用户体验而闻名，这些不仅体现在苹果产品简约、直观、人性化的设计上，还体现在苹果公司与用户的深度连接上。在乔布斯时代，他亲自组织各种活动，邀请粉丝来苹果公司的线下门店参观和测试产品，并询问他们的看法和感受。他不仅愿意与粉丝分享软件和专业知识，还传达了一个非常重要的思想：苹果粉丝不仅是购买者，更是苹果大家庭的一分子。这种情感共鸣让客户感到与苹果有着深厚的情感联系，因此他们更愿意分享自己的体验和建议。苹果公司也因此一直能够积极获取客户体验数据，并通过分析和改进不断提升客户体验，创造令人难忘的购物体验。

在库克时代，苹果公司更是将客户体验管理融入公司文化。无论是潜在客户还是老客户，库克都高度重视与客户的互动机会。他认真倾听客户的真实需求，并不断提升客户体验感，让客户从仅仅满意到深刻认同。例如，库克在与中国粉丝的视频采访中提到，苹果公司的线下门店不仅是年轻人的乐园，还会努力让老年人和残障人士享受到愉快的购物体验。

此外，苹果公司还积极运用客户体验管理系统，收集各个渠道的客户反馈和数据。在门店内，店员可能会对客户进行一对一访谈，详细了解客户从进店到离店整个过程中遇到的问题和障碍，并将这些数据分享给内部团队。在线上渠道，苹果公司设有专门的意见反馈栏目，客户可以通过产品、网站和开发者等多种途径提供他们的体验反馈，而且会收到正式的邮件回复。

总之，苹果公司一直非常注重创造卓越的客户体验，他们在设计门店、提供产品和服务等方面，始终将客户置于首位。在苹果公司的门店，你感受不到强制性的销售推广，也不会遇到刺耳的噪声或刺眼的灯光。随着时代的发展，客户越发挑剔，传统销售体验已经难以提高客户的忠诚度。只有不断创新客户体验，才能赢得客户的认可，而苹果公司在此一直领先。

无独有偶，民营房地产企业冶都集团在业主体验上同样追求极致，赢得了极佳的业主口碑，从而在2020—2022年实现逆势增长。冶都集团的社区对业主美好生活的需求考虑可谓周到备至，这是成就"伟大的小企业"的关键。在期房销售阶段，多数开发商会在样板房设置"此处非交付标准"的指示牌，而冶都集团却专门在样板房里设置一个指示牌提示——"此样板房为房屋交付标准，您可随意进行拍照留念"，体现了客户第一的态度；在小区交付时，多数小区一般需要两年才可以达到郁郁葱葱的景观效果，但冶都集团在交付时就可以欣赏到浓郁景色，原因是冶都集团自建有百亩苗木生长培育基地，树木全冠移植到冶都集团项目。坚持精细化施工是冶都集团确保产品质量的重要管理理念。冶都集团在工地竖起了一个大牌子，上面写道："精细化施工过程中，谁讲面子、讲亲情、讲感情，谁就是冶都集团的敌人！"其坚持产品质量的决心可见一斑。

在业主入住后，冶都集团着力营造社区美好生活氛围。在冶都集团社区，能随处听到"你好"，这不仅是一句问候，更是归家时的温暖。冶都集团有一个文化观念，就是"做干净人，做干净事"。冶都集团社区干净得"变态"，保洁规定早8点以后不能用拖把，所有物品都用抹布擦拭。一个参观者在冶都集团单元门口电动玻璃门处拍照并上传到网络，写道："这是我见过的打扫最干净的门缝。"在冶都集团社区，业主档案也是细分管理，独居老人特别标注，要保证一周上门探望一次。如果业主的车在濮阳范围内抛锚，则可以联系物业派拖车救援等。

"伟大的小企业"处处为业主着想。为了让业主享用新鲜食材，冶都集团开设了品牌为"都小馍"的馒头店，馒头全部采用纯天然发酵方式生产，产品供不应求。冶都集团还开了一家近1000平方米的超市，企业对超市的定位是两年内探索期可以亏损，五年内不盈利，商品均可品尝，满意后再购买，旨在成为当地老百姓最放心、最信任的超市。

坚持客户第一理念对企业至关重要。企业致力于满足客户需求，提供优质产品和服务，提升客户忠诚度，赢得客户口碑，这是企业巨大的竞争优势。在现代激烈的市场竞争中，提供出色的客户体验是吸引客户和留住客户的关键。

第四节　员工第二

员工第二强调在企业经营中应该将员工的权益和需求置于关键位置，仅次于客户，对员工进行充分关怀，以提高员工满意度、士气和绩效，从而更好地服务客户，实现企业的长期成功。

于东来说："你给员工吃草，你将迎来一群羊！你给员工吃肉，你将迎来一群狼。"张洪瑞说："我刚一干信誉楼就明白，不是顾客第一，是员工第一"，"我办公司是搭台让大家唱戏，让每个员工唱得大红大紫"。要想成为优秀的公司，一定要把员工利益置于重要位置。

许多企业坚持股东第二的理念，我们为什么要强调员工第二呢？

这是实现企业利益的必然。企业要实现经济利益，达成愿景和使命，离不开产品与服务，而员工是实现这一目标的主体；员工只有在不断学习，提升业务能力的前提下，才能做好产品与服务，这需要员工的主观能动性，只有将员工利益置于客户之下，这种积极性才能长久保持。于东来说，"让员工愿意干了，一切就好办了"，揭示了员工才是企业主人的本质。张洪瑞表示，"人是第一要素，一切为员工着想，一切从员工的根本利益出发，员工就会愉快地干好工作。形成这样的核心能力，企业就会立于不败之地"。

将员工利益和需求放在重要位置，主要体现在以下四个方面。

一是员工的物质利益保障。员工应获得公平的薪酬、福利待遇、奖金和其他经济激励，以满足他们的物质需求。这里的关键词是"公平"与"优厚"。在华为，截至2022年8月，任正非个人持股比例降到0.7%，其余由员工持股。在信誉楼，张洪瑞把手上99%的股份分给员工，公司的董事长与总裁由内部民主选举产生，没有让子女接班，没有将企业做成家族式。在胖东来，于东来每年将企业80%的利润分给员工。

二是尊重与品格提升。员工在工作中要有机会发展自己的品格和价值观，获得尊重和公平对待，树立自尊和自信。通常，企业的核心价值观是人类的"普世价值"，是人类精神文明的结晶和升华，如"诚信、善良、奋斗、担当"等，如果员工在企业中修身养性，就会为其人生成长奠定坚实基础。在冶都集团有一项制度，每月1日倡导员工回家陪父母吃饭。冶都集团认为，一个连父母都陪不好的人，又怎么能够服务好客户呢？这项制度弘扬了中华优秀传统的"孝"文化，鼓励孝道，提升了员工的品格。冶都集团对员工有着严格的卫生要求，这与公司强调的"做干净人，做干净事"的价值观密切相关，企业会不定期抽查办公室和私家车的卫生，甚至会抽查公司高管家里的厨房、卫生间、衣帽间是否干净整洁，这样能够帮助员工提升自身素养。张洪瑞制定了严格的规章制度，禁止员工之间请客送礼，以维护员工之间的公平和职业道德，减轻了员工的经济压力和心理负担，这既是简单文化的落地措施，也是对员工品格的提升。

三是良好的职业发展。企业为员工提供培训、发展机会和职业晋升途径，帮助员工提高技能和知识，提升职业素养。优秀的企业都会重视员工的培训，因为没有员工能力的提升就没有客户愿意消费的产品与服务。员工能力包括思维能力、专业能力、协调能力、人际交往能力等。

四是真诚的情感关怀。关心员工的生活、家庭和健康，并提供支持和帮助，建立良好的员工与雇主关系。冶都集团、信誉楼、胖东来等企业对员工的关怀可谓无微不至。在冶都集团员工宿舍，不仅中央空调、热水器、洗衣机、烘干机配置齐全，还无限量供应饮料、泡面、火腿肠等零食；办公室也同样供应零食等，甚至为了员工休息还在办公室配置了按摩椅。信誉楼与胖东来员工都有充分的休息权。张洪瑞认为，"让员工快乐比赚钱更重要"，所以，节假日黄金销售时期，信誉楼也有放假安排，每年春节关门歇业，全体员工带薪放假七天，中秋节、国庆节每天关门歇业半天。于东来也秉持"快乐比赚钱重要"的理念，一般商超是不歇业关门的，但胖东来每周二歇业，员工休息，他还计划把员工的上班时间由现在的 7 小时缩短为 6 小时。华为在年度表彰中设"优秀家属奖",表彰家属对员工工作的支持。

综上所述,将员工利益放在企业的关键位置,不仅能提高员工满意度和绩效,还能增强企业的竞争力,并为企业的长远发展铺平道路。这种以员工为中心的管理理念有助于建立积极的企业文化,创造更多价值,在市场中取得成功。

第五节 维护股东利益

股东利益是指企业股东期望获得的经济回报和财务利益,通常包括股票升值、分红、股息等形式的经济收益。股东是公司的投资者,他们购买公司的股票或持有公司的股份,期望获得短期或长期的投资回报。

维护股东的利益对企业发展的重要性体现在以下几个方面。

第一,确保股东利益是企业发展的稳定器。股东在企业中扮演着重要角色,因为他们不仅提供了必要的资本,还承担了风险。首先,股东投资资本用于企业的运营、扩张和创新,这些资本是企业生存和成长的关键。如果企业不能保障股东的投资收益,股东就可能减少或撤回投资,导致企业的资本结构压力加大,企业资金不足,限制了其竞争力和发展潜力,企业甚至可能面临资金链断裂的风险。其次,上市企业的股东通常持有股票,他们期望股票升值,获得股息,并分享企业的成功。如果企业未能实现这些目标,股东就可能感到不满。股东对业绩不满意,可能会施压导致高级管理层的变动。管理层的变动通常意味着部门的重新整合和业务的重新调整,甚至会导致企业裁员,大大影响企业的士气。

为了满足股东的要求,企业可能会采取短期决策,忽视长期战略规划和可持续经营。由于股价与财务报表数据密切相关,在收入增长困难甚至出现倒退的艰难时期,为了在短期内美化财务报表,企业可能会大幅削减成本。如大幅裁员,在削减人力成本的同时造成多年积累的人才资源流失,公司的不稳定性进一步影响现有员工的信心。企业里有些面向未来市场,大胆创新尝试的项目很可能会由于资金问题被撤销,这样虽然节省了支出,但直接抛弃了企业未来有望的新的增长点。这些都可能导致企业在长期内面临竞争力下降和市场份额损失的风险。

第二,确保股东利益符合法律和合规要求。法律要求企业保护股东权益,披露财务信息，以及采取适当的治理措施，以防止股东受到不正当对待。如果企业未能遵守这些法规，则可能面临法律诉讼、罚款和声誉受损等问题，对企业的稳定性和可持续性构成威胁。

第三，确保股东利益对于吸引更多的投资和合作伙伴至关重要。企业的声誉和治理结构是投资者及合作伙伴考虑的重要因素之一。稳定的股东关系和良好的股东回报记录有助于建立信任，吸引更多的资本和资源，为企业提供稳定的发展平台。

股东利益虽然重要，但在企业发展中通常排在第三位。原因是，客户和员工对企业的直接影响与关键作用远远超过了股东。客户是企业的生存之本，没有稳定的客户基础，企业就无法持续运营。员工是实现产品或服务的关键，他们的工作和投入直接影响产品质量、客户满意度和公司声誉。

企业需要平衡股东、客户和员工的利益。虽然确保股东利益十分重要，但不能以牺牲客户满意度和员工福祉为代价。企业的成功取决于这三者间的和谐关系。从长期来看，满足客户需求和提高员工满意度通常会促进股东的回报。因此，企业需要采取综合性的战略，以确保股东、客户及员工的利益得到平衡和满足，从而实现长期的可持续发展和稳定的股东回报。

虽然 GE 公司在后韦尔奇时代持续衰落，但近两三年的财务绩效在持续改善，尤其是 2023 年 GE 公司的股票表现抢眼，年底收盘相较于年初股票价格涨幅约为 90%，财务状况逐渐好转。2023 年 10 月 24 日，GE 公司公布了 2023 年第三季度财务业绩，第三季度实现营收 165.04 亿美元，同比增长 19%；调整后每股收益为 0.82 美元，上年同期每股亏损 0.17 美元；调整后的利润率为 9.8%，上年同期为 2.6%。

GE 公司财务状况好转的重要原因是，拉里·卡尔普自 2018 年 10 月担任公司 CEO 以来，出售了庞大的业务，削减了债务，并对工厂运营进行了全面改革，将这样一家陷入困境的巨头重塑为一家规模更小、更精简、更强大、更高效、更健康的公司，是企业经营战术层面的措施。

在拉里·卡尔普战术策略的背后，我们能看到 GE 公司重新选择了"正确"的核心理念。在 GE 公司发布 2021 年年报后，拉里·卡尔普发布了致全体股东的一封信，其中关于理念的描述是这样的：

GE 公司拥有深厚且光辉的历史。130 年来，GE 公司始终秉持着创始人托马斯·爱迪生"我们发现世界的需要，然后着手去发明"的信念，迎接世界挑战。这是今天的 GE 公司，以及未来三家独立运营公司的信念。

| 理念管理的力量 |

　　如今，GE公司已发展成一家以客户为中心的更强大的公司。GE公司正在培育以"安全"为首要任务，以"精益管理"为核心的企业文化。清晰的使命为GE公司旗下各业务集团开创了极具吸引力的发展机遇，有助于各业务集团确定各自的行业发展轨迹——打造未来航空，实现精准医疗，引领能源转型——GE公司力争做到精益求精、尽善尽美。

　　因此，GE公司的核心理念回归到"坚持以科技创新驱动高效未来"的历史使命，核心价值观回归到"以客户为中心"和"精益管理"的理念，把"安全"作为企业的核心价值观，摒弃前些年追求短期效益的风气，从而走上复苏、不断增长的道路。

　　综上所述，确保股东利益是企业稳定发展的重要因素，满足股东的期望有助于维持资金流动、吸引投资和保持企业的稳定性。如果不能确保股东利益，企业就可能陷入人事、资金和经营过程的动荡，最终影响其长期发展。因此，在实现客户和员工利益的同时，企业也需要关注和平衡股东的期望。

第六节　供应商是合伙人

　　企业的成功发展不仅取决于自身的努力，还取决于与供应链上各成员的紧密合作。供应链包括供应商、制造商、分销商和零售商等各个环节，他们协同工作，确保产品或服务的顺畅流通。企业发展的成功往往依赖于供应链的高效协同，包括及时供应原材料、优化生产过程、高效物流配送以及满足客户需求。因此，企业的发展实际上是供应链上各成员紧密合作的结果，共同努力实现更高的业绩和客户满意度。

　　传统上，甲乙方关系是指双方在商业交易中的买卖关系，其中一方是买方（甲方），另一方是卖方（乙方）。这种关系通常以一次性交易为主，各方的主要目标是最大化自己的利益。甲乙方关系通常侧重交易本身，而不太关注双方之间的长期合作或合作的深度。

　　然而，现代企业与供应商关系的定位，不应该仅仅是甲乙双方的交易关系，更应该是利益共同体的合作伙伴关系。

　　所谓利益共同体关系，是指企业与供应商通过合作和共享资源，努力实现各自的目标，并共享最终利益。这种合作关系通常被认为更具可持续性和长期性，且双方之间互信和共赢的理念得到强化。

企业与供应商进行深度合作，形成利益共同体的好处体现在多个方面。

一是可以降低成本和提高效率。对于供应商而言，稳定的企业需求可以帮助供应商进行供应链优化，包括减少库存、简化物流流程、提前准备人力和原材料资源、提高生产计划的准确性，从而降低运营商的成本。对于企业而言，稳定的原材料需求可以作为和供应商谈判的筹码，从而获得更有利的价格和条件，降低采购成本。

二是促进创新与合作。一些企业与供应商建立战略合作伙伴关系，在共同长期目标的驱使下，共同进行研发和创新。这种合作不仅可以促使双方共享技术、知识和最佳实践，为市场带来新的产品或服务，也有助于双方共同应对市场变化、技术进步和竞争压力，从而增强整个供应链的竞争力。

三是企业可以有效评估与供应商合作可能涉及的各种风险，包括供应链中断、质量问题、法规变化等。建立强有力的风险管理机制，有助于企业提前应对供应链上潜在的风险。

综上所述，企业与供应商之间的关系不是简单的买卖交易，而是一个复杂的合作网络，有助于实现共同的长期利益和可持续发展。这种利益共同体的合作关系有助于双方在市场上保持竞争力，共同应对挑战，实现可持续的经济效益、社会效益和环境效益。因此，将企业与供应商定位为利益共同体，是现代供应链管理和商业实践的重要理念。

第七节 担当社会责任

在普通人的观念里，企业的职责是为社会提供产品与服务，并从中获利。可以说，企业的这种经济行为是最基础的社会责任，这一观点源于亚当·斯密的"看不见的手"理论。企业为社会提供了产品与服务，满足了社会需求，创造了价值，因此承担了社会责任。就此而言，我们称其为企业的"经济责任"，这种责任是基于市场"看不见的手"的调节作用，就像人天生就会吃饭一样，企业天生就有履行经济责任的担当。

本节将探讨企业在"经济责任"之外扮演的角色，这个角色有被动与主动之分。被动是因为受社会公共制度的管束或者道德的制约，而不得不履行的社会责任；主动是企业意识到担当社会责任对企业盈利与基业长青有重大影响，从而采取有计划、有目标的行动。本书的使命之一，就是将除"经济责任"之外的担当变被动为主动。因此，探讨对社会责任担当之于企业利益的重要性是本节的重点。

笔者的观点是：根据熵增定律，任何事物在封闭系统中都趋向于灭亡。在企业发展中，企业盈利是第二位的，生存才是第一位的，而企业的生存与社会责任是紧紧捆绑在一起的。企业对社会责任的担当是企业提升市场竞争力的重要手段，是企业行稳致远的战略因素。我们将从道德建设责任、科学技术进步、环境保护责任三个方面论述企业的社会责任以及它与企业利益的关系。

一、道德建设责任

道德是社会意识形态之一，是人们共同生活及其行为的准则和规范。道德标准是以人的善恶来评价的。不言而喻，企业的发展需要一个以公平、公正、诚信、善良、自由等理念为主导的社会环境。如果社会充斥着欺骗、戾气、贪赃枉法、专制暴力，即处于混沌如鸡子态，甚至是严重熵增的状态，那么企业将无法生存。

企业在社会道德建设方面可以做很多事情。比如，在企业效益好的时候，开展慈善活动，济弱扶贫，奉献爱心，倡导人与人之间的友爱和互助，从而彰显企业的爱心形象，提升企业的品牌价值。企业可以通过捐赠资金、物资或提供服务，支持社会公益事业和慈善组织。慈善捐赠可以用于教育、医疗、贫困救助、环境保护等领域，直接对社会产生积极影响。在帮助社会的同时，企业可以建立并维护良好的声誉，使其成为企业公关活动的一部分，提升企业的品牌知名度。此外，企业对社会责任的关注也可以增强员工的荣誉感和归属感，创造良好的工作环境。又如，企业可以主动将"诚信""善良""博爱"等理念融入自己的产品或者服务，若长期坚持则会对企业与社会文明进步产生强大的推动作用。"无理由退货"是一种避免欺骗消费者、保护消费者权益的有效策略，这一理念与行动源自信誉楼，这家企业因此得到了消费者的认可，成为零售业的标杆；胖东来的每个运转环节都充满了"诚信与善良"，在有些地方，缺斤少两等现象屡见不鲜，但专业打假者在许昌进行巡检时一无所获，没有发现任何商家存在缺斤少两的现象，因为许昌的胖东来已经把"诚信"做到了极致，如果不诚信，就无法在许昌存活，这是胖东来榜样的作用。下面的一则报道说明了胖东来坚守"诚信与善良"的巨大效果。

来自"许昌零距离"的短视频报道，2024 年，许昌文旅市场迎来开门红。元旦期间，全市共接待游客 196 万人次，同比增长 372%；收入 13.33 亿元，同比增长 1296%。其中，胖东来 7 家店共接待游客 100 万人次，曹魏古城共接待游客 31.8 万人次，神垕古镇共接待游客 7.1 万人次，5 家温泉酒店共接待游客约 5 万人次。

于东来表示，现在游客把胖东来作为旅游点，这不是我们的初心。这是"超越利润之上"的道德追求的结果，是多赢的局面：一是企业的销售业绩突飞猛进；二是直接带动了许昌地区的经济增长，更是对不良道德现象（如欺诈、贪腐等）的一种打击，有利于自律习惯的养成。

二、科学技术进步

人类社会的文明发展，科学技术进步是基本推动力。从蒸汽机、电气、信息、互联网到今天的人工智能技术，人类社会生存的物质有了极大的保障，生活品质越来越高，精神世界也得到了极大的自由释放，这一切都得益于科学发明与技术的不断进步。

从我国实际情况来看，许多企业的经济效益较差，资源投入产出率较低，要实现中国式现代化，就必须转变经济增长方式，实现高质量发展，而实现高质量发展的第一推动力就是创新，即科学技术的不断进步。

科技进步的第一责任者是企业。自新冠疫情以来，许多企业受到很大冲击，发展举步维艰，但有的企业将"科技与创新"的理念直接融入公司战略和产品设计，获得了巨大成功。我们都说华为是当今中国伟大的企业之一，伟大之处就在于虽然西方国家多年来对它实行技术封锁，但它仍然在极其艰难的环境中活了下来，而且活得很好，这源于它坚持"创新"的理念，因为坚持"创新"，它能在全球建立上百所科学院，聘请 7 万多名优秀科学家组建队伍，即企业的创新基因起到很大作用。无独有偶，在国内对外贸易持续下滑的背景下，长沙远大集团在 2023 年上半年，全球贸易额增长率超过 40%，其原因就是长期坚持"独创技术"的理念。

三、环境保护责任

随着全球的经济发展，环境日益恶化，尤其是大气、水、海洋的污染日益严重，野生动植物的生存面临危机，这对人类的生存和发展构成了严重威胁，在此状况下，何谈企业的长远生存。因此，生态环境是人类生存和发展的根基，保护自然就是保护人类，生态环境变化直接影响着人类文明的兴衰演替。这就是为什么习近平总书记提出"绿水青山就是金山银山"的发展理念。

荀子曰："万物各得其和以生，各得其养以成。"这句话的意思是，世间万物皆有其和谐共生之道，人类也需要在相互依存、相互支持中共同成长。促进人类自然和谐共生是中国式现代化的本质要求。

中国的生态文明建设已经进入以降碳为重点战略方向、推动减污降碳协同增效、促进经济社会全面绿色转型、实现生态环境质量改善由量变到质变的关键时期。企业的发展战略应该主动对接这个转型，给企业发展基因注入"减污降碳"理念，以赢得战略上的主动，这符合企业的长期利益。

目前，全球许多企业已经在产品中注入了"环保"理念，为企业行稳致远打下了坚实基础，美国的巴塔哥尼亚（Patagonia）公司就是其中的代表之一。

巴塔哥尼亚是美国一家户外服装用品公司，专注于设计、制造和销售高品质的户外运动装备，产品涵盖了登山、滑雪、冲浪、徒步旅行等各种户外活动场景。然而，该公司最大的理念在于其强烈的环保意识和社会责任理念，这一点深入消费者的认知，受到了大量消费者的认同与追捧。

巴塔哥尼亚公司将其环保理念贯穿整个产品周期。在原材料选取上，其服装产品使用有机棉、再生聚酯、大麻等天然可持续纤维，以减少对环境的影响；在运输中，采用可再生能源，减少碳排放和环境污染；对于用户购买的产品，公司提供完善的修复保障，设有多个修复中心，专门对磨损的产品进行修复，以延长产品的使用寿命，从而保护环境。此外，巴塔哥尼亚公司还推出了"Worn Wear"计划，鼓励顾客购买二手的巴塔哥尼亚产品或交回其旧产品。这些产品经过修复、清洗和翻新，会再次销售，以减少废弃物，鼓励可持续发展。

该公司创始人 Yvon Chouinard 坚持的理念是巴塔哥尼亚与环境和谐相处。他认为，巴塔哥尼亚"首先是一家环保公司，其次才是一家户外用品公司"。近年来，巴塔哥尼亚公司进一步将其环保承诺提升至新的高度，公司创始人在2022年将公司的所有权全部转让给非营利组织 Holdfast Collective，并将公司的价值观以信托基金的形式永久保存，同时将销售额的 1% 用于地球环保事业。这一举措使巴塔哥尼亚成为以环保为核心的品牌，将利润和社会责任相结合，实现了环保事业和商业的和谐发展。

巴塔哥尼亚公司表现出了坚定的态度。它将环保与承担社会责任深度融入其战略与产品，使其成为一个独特的品牌，深受那些重视环保和可持续发展的人的喜爱与尊重。

ESG概念是用于评估公司可持续发展能力和道德影响力的工具，其评级指标包含环境、社会和治理三个方面的因素，其中，"环境"是对碳排放、能源使用、水资源管理、废物和排放管理、生态多样性等方面的评估，"社会"是对员工关系、劳工关系、社区参与、客户关系、人权等方面的评估，"治理"是对企业董事会结构、透明度与披露、道德与伦理、股东权益、长期战略规划等方面的评估。ESG既是一种评价工具，也是投资者选择投资标的的策略之一。ESG指标能够帮助投资者更好地做出投资决策，同时鼓励企业采取可持续的做法，从而实现长期的成功和价值创造。其核心理念是，企业活动不应仅追求经济指标，还应考虑环境保护、社会责任和治理成效等因素，从而实现人类的可持续发展。从本节分析可以看出，ESG评价体系是一个广义上的企业社会责任评级体系。

中国香港已强制要求上市公司披露ESG信息。2013年，中国证监会发布《关于上市公司履行社会责任的指导意见》，提出上市公司应当在报告中披露环境、社会和公司治理方面的信息，从而推动上市公司更加重视和履行社会责任。2016年，中国证监会要求所有上市公司必须在年报中披露环境信息。2022年3月，为切实推动我国中央企业科技创新和社会责任工作，经中央批准，国务院国资委成立"社会责任局"。2022年5月，国务院国资委制定并印发《提高央企控股上市公司质量工作方案》，提出要探索建立健全ESG体系，推动更多央企控股上市公司披露ESG专项报告，力争到2023年ESG披露"全覆盖"。所以，中国大陆正逐步形成ESG信息披露的趋势。

"一家优秀的公司，可以成就一群人；一家卓越的公司，可以改变一个行业；一家伟大的公司，可以影响一个时代。"这是对企业利益与社会利益关系的生动写照，华为、胖东来、冶都集团的践行都证明了这一逻辑。让我们期待更多的企业觉醒，追求超越利润之上的影响力，让"社会责任"成为更多企业的使命与战略基点。

本章探索结束后，笔者有一个感悟：企业的战略起点基于使命，企业的发展壮大基于激励相容理念。也就是说，企业在实现客户、员工、股东、供应商和社会的利益中不断做大做强，这是一个平衡状态，也是一个长期的状态。如果损害了某一方的利益，企业的发展就会失衡。如果极端膨胀，企业就会走向死亡。推而广之，任何事物都是在激励相容中和谐发展的，如果极致膨胀，就会走向衰败。

第九章

理念管理在企业运营机制中的应用

理念管理是企业管理的重要手段，企业根据自身的发展目标和战略，制定和传达一系列与之相符的理念，表现在企业的愿景、使命、价值观、文化、战略等方面，影响和激励员工的思想与行为，实现企业的可持续发展。理念管理贯穿企业实践的各个方面，其中，在机制设计中应用理念管理，能让机制设计更加符合企业的实际情况，更加有效地激励员工行为、促进企业长远发展、提高企业经营效率。

企业机制是指企业作为一个经济有机体，为适应外部经济环境和发展而具有的内在功能与运行方式，是决定企业经营行为的各种内在因素及其相互关系的总称，尤其是企业商品生产、商品交换活动赖以存在的社会经济关系。

企业机制包括决定企业所有权和经营权分配与转移的产权机制，调动和激发员工积极性与创造性的激励机制，对员工行为进行限制和规范的约束机制，以及处理和解决各种矛盾与冲突的协调机制。

本章将从理念管理在企业激励机制设计中应当贯彻三个原则、华为的纠偏机制、自管理机制的设计三个方面展开叙述。通过本章的学习，我们将更深入地理解理念管理的内涵和意义，掌握理念管理的基本原理和方法，学会运用理念管理的思维和技巧。此外，本章参考并总结了卓越企业（如华为）的成功做法，为企业激励机制设计提供有益的参考和启示。

第一节　贯彻三个原则

企业机制与制度是两个密切相关但又有区别的概念。制度是必须遵守的规则，是企业机制的载体和保障。机制则是一种运行规律，是企业制度的内涵和目标。制度是静态的、应然的，机制是动态的、实然的。制度是机制的表现形式，机制是制度的运行方式。

企业机制的建立和完善，需要制度的支撑和运行的实践。没有制度的机制是空中楼阁，没有运行的制度是死板的僵化。只有制度与运行相结合，才能形成有效的企业机制。

任正非说："思想权和文化权是企业最大的管理权，思想权和文化权的实质是假设权。"在价值创造、价值追求上，华为的假设是，在正确的价值观及相应机制的引导下，绝大多数员工是愿意负责任和合作的，是高度自尊和有强烈成就事业欲望的，是会力争上游的。

在前面的章节中，我们已经探讨了华为的核心价值观——"以客户为中心、以奋斗者为本、长期艰苦奋斗"，华为如何践行核心价值观？任正非认为，机制是价值观落地的载体，没有机制保障，思想是不能永存的。华为通过对每条核心价值观设计相应的承载机制，让全员都能"看见"核心价值观，从而验证了"绝大多数人会力争上游"的假设。具体而言，就是基于科学的职级体系，华为广义的分钱策略包括了"分好钱、分好权、分好机会、分好荣誉"，从而合理拉开差距，建立起华为远离平衡态的场域[①]。

机制设计是一种通过制定合理的规则和激励，协调企业内部和外部各方利益，实现企业目标的方法，其关键在于找到一种能够平衡各方诉求，同时能促进企业理念传播和落实的机制。企业机制设计是企业成功的关键因素之一，决定了企业的内在功能和运行方式，影响了企业的发展和竞争力。企业机制需要制度的支撑和运行的实践，只有制度和运行相结合，才能形成有效的企业机制。华为的企业机制观为我们提供了一个很好的借鉴和启示，通过为每条核心价值观设计相应的承载机制，华为发展成一家具有强大内生动力和活力的企业。

在当今社会，机制和制度是推动社会进步与企业发展的重要因素。然而，机制和制度并不是凭空产生的，而是有一个共同的源头，那就是理念。理念是机制和制度的基因，决定了它们的性质和功能。

"火车跑得快，全凭车头带"。理念是机制和制度的车头，没有理念的指引，机制和制度就会失去方向与目标，偏离企业正常运行的轨道。有了理念的支撑，机制和制度就会有明确的价值与意义，能够有效地实现预期的目标。

理念管理在企业机制中的应用需要遵循以下三个原则。

[①] 汤献华，刘宏基．华为熵战［M］．北京：东方出版社，2023．

| 理念管理的力量 |

一、企业元理念融入机制

在第三章中，我们探讨了不同层次的管理理念，其中，具有全局性与奠基性作用的企业元理念是企业的存在意义和发展方向，是企业的灵魂和生命。企业元理念不仅是企业管理者的个人信念，也是团队所有成员的共同信念，是企业的精神支柱和凝聚力。元理念要真正发挥作用，就必须融入企业机制，成为企业的制度和文化。

将企业元理念融入机制，有以下益处。

（1）有助于提升企业的核心竞争力。企业元理念是企业的灵魂，是企业区别于其他企业的独特标识。将企业元理念融入机制，可以让企业在市场竞争中形成自身优势，提高客户的认知度，增强企业的品牌影响力。

（2）有助于激发员工的工作热情和创造力。企业元理念是员工的信仰，也是员工工作的动力。将企业元理念融入机制能够让员工明晰工作目标和价值，进一步激发员工的积极性和创造性，提高员工的工作效率，进而推动企业持续发展。

例如，一家以创新为元理念的企业，可以将元理念融入机制设计，鼓励员工提出自己的创意、分享经验、参与项目决策。这种机制包括以下几个方面：①为员工建立一个创新评价体系，用于评估他们的贡献，给予其相应的奖励，或者提供相应的培训和指导；②为员工打造一个交流的平台，用于展示员工的创新成果，促进员工之间的交流与合作，或者邀请企业外部专家和合作伙伴，进行分享和对话；③为员工设立创新基金，用于资助他们的创新项目，或者与外部创业平台、基金会等合作，为员工提供创业机会和相应资源。通过这种机制设计，企业不仅能激发员工的创新潜能，提高企业的创新能力，还能让员工感受到企业元理念的魅力，增强员工对企业的归属感和忠诚度。

在企业实践中，将企业元理念融入机制设计体现在如下方面。首先，从顶层设计开始，将企业元理念与企业的战略规划、组织架构、业务流程、管理制度等相对应，形成一致的管理体系，确保企业元理念在企业的各个层面及环节得到体现。其次，通过有效地传播和培训，将企业元理念传递给全体员工，让员工了解和认同企业元理念，将企业元理念作为工作准则，并融入岗位职责、绩效考核、奖惩激励等方面，形成一种自觉的行为习惯。最后，通过不断地评估，将企业元理念与企业的实际情况相结合，根据市场变化和客户需求，对企业元理念进行修订和完善，保持企业元理念的时效性和适应性，促进企业元理念的更新。

有家做旅游业务的企业到胖东来游学学习到了胖东来"客户第一"与"员工

第二"的理念，就将这个理念落实到自己的企业，成功躲过了新冠疫情对企业的致命冲击。

2017年，我曾带领团队中40余人前往胖东来游学，在胖东来时代广场，我见到于东来大哥，他说："你们又来游学了，走，我上去给你们讲讲。"当时我提出了一个问题："东来哥，胖东来的生意很好，利润很高，挣了很多钱，那你确实可以给员工发高工资，但我们做旅游的利润很薄，一年就赚那么一点钱，怎么给员工发高工资呢？"东来哥告诉我，不妨把挣的钱全分了试试。我在2017年没有像胖东来每年拿出50%~80%的利润分给员工，只拿出了30%的利润；同时，在约束机制中，像胖东来这样，我们制定了顾客不满意就投诉的制度，投诉成功就奖励客户300元，并且坚定执行客户投诉奖；此外，还像胖东来一样坚定建标准、建流程、建系统。我们一直坚持这些制度，当80%的旅行社都倒下时，我们的企业不仅顺利存活，还从一个中部规模的企业发展为河南文旅界头部企业。

显然，这就是"客户第一""员工第二"元理念融入企业机制的成效。我们再来看看华为的做法。《华为基本法》第23条提出："我们认识到人、财、物这三种关键资源的分配，首先是对优秀人才的分配。我们的方针是使最优秀的人拥有充分的职权和必要的资源去实现分配给他们的任务。"

任正非持续研究"分钱法""分权法""分机会法""分荣誉法"的机制，就是持续落地"以奋斗者为本"的理念。最初，华为和许多企业一样，实行年终奖制度，在"以奋斗者为本"的理念指引下，华为思考员工的整个奋斗过程，有奋斗就要给予肯定和奖励，不能只在年终时给予奖励。如开拓海外市场时面临诸多困难，华为对于开拓海外市场的员工，跟随开拓者的足迹，每前进一步就给予肯定与激励，形成了系列激励机制，如生存奖、见客户奖、见关键客户奖、请进来奖、开实验局奖、实现销售奖等。生存奖：到了这个人生地不熟的地方，短期内把自己的生活安顿下来就给予奖励；见客户奖：经过半年的努力找到了有需求的客户，给予奖励；见关键客户奖：一年内找到了有需求客户的决策者，给予奖励；请进来奖：将客户请到中国来，考察公司总部，给予奖励；开实验局奖：客户对需求的产品进行开始实验式免费试用就给予奖励；实现销售奖：客户实现了购买的，给予奖励。每前进一步，都能及时得到公司认可，是对奋斗者极大的激励。他们不用战战兢兢地担心无法实现业绩，一切努力成为泡影，即使因某个突发情况调到其他地方，自己之前的奋斗也获得了回报。这激励了一批批华为员工前赴后继前往海外市场。

二、激励相容理念融入机制

最优设计理论是一门研究如何在给定的约束条件下，在诸多可能方案中，根据预定的目标去寻求最优设计方案的学科。它广泛应用于科学工程、数据科学、机器学习、人工智能、图像和信号处理、金融和经济、管理科学等领域，是一种解决实际问题的有效方法和工具。

根据最优设计理论的观点，在市场经济中，每个理性经济人都会有自利的一面，在多方面条件的约束下，结合个人目标，按自利的规则行动。在这种情形下，如果能有一种制度安排，使行为人追求个人利益的行为与企业实现集体价值最大化的目标相吻合，这一制度安排就是激励相容。

激励相容原则能够实现机制设计者和机制需求者最终目的一致，也是决定一项机制有效与否的根本原则。激励相容是设计最优机制的必要条件，因为只有当个人的行为与组织的目标相一致时，才能避免出现信息不对称、道德风险、逆向选择等市场失灵的问题，从而实现社会福利最大化。

激励分正、反两个方面，即正向激励与反向约束。正向激励是指通过提供奖励、鼓励、赞扬等方式，激发个人的积极性和创造性，促使其为组织的目标而努力。例如，企业可以通过为员工提供升职加薪或员工持股的机会，激励员工提高工作效率，从而提升企业的收益和竞争力。反向约束是指通过惩罚、批评、监督等方式抑制个人的消极行为和自私表现，防止其为个人利益损害组织目标。例如，政府可以通过征税、罚款、没收财产等方式，约束企业遵守法律法规，从而维护社会的公平和正义。

正向激励与反向约束是相辅相成的，不能偏废。过多的正向激励可能导致员工的贪婪和过度风险，过多的反向约束可能导致员工工作过于压抑和缺乏动力。因此，在设计最优机制时，要根据不同的情况和对象，平衡正向激励与反向约束的比例和强度，使之达到最佳效果。

一只机械表，看似简单的物品，却蕴含着无数的智慧和创意。一个优秀的人，能够通过观察一只手表，洞察出数百个零件之间的连接关系，从而理解手表的工作原理和设计思想。手表的零件可以分为三大类：动力源、传动机构和显示装置。这些零件之间存在着精密的连接关系，每个零件都有其特定的功能和位置，它们相互配合，共同完成任务。任何一个零件出现故障或错位，都会影响手表的准确性和美观性。因此，手表的制造和维修，都需要高度的专业技能和细致的操作。

那么，如何才能洞察出这些零件之间的连接关系呢？这就需要一双"法眼"，也就是上述激励相容的思维方式。这种思维方式有助于我们从设计者的角度，分析手表的零件是如何实现激励相容的，即如何使每个零件都能发挥最大的效用，同时又不损害其他零件的效用。在洞察了手表零件之间的连接关系后，我们便可以更好地理解和欣赏手表的奥妙与美妙。手表不仅是一件实用的工具，也是一件艺术品，值得我们用心去观察和学习。

三、信息及时对称理念融入机制

信息及时对称是设计最优机制的必要条件，因为它可以有效地解决信息不对称带来的逆向选择、道德风险、信号传递等问题，如提高交易效率和社会福利。下面我们结合一些企业实际案例，具体说明信息及时对称的重要性和作用。

信用评级机构是在金融市场中为借贷双方提供信用信息的中介机构，它通过对借款人的信用状况进行评估和打分，帮助投资者判断借款人的还款能力和风险水平，从而降低信息不对称，促进资金的有效配置。然而，信用评级机构也存在一些问题，如评级标准不透明、评级结果不及时更新、评级机构与借款人存在利益冲突等，导致信用评级失真，造成投资者的误判和损失。例如，2008年爆发的国际金融危机，就与信用评级机构对次贷相关产品的过高评级有关。因此，信用评级机构应该建立信息及时对称的机制，如公开评级方法和数据、及时反映市场变化、避免利益冲突等，以提高信用评级的质量和公信力。

当下，消费者广为使用的电商平台是连接消费者和商家的网络平台，其通过提供商品信息、评价系统、支付方式等服务，方便消费者在线购物，拓宽了商家的销售渠道。然而，电商平台也存在商品质量难以保证、评价信息不真实、售后服务不完善等信息不对称的问题，影响了消费者的信任和满意度。因此，电商平台应该建立信息及时对称的机制，如规范对商品详情的描述、监督评价信息的真实性和有效性、完善退换货和投诉处理流程等，以提高消费者的购物体验和平台的信誉。

机制是一种规则或制度，用以协调并指导人们的行为和活动。在企业管理中，机制的设计和运用是非常重要的，它可以影响企业的效率、创新和竞争力。机制的最高境界是什么呢？笔者认为，机制的最高境界是自我管理，即让每个员工和管理者都能够自我激励、自我约束与自我协同，从而实现企业的整体目标。

自我管理的前提是有一个清晰、一致的企业目标，这是机制的核心。彼得·德鲁克提出，激发团队潜能必须实现"目标管理"。每个管理者的每项工作必须以达到企业整体利益为目标，各个层次的管理者必须坚持不懈地将共同目标作为其努力的方向。这就要求机制具有激励相容和信息及时对称的特点，即要让管理者的个人利益和企业利益一致，要让管理者及时获取和反馈相关信息，从而做出正确的决策和行动。

《基业长青》一书阐述了两个重要理念，即"造钟师，而不是报时人"和"保存核心，持续进步"。"造钟师，而不是报时人"表达的主要观点是，要培养和激发员工及管理者的主动性与创造性，让他们不仅能应对当前的挑战，还能预见和创造未来。"保存核心，持续进步"意味着要坚持企业的核心价值和愿景，这是企业存在的根本原因和最终目标；同时，不断适应和引领变化，这是企业生存和发展的必要条件。这两个理念相辅相成，构成了企业长盛不衰的基石。

要想实现这两个理念，就要建立一套具有鼓励和平衡特点的机制。一方面，要鼓励管理者发挥最高的专业水准，要把高超的专业技能当作实现企业绩效目标的手段，而不是把达到高标准本身当作努力的目标。另一方面，要考虑企业的长远目标和短期利益，要在追求短期利益的同时，撒下实现长远目标的种子。要平衡企业的稳定和变革，在保持企业核心不变的同时，不断创新企业的边缘。只有这样，才能让企业在不断变化的环境中保持竞争力和活力。

第二节　华为的纠偏机制

华为是一家全球领先的信息与通信技术解决方案提供商，其业务涵盖了电信运营商、企业终端和云计算等领域。华为的成功不是一蹴而就的，而是源于其独特的企业文化和管理理念，笔者将其总结为"1131"元理念体系。这一体系包含了华为的使命、愿景、核心价值观和基本业务理念，是华为的灵魂和DNA，也是华为在激烈的市场竞争中保持活力和创新动力的原因。

一、"1131"元理念体系

（一）"1"——活下去

任正非是一位具有深刻思想和超强行动力的领导者，他在华为的发展历程中留下了许多经典的语录和故事，体现了他的管理智慧和人生哲学。其中，最为人所熟知的一句话就是"活下去"，这是任正非对华为的最低纲领和最高纲领。任正非认为，活下去是一切的前提，也是一切的目标。只有活下去，才能有机会发展和成长，才能有机会实现更高的愿景和使命。

任正非所说的"活下去"不是一种消极的保守态度，而是一种积极的进取精神。他认为，只有不断地创新、不断地改变、不断地适应环境、不断地超越自我，才能安心地"活下去"。"活下去"也不是一种狭隘的、自私的目的，而是一种广阔的利他理想。"活下去"，就是要为客户创造价值，为员工创造机会，为社会创造贡献，为人类创造幸福。

（二）"1"——开放系统

任正非所说的"活下去"理念是基于对企业本质的深刻认识。企业要"活下去"必须"开放"。他认为，企业是一个与外部环境不断交换物质、能量和信息的动态组织，而不是一个与外界隔绝的封闭系统。任正非借用了物理学中熵的概念，指出封闭系统的熵即系统的无序度和混乱度是不断增加的，如果系统不开放，不采取措施，就会走向熵死，即系统的能量和活力会耗尽，系统会停止运转。

要对抗熵增、避免熵死，企业必须做两件事情：一是开放，二是做功。开放是指企业要与外部环境保持良好的沟通与合作，不断吸收新的物质、能量和信息，增强自身的活性和变化性。做功是指企业要利用自身的物质、能量和信息，创造有价值的产品和服务，满足客户的需求和期望，实现自身的价值和目标。开放是生命的源泉，做功是生命的表现。

（三）"3"——三个核心价值观

在任正非"活下去"理念的指导下，华为形成了自己的核心价值观，即"以客户为中心、以奋斗者为本、长期坚持艰苦奋斗"。这三个核心价值观是华为的行为准则和评价标准，是华为的信仰和灵魂，更是华为的优势和特色。

（1）以客户为中心。华为认为，客户是公司的生命线，是公司的最终评判者。始终把客户的需求和满意度放在第一位，不断创新和改进，不仅要满足客户的当前需求，还要预见客户的未来需求，为客户提供高质量、高性能、高可靠性的产品和服务，赢得客户信任和尊重，为客户创造持续的价值和竞争优势。客户是企业的血液和生命，没有客户的支持和信任，企业就无法生存和发展。

（2）以奋斗者为本。员工是公司的根本，是公司的最大资本。华为重视和尊重每一位员工，特别是那些敢于奋斗、勇于担当、愿意奉献的员工，为他们提供公平竞争和发展的平台，激励他们以主人翁的姿态，积极参与公司的管理和决策，共同分享公司的成果，让他们能够充分发挥自己的潜能和才能，实现自己的职业价值和人生目标。

（3）长期坚持艰苦奋斗。华为坚持以长远的眼光和战略的思维，规划并执行自己的发展目标和路径，不为眼前的利益和诱惑所动摇，不畏惧外部的压力和困难，始终保持谦虚、敬畏和自我批判的态度，不断地学习和进步，不断地挑战和超越，不断地优化和改进，不断适应市场的变化以实现自己的愿景和使命。华为认为，艰苦奋斗是企业的品格和精神，没有艰苦奋斗的态度和习惯，企业就无法生存和领先。

（四）"1"——坚持自我批判

"批判即进步"。为了保持自己核心价值观的有效性和适应性，华为坚持自我批判的机制，即不断地反思和纠正自己的错误与不足，不断地寻求和吸收外部的意见与建议，不断地调整和改进自己的行为与结果。自我批判是一种纠偏和进步的手段，没有自我批判的勇气和诚意，企业就无法发现和解决自己的问题。

华为的自我批判不是一种消极的自我否定，而是一种理性的自我评估和积极的自我完善。华为的自我批判既包括对自己弱点和缺陷的承认与改正，也包括对自己优势和特点的认识与发挥；既是对过去的总结和反思，也是对未来的规划和展望。

"1131"元理念体系是华为企业文化的核心，也是华为成功的重要原因之一。华为的核心价值观体现了华为的理想和追求，是华为的灵魂和生命力的源泉，是华为前行的不竭动力。

二、坚持自我批判理念的落地

华为始终围绕坚持自我批判的核心价值观架构分权机制。华为的领导人轮值制度是一种自我批判的组织形式，旨在打破权力固化，防止个人英雄主义，培养多元化的领导力，提高决策的效率和质量。华为的领导人轮值制度不仅是企业管理模式的创新，也为其他公司提供了借鉴和启示。

华为从2004年开始推行轮值COO制度，现在称作"轮值董事长制度"。任正非在《一江春水向东流》一书中，首次提出了轮值COO的概念，轮值制度或许是无心插柳，但它却平衡了公司内部的各种利益，促进了公司的均衡发展。轮值的好处在于，每位轮值者在一段时期内承担了公司 COO 的职责，既要负责公司日常运营，又要为高层会议起草文件，极大地提升了他们的能力。这样的轮值制度有助于保持公司的活力和创新力，避免出现权力寡头和官僚主义。

2011 年，轮值 COO 制度经过两个循环，变成轮值 CEO 制度。CEO 由三名副董事长轮流担任，任职期依然是每人半年。轮值 CEO 在轮值期间作为公司经营管理以及危机管理的最高责任人，对公司生存发展负责。轮值 CEO 负责召集和主持公司 EMT 会议，在日常管理决策过程中，将履行职责的情况及时向董事会成员、监事会成员通报。

2018 年，华为开启了轮值董事长的新篇章。轮值董事长在任期内是公司的最高领导者。轮值董事长制度的实施，意味着董事会换届后产生的轮值董事长，在任期内是公司的最高领导者，指挥公司的董事会和常务董事会，不仅参与战略制定，也参与日常经营管理。在这种情况下，轮值制度更能体现民主精神，提高决策的科学性，降低大股东个人干预、个人决断的风险。通过制度安排，保证无论谁担任轮值董事长，都要保持一致性。这样就避免了反复无常，使战略的执行更持久，使执行层有稳定的制度预期。华为领导人轮值制度的作用主要体现在以下几个方面。

（1）领导权力的分散化，避免了权力集中于某一个人的风险，同时为公司的稳定性与可持续性提供了保障。华为领导人轮值制度的核心思想是坚持自我批判，即通过轮换领导人的方式，使每个领导人都能从不同的角度和层面，对公司的问题和挑战进行分析与反思，从而提高公司自我修正和自我完善的能力。同时，领导人轮值制度既能防止个人偏见和错误影响公司的发展方向与决策质量，又能防止个人利益和情感影响公司的团结与协作，更能防止个人身体和精神影响公司的稳定与持续。

（2）最大限度地消除"组织黑洞"。"组织黑洞"有三大表现：一是腐败，二是"山头主义"，三是惰怠。华为领导人轮值制度通过不断地更换领导人，打破了固化的权力结构和利益格局，打破了部门之间的壁垒和隔阂，打破了个人之间的惯性和依赖，从而有效地防止了腐败的滋生、"山头主义"的形成和惰怠情绪的产生。领导人轮值制度要求每个领导人在不同的岗位和部门进行轮换，不仅要适应不同的环境和任务，还要接受不同的考核和评价，从而促使每个领导人保持清醒的头脑、敏锐的眼光、积极的态度、勤奋的精神，不断地学习和进步，不断地创新和变革，不断地贡献和奉献。

| 理念管理的力量 |

（3）锻炼人才，观察和培养高级管理者，使企业发展后继有人。领导人轮值制度是华为培养人才的重要方式之一。通过领导人轮值制度，华为可以在实践中观察和培养高级管理者，发现和选拔优秀的领导人，保障企业的发展后继有人。领导人轮值制度可以让每个领导人在不同的岗位和部门进行轮换，不仅可以拓宽他们的视野、丰富他们的知识，还可以提升他们的能力和素质，从而使他们适应不同的环境和任务，应对不同的问题和挑战，领导不同的团队和部门，实现不同的目标和成果。领导人轮值制度可以使每个领导人进行不同的角色和身份轮换，这不仅可以增强他们的责任感和使命感，还可以增进他们的同理心和团队精神，从而使他们能够与其他领导人及员工进行有效的沟通和协作，建立信任并维护良好的关系，形成企业价值观。

（4）平衡公司各方矛盾，使公司各方得到均衡发展。领导人轮值制度可以让不同的人担任领导人，从而平衡公司的各方利益和需求，使公司各方得到均衡发展。领导人轮值制度可以平衡公司的内部矛盾，因为每位领导人都要考虑公司的整体利益和战略，不会偏袒或忽视某个部门或地区，而是要协调与整合公司的各种资源和能力，实现内部的协同和共赢；同时，领导人轮值制度也可以平衡公司的外部矛盾，因为每位领导人不会只迎合或抵制某个客户或市场，而是要面对不同的客户和市场，要根据不同客户和市场的需求与特点，提供最合适和最有价值的产品与服务，实现外部的竞争与合作。

综上所述，华为领导人轮值制度是一种基于"坚持自我批判"的核心价值观，架构分权机制的设计制度，目的是保持公司的活力和创新，避免公司陷入"组织黑洞"和衰落，为公司培养人才、选拔领导，平衡公司的矛盾和发展。领导人轮值制度既是华为的一大特色和优势，也是华为的一大挑战和考验，不仅体现了华为的企业文化和精神，也影响了华为的发展和未来。

华为的自我批判文化不仅体现在组织形式上，还体现在一些具体的制度和平台上。这些制度和平台是自我批判的实践方式，旨在促进华为内部的沟通、交流、学习和改进。

华为"蓝军"是"自我批判"理念落地的专门组织，负责对华为的产品、技术、战略、管理等进行全方位的攻击和挑战，以暴露华为的弱点和问题，促使华为不断提升自身的竞争力。华为"蓝军"的存在，是华为对自己最严厉的批判，也是华为对自己最大的鞭策，让华为始终保持着危机意识和进取心态，不断追求卓越和领先。

"心声社区"是华为员工吐露心声的论坛，是一个开放、自由、平等的内部交流平台，于 2008 年 6 月上线，任何华为员工都可以在上面发表自己的意见、建议、感受、诉求等，无论是赞扬、夸奖，还是批评、抱怨，都可以畅所欲言。"心声社区"的存在，是华为对员工最真诚的倾听，也是华为对员工最大的尊重。它让华为的员工能够表达自己的心声，分享自己的经验，解决自己的困惑，提高自己的满意度。

"蓝军"和"心声社区"等组织和平台都是华为进行自我批判的实践方式，它们不仅体现了华为对内部的开放和透明，也体现了华为对外部的关注和响应，更体现了华为对改进的渴望和行动。

三、任正非的呼喊与自我批判：一种自我批判的领导风格

任正非是一位具有自我批判领导风格的企业家。他经常通过各种方式，对自己、对华为、对行业、对社会进行深刻的反思和批判，以此来激励自己与华为不断进步和超越。以下是一些典型的例子。

任正非将"活下去"作为最低纲领与最高纲领警示管理人员要时刻保持自我反思和批判意识。基于"活下去"，华为形成了"长期保持饥饿状态，不谋求赚大钱"的商业模式。任正非认为，活下去是一切的前提，也是一切的目标，只有活下去，才能有机会创造价值，才能有机会实现梦想。为了活下去，华为必须时刻保持警惕和敏锐，不断寻找机会和挑战，不断创新和改变，不断学习和成长，不断批判和超越。

1995 年 9 月，华为内部发起"华为兴亡，我的责任"企业文化大讨论，对华为的发展状况进行了深刻的分析和反思，指出了华为的优势和劣势，强调了华为的危机和挑战，呼吁了华为的团结和奋斗。这次激烈的内部讨论是任正非对华为的一次自我批判，也是华为的自我觉醒，为华为的后续发展奠定了坚实的基础。

1995 年，任正非邀请中国人民大学 6 位教授起草的《华为基本法》，是华为的"企业宪法"，规定了华为的核心价值观、组织结构、管理制度、人才机制、激励机制等，是华为的根本法律和行为准则。《华为基本法》是任正非对华为的再一次自我批判，也是华为的自我完善，为华为的长期稳定发展提供了有力的保障和指引。

2000 年，互联网泡沫破裂，任正非对员工发表了题为"华为的冬天"的讲话，对华为的市场环境、竞争对手、产品质量、客户满意度等进行了全面的检视和评估，提出了华为的战略调整、成本控制、风险防范等措施，预测了华为的未来发展和机遇。这一讲话体现了任正非对华为的自我批判，也为华为的自我转型

及快速增长创造了有利条件和空间。

华为的"备胎计划"——海思芯片是任正非对华为的深度自我批判，也是华为的自我突破。"备胎计划"是华为为了应对美国的技术封锁和制裁自主研发的芯片解决方案，是华为的核心竞争力和生命线。早在1991年，任正非就开始投资芯片研发，由于华为的主业是通信设备，芯片一直是华为的"备胎"，直到2018年美国对华为的禁令，迫使华为启动"备胎计划"，将海思芯片作为华为的主力。海思芯片的成功，不仅让华为在芯片领域走在了世界前列，也让华为在通信领域更加自主和强大。

"小灵通事件"是华为发展史上一次广为人知的自我批评和自我纠正。它是指2003年华为在小灵通市场的决策失败，导致华为损失巨大，也失去了小灵通的领导地位。任正非对此事件进行了深刻的反思和检讨，并将此事件写进华为大学案例库，作为华为的经验教训。任正非曾在公司上千人的会议上主动承认自己决策失误，令在场员工十分动容。2004年，60岁的任正非决定将放权机制化，从大权独揽变成高管集体决策。此后，华为再没有出现过关乎企业生死的重大战略失误。

任正非在华为30周年庆时做了"如何不熵死"的演讲。对抗熵增是华为长期以来的指导性管理原则。任正非知道，华为总有一天会走向死亡。因此，他要求各级管理者不断通过实现熵减，让华为的发展过程能够持续保持活力、延长组织寿命。

2011年1月，《华为人》报刊于头版刊出2万多字的文章《我们还是以客户为中心吗：马电CEO投诉始末》，将沉浸在业绩高速增长的满足中，准备欢度春节的11万华为人一下子打入了冰窖。这篇文章是根据马来西亚电信公司（以下简称"马电"）CEO对华为的投诉信写的，详细揭露了华为在马电项目中的种种问题和失误，针对马电CEO投诉事件，华为做了全面调查。该文分为六章二十七节。将董事长、轮值CEO、副总裁、客户经理，共计30余位相关人实名列出。之后，华为在全公司层面展开了"我们还是以客户为中心吗？"的自我批判。这是任正非对华为的一次猛烈抨击和警告，要求华为必须重视客户的声音、重视产品的质量、重视服务的水平、重视信誉的重要，否则就会失去客户、失去市场、失去未来。

任正非的呼喊是一种自我批判的领导风格，既体现了任正非对自己的严格要求，也体现了任正非对华为的深切关爱，更体现了任正非对客户的坚定承诺。华为的自我批判是一种超越自我、对抗熵增的企业文化，是华为的核心竞争力和发展动力，也是华为的品牌形象和社会责任。华为的自我批判文化，从组织形式到实践方式，从领导风格到精神内核，既体现了华为不断进步和超越的追求与态度，也体现了华为不断反思和改进的能力与方法，更体现了华为不断创新和领先的梦想与信念。华为的自我批判文化，值得我们学习和借鉴，也值得我们尊重和赞赏。

第三节 自管理机制的设计

在当今的市场经济中，企业面临着日益激烈的竞争和不断变化的环境，如何制定并实现有效的战略目标，成为企业的核心问题。为了解决这一问题，企业需要建立一套科学的自运营机制，即能够自主、持续、高效地将企业的战略目标转化为具体的行动和结果的机制。本节将结合房地产项目运营机制案例探讨企业自运营机制的设计和实施，以及激励相容和信息及时对称原则的应用。

一、企业目标转化

企业目标转化是一个将企业的战略目标具体化、可操作化、可量化的过程，能够帮助企业实现愿景和使命，提升企业的竞争力和效率。企业目标转化的过程并不简单，需要综合考虑企业的内外部环境，如市场需求、竞争对手、政策法规、技术变革等，以及企业的组织结构和文化，如组织层次、职能分工、沟通协作、价值观等。本节将介绍一种有效的企业目标转化方法——矩阵式分解。

矩阵式分解是一种将企业目标按照面、线、点三个维度进行分解的方法，能够将企业目标从抽象到具体、从整体到部分、从长期到短期、从质量到数量、从主观到客观等，进行多角度的切割和拆解。面指企业的全局目标，即企业的整体战略方向和愿景，通常由企业的最高决策层制定和发布，涉及企业的长期发展和竞争优势；线指企业的区域公司及条线目标，即企业在不同的地域或业务领域的目标，通常由企业的中层管理层制定和执行，涉及企业的市场拓展和业务增长；点指企业的项目及重大事项目标，即企业在具体的项目和事件中的目标，通常由企业的基层管理层或项目团队制定和实施，涉及企业的产品创新和风险控制。

这一机制设计将企业目标分配到不同的组织层级和职能部门，如总部、分公司、部门、团队、个人等，以实现目标的横向和纵向对齐与协调，避免目标的冲突和重复，提高目标的一致性和协同性。

矩阵式分解机制设计还根据时间颗粒度将企业目标分解为不同的时间周期，如年度、季度、月度、周度、日度等，以实现目标的动态管理和跟踪，及时发现与解决目标的偏差和障碍，调整和优化目标的执行方案，保证目标的实现效率和质量。

矩阵式分解的优势在于，能够将企业目标转化为清晰、明确、可执行、可衡量的行动计划，让每个组织成员都知道自己的目标是什么，为什么要做、怎么做、何时做、做到什么程度，以及如何评估和反馈，从而提高目标的透明度和可信度，激发目标的主动性和积极性，增强目标的责任感和归属感，促进目标的共识和共赢，实现目标的有效转化和落地。

二、项目自管理机制设计

房地产项目运营机制如图 9.1 所示。本节将利用机制设计的三原则，结合房地产企业项目开发运营案例展开介绍。

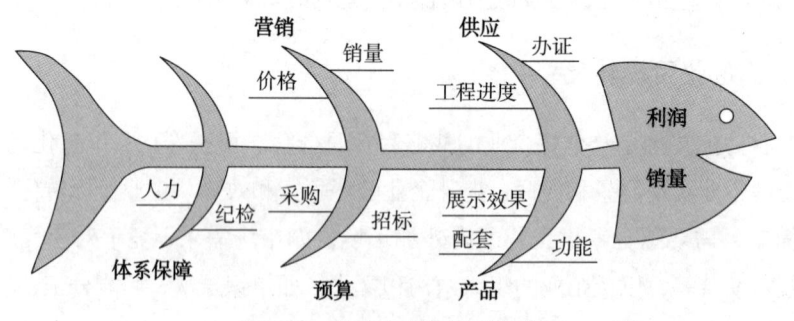

图 9.1 房地产项目运营机制

房地产项目运营的激励与信息机制设计

某房地产企业在中国某城市开发了一个新的楼盘项目，计划于 2024 年 6 月 20 日开盘销售。项目的目标是在第二季度实现销售额 2 亿元，利润 1600 万元。项目的货值达 2.6 亿元，供应面积为 2 万平方米，均价为 1.3 万元/平方米。为了实现项目的销售目标，企业设计了一套激励相容机制，涉及供应部门、产品部门、营销部门、预算部门和体系保障部门等。机制的主要内容如下：

（1）供应部门：确保项目在 6 月 20 日前拿到预售许可证，同时要保证项目的工程质量和进度。项目要求在办证前一周达到 1/3 的结构完工，才能确保销售额 2 亿元。如果项目能够提前拿到预售许可证，那么销售额将会增加，相应地，供应部门的员工也会得到更多的奖励。具体的激励规则是：如果项目在 6 月 20 日前拿到预售许可证，供应部门的员工就会获得 50% 的岗位工资作为奖金；如果提前一天拿到预售许可证，奖金就会增加 2%；如果延迟一天拿到预售许可证，奖金就会减少 2%。这样的激励规则旨在让供应部门的员工与项目的销售目标保持一致，同时考虑了项目的工程质量和进度影响。为了保证激励的有效性，项目的考核颗粒度以天为单位，而不是以月为单位，这样可以更好地反映项目的实际情况，提高目标的相容度。

（2）产品部门：负责设计和制作项目的样板房，同时要考虑项目的产品定位和客户需求。项目要求在 5 月 20 日前完成样板房的制作，同时要保证样板房的效果和品质。产品部门员工的奖励将由营销部门的员工根据来访客户的反馈进行打分。具体的打分规则是：每个来访客户都会对样板房的设计、装修、功能、风格等方面进行评价，并给出一个 1~10 分的分数，分数越高表示越满意。营销部门的员工也将根据客户的评价给出一个综合分数，作为对产品部门员工的奖励依据。设定这样的打分规则，旨在让产品部门的产品设计与项目的客户需求保持一致，同时考虑了项目产品品质的影响。

（3）营销部门：负责推广和销售该项目的产品，同时要考虑项目的市场竞争和客户满意度。根据项目要求，6 月 30 日前要实现销售额 2 亿元，利润 1600 万元。营销部门对员工的奖励将根据他们的成交量和佣金进行分档。具体的分档规则是：每个员工的成交量和佣金都有一个基础值，如果达到基础值，员工就会获得 0.20% 的提成；如果超过基础值，每多卖一套，提成就会增加 0.02%，最高佣金比例为 0.35%；如果低于基础值，每少卖一套，提成就会减少 0.02%，最低佣金比例为 0.10%。

（4）预算部门：负责制定与控制项目的成本和预算，以及项目供应商的招标工作，还要综合考虑项目可能面临的风险。项目要求在 6 月 30 日前实现利润 1600 万元，同时要将成本控制在 1.84 亿元以内。预算部门员工的奖励将根据他们的成本控制和预算执行进行评估。

（5）体系保障部门：负责为项目提供人力、纪检和信息等方面的支持，同时要考虑项目的运营效率和透明度。项目要求在开盘前有足够的人员和资源，同时要保证项目的合规性和公开性。具体要求：在 4 月 20 日前，为项目招聘和培训 15 名营销人员。此外，在开盘前，所有部门都要遵守相关的法律法规，同时保证项目合同和信息的公开与审查；纪检部门的员工每个月都要到项目现场，对各个部门的供应商合同进行审查，同时要与各个部门的员工进行背靠背的交流，了解项目的实际情况。

| 理念管理的力量 |

此外，为了提高项目的运营效率和效果、增强项目的团队凝聚力和信任度，项目的机制设计也应符合信息及时对称原则。

第一，该项目所有岗位人员建立微信群。项目微信群是了解该项目信息的主要渠道，也是项目沟通的主要平台。项目微信群应该包括该项目的所有岗位人员，如供应部门、产品部门、营销部门、预算部门、体系保障部门等，以及项目的管理人员，如项目经理、项目总监等。项目微信群应该有一个明确的群名，如"某某楼盘项目运营团队"；制定一个明确的群规，如"本群为项目运营团队的专属群，禁止无关人员加入，禁止发布无关信息，禁止人身攻击，禁止泄露机密信息，违者将被移出群并受到相应的处罚"等。

第二，每周保证信息及时通告。项目微信群应该定期发布项目的各项信息，以保证信息的及时性和有效性。项目的信息应该包括以下几个方面。

至少每周通报工作进展。项目管理人员应该每周至少发布一次项目的工作进展通告，包括项目的工程质量和进度、产品定位和品质、市场竞争和客户满意度、成本和预算、利润和风险、合规性和透明度等方面的数据与指标，以及项目的优点和不足、问题解决方案、计划和安排等方面的分析与总结。项目工作进展的通告应该简明扼要，突出重点，避免冗长，同时应该客观公正，实事求是，避免夸大或掩盖。

问题及时发到群中。项目的各个岗位人员应该及时将项目的各项问题发到微信群中，以便该项目管理人员和其他岗位人员及时了解与处理。项目的各项问题应该包括项目的工程质量和进度、产品定位和品质、市场竞争和客户满意度、成本和预算、利润和风险、合规性和透明度等方面的困难与挑战，以及项目的人力、纪检和信息等方面的需求与建议。项目的各项问题应该具体明确，说明问题的来源、影响和原因，同时应该积极主动地提出问题的解决方案和建议。

管理人员予以工作业务指导。项目管理人员应该及时对项目的各项问题进行工作业务指导，以便项目的各个岗位人员及时地解决和改进。项目的工作业务指导应该包括项目的工程质量和进度、产品定位和品质、市场竞争和客户满意度、成本和预算、利润和风险、合规性和透明度等方面的指导及建议，以及项目的人力、纪检和信息等方面的支持与协调。项目的工作业务指导应该专业有效，提供可行的方案和建议，同时应该鼓励创新，支持合理地尝试和改变。

第三，在项目运营过程中，对及时完成工作的员工予以表扬，对于其达到某时点的应得奖金予以公布，甚至给予工资级别晋升。相应的，对于工作出现重大失误的员工及时进行批评，对于其因延缓节点应扣罚的奖金予以公布。项目管理人员应该及时对该项目各个岗位人员的工作成果进行表扬，以增强项目的团队凝聚力和信任度。表扬应该具体、肯定，指出工作的优点和贡献，同时应该适当奖励，提供一定的物质或精神激励，如奖金、礼品、证书、表彰等。如果项目某个岗位人员的工作成果非常突出，那么该项目管理人员还可以考虑提升其工资级别，以示对其工作的认可和尊重。在指出员工工作的不足和问题时应该适当进行处罚，给予一定的物质或精神惩戒，如罚款、警告、扣分、降级等。

第四，运营团队营造坦诚表达的氛围。项目微信群应该营造一个坦诚表达的氛围，以促进项目的沟通和协作。具体而言，鼓励项目的各个岗位人员积极地分享和交流该项目的各项信息，如工作的进展、问题、解决方案、建议等，不要隐瞒或拖延，以免影响项目的运营效率和效果；鼓励项目的各个岗位人员诚实地反馈和评价项目的各项工作，如工作的成果、不足、问题、建议等，不要夸大或掩盖，以免影响项目的运营质量和效果。

该案例展示了一个房地产项目的机制设计，该机制设计很好地体现了激励相容和信息及时对称的原则。该机制涉及项目的各个部门，将项目目标进行矩阵式分解，分别根据各自的职责和目标，制定了相应的激励规则和考核颗粒度。该机制确保项目各个部门的员工与项目的整体目标保持一致，从而形成一个协同的团队，能够提高项目的运营效率和效果。

此外，该项目的机制设计还考虑到了项目各个方面的影响因素，如工程质量和进度、产品定位和品质、市场竞争和客户满意度、成本和预算、利润和风险、合规性和透明度、信息的收集和传播等，从而形成一个全面的评价体系，提高项目的运营质量和效果。该机制还根据项目的实际情况，采用合适的考核颗粒度，如天、客户、套、月、员工、周等，从而形成一个灵活的评价体系，提高项目的运营灵敏度和效果。

第十章

理念管理在企业产品（服务）中的应用

在当今激烈的市场竞争环境下，企业不仅要生产产品、提供服务，还要传递自己的使命和价值观。毕竟，产品由人制造，产品的设计由人的思想引导，所以企业制造的产品必然凝聚着企业群体的使命与价值观。使命与价值观，既是企业管理理念的重要体现，也是企业存在的根本原因和核心竞争力所在。

企业的理念要符合客户的需求和社会的发展，能够引领市场的变革和创新。同时，企业的理念要保持一致和稳定，贯穿企业的生产和经营活动，体现在产品的设计和制造中，确保产品的品质和特色。我们坚信，理念是承载使命的基石，唯有坚持正确和一致的理念，企业才能在产品层面实现长远的发展，赢得市场的信任和尊重。

理念的创新，是产品创新的动力。每个新产品都蕴含着一个新理念，它能够打破市场的惯性，满足客户的潜在需求，开拓新的市场空间，成为市场的领导者。根据定位理论，品类创新是产品成为市场第一的终极战略，是企业获得持续竞争优势的关键要素。作为企业的管理者和创业者，我们应该重视理念的建立和传承，让理念成为我们的指南针，引领企业迈向成功的彼岸。

本章将介绍理念管理在产品（服务）中的应用，涉及各行各业的企业或组织所生产的普通产品或特殊产品，分别就远大集团、胖东来、靠近我文化传媒徐州有限公司（以下简称"靠近我"）、上海镁连社美发有限公司（以下简称"镁连社"）、河南金沙物业管理集团有限公司（以下简称"金沙物业管理公司"）和华坪女子高级中学（以下简称"华坪女高"）六个典型案例展开论述。

第一节　远大集团的坚守

因研发建造高 1314 米，被誉为世界第一高的"天空之城"而闻名的远大集团，在中国民营企业中是非常成功的范例。2023 年上半年，在全国进出口贸易额呈下降态势的情况下，远大集团出口收入同比增长达 40%，其产品覆盖全球 80 多家企业。究其原因，正是远大集团长期以来在为用户提供产品时对企业使命与价值观的坚守。

远大集团创立于 1988 年，是一家民营企业。自创立以来，远大集团研发了上百种高科技产品，产品销往 80 多个国家，且从未模仿同行业技术。1991 年末，远大集团决定着手研发溴化锂吸收式空调，即非电空调。这是远大生产的核心产品，其特点就是不用电，可利用电厂或生产的废蒸气、废热水、废烟气等免费热源制冷。远大集团专注于非电空调、洁净空气、可持续建筑等领域，以创新技术和文化为核心竞争力，致力于为人类和地球的未来贡献力量。那么，远大集团究竟是如何在产品制造中坚守企业的使命与价值观的呢？

一、使命和价值观

百度百科对远大集团使命与价值观的描述，集中体现为"为了人类未来：用原始创新的去碳、耐久科技，保护地球家园。用原始创新的洁净、安全科技，保护人类生命"。本书归纳总结如下。

使命：保护人类生命。

核心价值：（低碳、）独创技术。

如果说于东来是借助胖东来这个载体构建了一个"真诚、善良"的"道场"，那么远大集团创始人、董事长兼总裁张跃则搭建了一个"保护人类生命"的布道舞台。

张跃的思想是远大集团的灵魂所在，他始终坚持以创新为动力，以节能为目标，以人类为本。他曾在各种场合发表自己的观点和见解，在各种公开场合的讲话中也都强调了公司的使命和责任，以及坚持独创技术，实现低碳、环保、节能的重要性。

张跃"保护人类生命"的使命感极强。"环境污染就像温水煮青蛙，水是温的，放一只青蛙进去，它会跳起来。但是慢慢地加热，等到有一天温度达到沸点，污染程度到了不可收拾的时候，人类就晚了。"张跃的言语中无不透露出对环境的担忧，"我们节能减排、拯救地球所剩的时间不多了。"2011 年，张跃被联合国授予地球卫士奖。

在价值观方面，张跃同样为远大集团把握了正确方向。"独创技术"是远大集团的核心价值观，它引领远大集团不断越过市场和社会发展过程中遇到的一道道艰难险阻，如 2020—2022 年的人类公共卫生事件期间，全球贸易衰退，加之世界范围内贸易保护主义抬头，我国各大企业对外销售营收普遍下降，但远大集团的"独创技术"，使其产品对外销售逆势上扬。

美术背景出身的张跃，最为人熟知的却是理工科的钻研精神、对原始创新的执着以及对可持续建筑的热爱。他有着对气候变化和人类命运的担忧、对"碳达峰、碳中和"远景的情怀。远大集团从创业之初，就将创新植入了自身基因，只专注原始创新的产品和技术。创立企业 30 多年来，张跃始终坚信科技创新，尤其是原始创新和颠覆式创新，这也是这家科技型企业得以持续发展的根本原因。

远大集团一名员工在接受公开采访时表示，对于技术创新，远大集团总裁张跃一直强调只做独创性技术，绝不重复他人已有的产品。此外，张跃还提出一种创新思维方式："凡是约定俗成的、轻易得到的、复杂高耗的都是错的。"他希望通过这种通俗易懂的表述，激发员工在技术、产品、经营、管理过程中不断创新。

2023 年，亚布力中国企业家论坛第十九届夏季高峰会在深圳五洲宾馆顺利召开。在智能制造论坛上，张跃分享了他对当前中国制造业发展的看法。张跃表示，中国的智能制造不可盲目模仿西方，要主动突破思维的桎梏，打造具有中国特色的智能工厂。张跃强调了"创造力"和"原始创新"的重要性。他指出，虽然中国在建筑行业领域已做到全球领先，但还在使用落后的混凝土，这种材料寿命短、不可再生、抗震能力差。为此，远大集团 10 多年来专注于工厂化建筑的研究，已经成功用不锈钢替代了混凝土。

二、使命与价值观在企业发展中的坚守

自 1988 年远大空调有限公司成立，到 2009 年远大可建科技有限公司的创建，远大集团成立了 6 家生产与经营不同产品业务的独立法人公司。虽然公司名称各异，但每家公司的使命都与远大集团的使命高度一致，这充分表明了远大集团在发展过程中对使命一如既往地坚守。

坚守"独创技术""低碳、环保、节能""保护人类生命"的理念，让远大集团在发展的道路上始终保持清晰的方向和坚定的决心，最终走向成功与卓越。这

种高尚的使命和理念并非空洞的口号，而是切实的行动。

如今，远大集团已经由此前的单一中央空调业务板块发展为拥有一体化中央空调、洁净新风、能源管理、可持续建筑四大经营板块，其下设有远大空调有限公司、远大洁净空气科技有限公司、远大可建科技有限公司、远大能源利用管理有限公司等多家子公司，以及多个研发中心和生产基地。无论是各个子公司的经营管理，还是不同业务板块的产品设计，都始终坚守着远大集团的核心理念。

远大空调有限公司成立于1988年，是远大集团的核心企业，致力于技术创新，研发出了无压锅炉、直燃机、天然气空调器等多种具有自主知识产权和国家专利的产品。该公司的使命是"持续深化研发和服务，引领全球能源效率的发展方向"。

远大洁净空气科技有限公司是中国空气净化行业的领军企业，也是远大集团的重要成员。该公司成立于2005年，以"洁净空气，人类共享"为使命，专注于研发和生产空气净化产品。

远大近零能耗建筑科技有限公司成立于2005年，专注于既有建筑的隔热改造工程，提供节能服务和碳交易服务。该公司的使命是"为旧楼穿上新装，提高能效，降低碳排放"。

远大再生资源股份有限公司成立于2008年，致力于从工业和交通废矿物油中提取清洁油品，以减少废油污染。该公司的使命依然围绕"环保与节能"。

远大可建科技有限公司是一家专业从事可持续建筑的企业，成立于2009年。该公司的使命是"建设永恒文明，改善人类居住环境"。

远大能源利用管理有限公司成立于2009年，提供大型中央空调及工业冷热源系统的投资、设计、施工及运营管理服务。该公司的使命是"通过低碳技术和产品帮助客户优化资源配置并减少碳排放"。

三、使命与价值观在产品中的坚守

（1）远大空调有限公司的非电空调产品。1988年，远大空调有限公司研制出无压锅炉，并获得专利；几年后，研制出中央空调行业第一台直燃机，成为世界空调行业的领先者。目前，远大空调有限公司的非电空调可以利用天然气、煤气、沼气、柴油或工业废热等多种能源，实现制冷、制热、卫生热水等多种功能，相比电空调节能2倍以上，对比传统中央空调机房模式，远大一体化输配系统节电70%~85%，既节省了能源成本，又保护了环境。远大空调有限公司的非电空调产品已经销往60多个国家，享誉全球，尤其是在中国和欧美市场占有率位居第一。

（2）远大的洁净空气产品。远大的洁净空气产品包括采用热回收技术，可回收80%的热能，同时过滤99.9%的PM2.5，提供100%全新风的洁净新风机；能够除尘、杀菌、调节湿度、检测空气质量的空气净化机；针对肺部健康设计的肺保系列产品，如可穿戴移动肺保、车用肺保等。这些产品都是基于远大集团的"独创技术"研发的。

（3）远大洁净空气科技有限公司的产品具有创新性和高品质，曾作为上海世博会和亚太经合组织的全球合作伙伴，为多个场馆和宴会厅提供空气品质管理，赢得了国内外的一致好评。该公司也是中国空气净化行业的标杆，多次荣获各种奖项，如"中国空气净化器市场最具影响力品牌""中国室内环保市场最具发展优势品牌""中国空气净化十佳"等。2019年，远大洁净空气科技有限公司荣获工业和信息化部新风系统行业首家"绿色制造"，体现了其对环境保护和社会责任的重视；2019年12月，远大洁净空气科技有限公司成功入选"2019年湖南省小巨人企业"。

远大集团在可持续建筑方面，探索"保护人类生命"的无止境追求精神令人敬佩。

2010年，上海世博园区的远大馆建设，是远大集团向世人宣传低碳环保最好的舞台。远大馆的建设仅耗时24小时，采用完全轻量的钢结构，避免了混凝土垃圾和扬尘的产生。该馆工程总指挥傅立新介绍，远大馆的建筑垃圾产生量只有1%，建筑材料消耗仅为传统建筑的1/6，能源消耗更是仅为传统建筑的1/5。这些数据充分证明了远大馆与上海世博会"低碳、节能"理念的高度契合。在该馆内，"低碳建筑"的优越性淋漓尽致地体现出来：通过低成本的墙体保温、多层玻璃窗、窗外遮阳、窗内隔热、新风热回收等技术的应用，远大馆实现了节能效果。该馆内还设立了一个名为"冰天雪地"的房间，室内温度为零下20摄氏度，全部由白雪构成。远大集团在这个房间进行了三项简单比较：保温材料厚30厘米的墙壁，手摸上去感觉不到冷；保温材料厚10厘米的墙壁，手摸上去感觉有一点冷；没有保温材料的墙壁手摸上去感觉非常冷。同时，采用了比单层节能8倍的三层玻璃窗，窗框则使用了更保温的木质材料。

张跃认为，建筑节能应是减碳的首要任务。从全球范围来看，建筑的碳排放量约占碳排放总量的50%。对于包括中国在内的发展中国家来说，建筑的碳排放量占比更高。在中国，建筑的建造过程与运行能耗产生的碳排放量分别占全国碳排放量的17%~20%和30%左右。因此，中国要实现"碳达峰、碳中和"目标，必须高度重视建筑节能。

张跃表示，"我们公司一直致力于建筑节能、工业节能，远大集团计划在2028年实现19.8亿吨的去碳量。全球减碳目标为400多亿吨，我们制定的目标占比达5%。这样的雄心可能会被人觉得狂妄，但我相信，如果我们在建筑领域全力以赴，并得到政府和社会各界的支持，我们是有能力实现这一目标的"。

那么，如何才能实现建筑节能呢？张跃表示，降低建筑碳排放的关键在于提高建筑的耐久性和保温性能，延长建筑的使用寿命，做好建筑的保温工作。远大集团研究出一种叫作"活楼"的建筑，其柱、梁采用厚壁不锈钢型材，楼板采用远大集团发明的超强超轻"不锈钢芯板"。整座建筑不用一寸混凝土，使用寿命长达千年，千年之后仍可回收利用。在保温方面，"活楼"外墙采用22厘米的岩棉保温，相当于9米厚的混凝土，窗外遮阳帘、窗内隔热帘、3层或4层玻璃窗以及新风热回收，能够减少80%~90%的能源消耗。"通过这些方式消除了由于气候原因产生的90%的建筑运行能耗，达到净零能耗标准，也就是欧洲的被动房标准。"

对于远大馆、"活楼"等可持续建筑，远大集团希望自己的行为能够影响建筑能耗。2023年8月，远大集团官网发布了高度达1314米的"天城"方案，该方案显示，"天城"是巨钢管锥塔结构，塔内设置十幢7~26层远大"活楼"，包括住宅、公寓、酒店、写字楼、医院、学校、商店等。虽然塔体极高，但由于是锥形力学结构，而且使用了"活楼"的轻体材料，钢耗很低。同时，由于采用工厂预制，建造周期极短，用时2年左右。

"天城"是高密度城市实现最高生活品质、最低碳的解决方案，是"保护人类生命无止境的追求"的努力探索。远大集团的可持续建筑在2012年中国国际建筑节能展上获得了金奖，引起了业界和社会的广泛关注。该公司为客户提供从设计、施工、运营到维护的"一站式"服务，是中国可持续建筑行业的先驱者。其下属子公司之一远大真空列车公司，专门负责研发不锈钢芯板极速真空隧道和车体，使命是"让远程交通实现时光隧道梦想"。

无论是"天空和城市"还是"真空列车"，都承载着远大集团"独创技术，低碳节能，保护地球家园，保护人类生命"的使命。

远大集团的产品，既是核心价值观的证明，也是企业文化的具体体现，更是远大集团高尚品格的最好证明。远大集团把道德放在首位，把责任扛在肩上，把环保融入血液，把爱心传递给他人，坚持做有良知、有品格、有贡献的企业。远大集团坚守道德底线，不做有损于环境、技术、客户、竞争、社会和国家的事情，没有昧良心的行为。远大集团的创新技术和文化，为人类和地球的未来贡献了力量，赢得了社会的尊重和信赖。

第二节　胖东来的成功

在前面的章节中，笔者多次以胖东来这个河南本土的零售品牌为案例。胖东来虽然规模不大，目前只在河南新乡、许昌两地开设大概30家门店，却被誉为"零售界之神"，吸引了众多企业和专家前往打卡考察。马云曾说，胖东来是中国企业的一面旗子。雷军也表示，胖东来是中国零售业神一般的存在。因此，他特意来胖东来时代广场学习。这家立足于三、四线城市的商超，成功的秘诀是什么呢？

本节将围绕胖东来"再善良一点，再真诚一点"的核心理念，从胖东来的陈列细节和独家服务两个方面，解读胖东来超市的各种设置与服务，分析胖东来的经营特色和创新之道。

一、陈列细节

胖东来的陈列细节堪称一流，虽然只有三、四线城市商超的体量，其陈列却能够媲美一线城市商超。胖东来并非牵强地利用盆景和书籍来营造氛围、进行拼凑，而是完全按照企业的经营理念，从对自由、阳光和生活的深刻领悟出发，进行情景化及拟人化设计，为顾客打造出温馨、生动且便利的购物场景，让卖场展现出艺术的细腻感，有助于增进消费者对生活中美好细节的感受。

胖东来的零食区、水果区不仅干净明亮，而且陈列得极为精美，不输佛罗里达集市的水果区，色彩缤纷亮丽，令人赏心悦目。洗净且摆放整齐的蔬菜区，精心组合令人倍感舒适；别出心裁组合搭配的美食区，看上一眼就让人食欲大增。

此外，胖东来的各种陈列细节也充分体现了对顾客"再善良一点，再真诚一点"的经营理念。比如，酱菜等小袋包装的商品都借助亚克力盒子进行陈列，既美观又方便顾客拿取，虽然增加了投入成本，但显示了胖东来对商品的重视和对顾客的尊重，让顾客感觉到胖东来的专业和贴心。此外，为吸引顾客的注意力，胖东来经常更新量陈商品，尤其是端头商品，每天都有70%的变化，让顾客保持新鲜感；胖东来也将空间利用到极致，各类商品穿插陈列，充分展示商品的多样性。同时，陈列面呈现的状态杂而不乱，整齐有序，给顾客留下良好的印象。这样的陈列方式既能提高商品的曝光度和销售量，又能方便顾客找到自己所需的商品，节省时间和精力。

餐具类商品统一以素色为主，符合年轻人的消费感官。商品的关联性陈列也很到位，例如，在鲜切水果上放置切板等，方便顾客"一站式"购买；胖东来还利用端架与靠墙货架的最顶层，运用商品进行特色陈列，宛如一幅艺术品，增加了商品的吸引力，突出了商品的特点和优势，同时展现了胖东来的创意和品位，让顾客有一种欣赏和收藏的冲动。值得一提的是，胖东来的层板间隔并非直上直下的，而是呈45度角，方便顾客清楚地查看商品的价格和数量。胖东来的货架都有编号，上方设有商品分类提示牌，方便顾客寻找商品。毛巾按颜色陈列，一竖排为一个颜色，一个套系选择一个经典颜色进行布局，不仅能够让顾客快速地定位商品的位置和类型，也令顾客赏心悦目，提升了顾客购物的愉悦感。此外，胖东来还设有药店，很多药品恒温储存，保障了药品的质量和安全性。

二、独家服务

胖东来的服务宗旨是"没有胖东来做不到，只有你想不到"，胖东来的员工对待顾客如同对待亲人一般。1999年，胖东来率先推出免费干洗、熨烫、缝边等服务，并提出"不满意，就退货"的创新经营理念；2000年，胖东来设立服务投诉奖100元，2008年增至500元。胖东来至今还流传着84项免费服务，这种极致服务远超日式服务水平。

在胖东来的外场，设有宠物寄存处，提供动物饮用水、排便袋，还有急救铃、宠物水桶。在存车区配备了打气泵，帮助顾客给车打气。此外，还配备了连卷袋，下雨时，胖东来的员工会帮顾客将车座套上，避免雨水打湿车座。环卫工人爱心驿站、24小时售药窗口、直饮水，都是胖东来的独家服务。

在胖东来的内场，超市门口配备了洗手台，直饮水，免费的管匙叉筷、纸巾等；七种不同款式的购物车满足了不同消费人群的需求。此外，还有免费童车供带小孩的顾客使用。超市的货架上，常年放置着老花镜、放大镜，方便视力退化的老年人查看配料表。像西瓜这种不好拿取的水果，超市也会为其准备专门的网兜，体现了胖东来"顾客至上"的服务理念，人性化细节设置在胖东来超市内随处可见，不胜枚举。

胖东来的售后服务更是让人称赞。其始终坚持"不满意，就退货"的承诺，并百分之百执行。胖东来设置了多种顾客投诉建议渠道，让顾客可以更全面地监督服务和商品的质量；通过设置500元的服务投诉奖邀请消费者一起督促，让员工能够更专心地工作，更好地按照胖东来的理念服务顾客。客诉展板让胖东来的客户投诉处理公正、透明。此外，超市内还设有顾客留言簿，把顾客留言和客诉实时公布出来。

胖东来还始终坚持以社会为责，不仅关心自己的顾客和员工，还关心社会的发展和进步。胖东来在各种社会事件和公益事业中都能积极响应，用实际行动支持和帮助有需要的人。2008年，汶川大地震后，胖东来捐出了500万元；2021年7月，河南经历特大水灾，胖东来将整个商场空出来给老百姓避雨。在公共卫生事件时期，很多商家趁机大涨价时，胖东来却对外宣布"特殊时期，蔬菜按进价销售"，为外卖员提供免费午餐，将口罩免费送给顾客。

胖东来的成功，就在于其经营理念——"再善良一点，再真诚一点"。这个理念，贯穿胖东来经营的全过程，并坚持做到最好。在服务方面，胖东来以顾客为中心，提供了无与伦比的服务体验。胖东来的服务项目多达上百项，涵盖了售前、售中、售后的各个环节，让顾客感受到了宾至如归、家一般的温暖。在管理方面，胖东来以员工为本，打造了一个高效的团队。胖东来的员工福利和待遇远超同行业，让员工有了幸福感和归属感，进而用真诚和善良的态度为顾客提供最优质的服务。作为一家备受尊敬的企业，胖东来深知自己的社会责任。胖东来在发展的同时，始终不忘回馈社会、履行社会责任。无论是捐资助学，还是支援灾区，胖东来都毫不犹豫地伸出援手，这种无私奉献的精神赢得了社会的广泛赞誉和尊重。

第三节 "靠近我"的爱

呼唤你"靠近我"，"靠近我"后要达到什么目的呢？就是做"成为爱、奉献爱、传递爱、传播爱"的使者。至此，我们就应该能感受到这是一家充满正能量的公司。这家公司创始人正是因为有"传播正能量"的初心，才用这样一个理念打造了"猪屁登"的动漫IP。

创业既是一种挑战，也是一种机遇。创业者需要有坚定的信念，敢于追求自己的梦想，不畏艰难险阻，不断创新突破。创业是一场持久战，在这个过程中，创业者会遇到诸多困难和挫折、竞争和压力，也会受到各种各样的诱惑和干扰。如果没有强烈的使命感，创业者就很容易失去方向，动摇信心，放弃努力，甚至走向失败。

第十章　理念管理在企业产品（服务）中的应用

此外，使命感是一种内在的动力，既是对自己责任和价值的认同，也是对社会贡献和影响的期待，更是一种对未来愿景和目标的追求。使命感可以激发创业者的热情和斗志，让他们在创业的道路上不断前进，不断超越。在创业的过程中，强烈的使命感对于创业者来说，就是火箭发射的燃料动力，它可以不断激发创业者的潜能，促使创业者提高自己的水平、实现自己的价值，进而为社会创造更多的财富。

本节我们将介绍创业者小 W 的创业故事。小 W 是"靠近我"的创始人兼总经理，也是动漫 IP "猪屁登"的创始人。小 W 毕业于四川音乐学院。毕业后，为了改善家人的生活，他不得不放弃自己热爱的音乐，转而从事煤炭生意。其间，他过着风生水起的生活，身边也聚集了很多朋友。但小 W 总觉得十分空虚，精神上似乎迷失了自我，感觉自己在虚度光阴。一次生意上的变故使而立之年的小 W 背负了几百万元的债务，小 W 瞬间跌入了人生低谷，甚至产生过轻生的念头。

大学期间的一次支教，一直令小 W 难以忘怀。小 W 当时支教的地方是四川省阿坝藏族羌族自治州的一所山村小学，学校只有四个学生和一位老师，条件非常艰苦。当时，小 W 很不理解，问那位老师："像这样的学校存在还有什么意义？"那位老师说："留下就有希望。"这里的孩子都很聪明，很有潜力，只是缺少机会，老师希望能给他们一个读书的机会，让他们拥有更好的未来。7 年后，小 W 理解了那位老师这句话的含义，"留下就有希望"其实就是那位老师的使命。

小 W 一直富有爱心，早在经营煤炭生意期间，他就一直资助贫困学生，渐渐地也带动身边一些朋友加入爱心集体，投身公益事业。其间，他成立了一家名为"一起传播爱"的公司，在这样的初心和使命感召下，小 W 开始行动，并为公司起名为"靠近我"。这样一来，企业的战略定位得以确立："以爱为基石，希望更多的人靠近我。""我"不仅仅代表我自己，而是众多心中有爱、充满正能量的社会大众。在此基础上，他设计并创造出自己的产品，一个憨态可掬的"猪屁登"动漫 IP。将"猪屁登"在生活中的点点滴滴，创作成正能量的动漫故事，在各互联网平台播放，以此实现小 W "成为爱、奉献爱、传递爱、传播爱"的初心。

如今，"猪屁登"已经成为一个知名的动漫 IP，在全网拥有 7000 多万名粉丝，系列视频的观看量突破 500 亿次，传播至全球 100 多个国家和地区。小 W 和他的"猪屁登"获得众多荣誉及奖项。

小 W 不仅通过动漫传播爱，还用实际行动奉献爱。2021 年 7 月，河南省遭受特大水灾，小 W 连夜带领团队紧急筹备 10 万元物资送达灾区现场。2023 年 11 月，"靠近我"捐建的云南省文山壮族苗族自治州广南县那洒镇新挖龙村"靠近我希望小学"正式落成，为当地的孩子提供了更好的学习环境。

小 W 的创业故事充满挫折和奋斗、梦想和使命。他从一个煤炭生意的失败者，转变为一个动漫 IP 的成功者，经历了人生的起伏和转折，最终找到了自己的价值和方向。小 W 的创业使命是"成为爱、奉献爱、传递爱、传播爱"，这一使命源自他的个人经历和价值观，他曾在支教中感受到了老师的使命感，也曾在公益事业中体验到爱的力量。小 W 的创业使命不仅是他的内在动力，也是他的外在指引，让他在创业的道路上不断前进、不断超越。

"以爱为基石，希望更多的人靠近我"是一个非常简洁和明确的管理理念，既体现了小 W 的战略定位和目标客户，也反映了小 W 的产品特色和核心竞争力。

小 W 的使命是用动漫传播爱，这是他在经历生活的起伏和支教感动后形成的深刻的价值观与人生观。这一使命激发了他的创造力和奉献精神，让他不断追求自己的梦想，也让他的企业拥有了明确的定位和目标。小 W 的创业故事值得我们学习和借鉴，他坚持自己的管理理念和使命，实现了创业梦想，也影响了更多的人。

第四节　镁连社的实践

镁连社也在应用理念管理的原理设计企业产品。镁连社一直位于上海点评软件美发板块销量榜首，得到了友人推荐，笔者亲自走访体验。

一进入镁连社，就看到了墙上挂着的奖牌，如支付宝口碑颁发的"最受欢迎商家"、大众点评网颁发的"官方认定王牌商户"、美团丽人颁发的"人气明星奖"、口碑网颁发的"年度人气品牌"、大众点评颁发的"五星优质商户"等。原以为拥有亲民价格的店铺是连锁小作坊，但在看到知名企业做背书颁发的奖牌后，笔者便觉得，能从万千同行竞争者中脱颖而出，足以说明镁连社的实力。体验下来也确实如此，令人无法不给出好评。

一、不推销，不办卡

在体验过程中，笔者发现，镁连社和其他美发店有一个很大的不同之处：在全程服务过程中，镁连社的员工没有任何推销和劝说顾客办卡的行为。从点评软件其他消费者反馈的图片来看，镁连社将自己的经营理念设定为"不推销，不办卡"，这句人人能听懂的话十分质朴、简单、直接，并公示在店招或店内的醒目之处。而笔者以前去过的理发店，都会在服务过程中进行产品推销或说服顾客办充值卡，身边的亲友也有过卡上储值未用完，理发店却不知何时就关门大吉，再也找不到老板的糟糕体验。据笔者所去的镁连社店长说，镁连社开业至今已拓展到 58 家门店，从未设立过会员卡业务，这样的举措源自他们创始人的理念——"匠人风骨，行业净土"。

这次体验感较好的理发服务和店员的介绍激发了笔者对镁连社的好奇心，通过查阅公开信息，笔者对这家美发店的发展历程和创始人的经营理念越发赞赏。

2004 年，22 岁的胡鹏国从家乡来到上海，在一家普通发廊开始了他的发型师职业生涯。这家发廊的老板起初十分排斥推销和办卡，然而，作为一家既没有新模式也没有高效率的普通发廊，为了维持经营，最后只能无奈地向现实妥协，开始向客户推销办卡。胡鹏国对美发行业的现状感到不满，觉得推销售卡不仅给美发师带来压力，也影响了顾客的消费体验。他想要改变这种状况，决定自己创办一家不同于传统美发店的美发工作室。

2007 年 5 月 31 日，镁连社在上海一个并不繁华的社区里开张了。最初，镁连社只有三个座位，地理位置偏僻，装修环境简陋。但是，镁连社有一笔宝贵的财富，那就是胡鹏国在原来发廊积累的 300 多名老顾客。这些顾客都是因为胡鹏国的专业技能和诚信服务而信赖他的，他们不仅自己来镁连社消费，还将镁连社推荐给亲朋好友。

镁连社初创时期，美发行业竞争激烈，同质化严重，缺乏差异化和特色化的服务。此外，彼时市场上充斥着各种各样做高业绩的方法，与市场上大多数美发门店不同，胡鹏国没有选择利用互联网的热度收卡金，而是坚持"不推销、不卖卡，让发型师回归手艺人的本职"的管理理念，一直在研究怎样留住客户的心，让客户进行长期复购。在整个美发行业都是靠办卡来拓展新门店的情况下，这无疑是一种巨大的挑战。这不仅是对行业模式的挑战，也是对镁连社自身的挑战。其难度在于，如何在不靠办卡回笼资金，且客单价并不高的基础上，还能在上海这个寸土寸金的地方生存、发展。

如今看来，镁连社熬过来了：上海有 58 家门店，始终遵循"不推销，不办卡"原则，力求带给用户最好的消费体验。镁连社的经营模式打破了美发行业的惯例，证明了只要有好的服务和好的产品，就能赢得顾客的心。

二、降低成本，创造价值

镁连社的成功源于他们多年来坚持的核心价值观，正如笔者在门店文化墙上所看到的,"发起行业革命,终结暴利时代,镁连社美发,做让中国人放心的美发品牌。十六年始终坚守不推销、不卖卡的企业价值观。在保证高品质的同时,为顾客节省每一分钱"。

镁连社的"无隐形消费"不仅体现在"不推销,不办卡"的经营理念上,还体现在其始终为顾客着想,努力降低成本,以便降低顾客的消费价格上。

笔者在店内的墙壁上看到一则告示,内容如下。

镁连社为什么便宜? 为客户创造价值

降本增效,不花冤枉钱,在镁连社烫发比传统发廊节省70%~80%。①产品成本+手工费的收费模式,是美发行业未来的发展趋势;②烫染产品采购量大,进货成本比传统发廊低10%~20%;③没有任何广告,完全靠口碑传播,广告成本降低80%~90%;④选址于写字楼,没有门面店铺昂贵的租金,租金成本便宜70%;⑤装修简约实用,更重人文环境,装修成本相对降低60%~70%;⑥实行预约制服务,人工浪费降低60%~70%。

镁连社通过开设租金便宜的楼宇店和互联网线上预约等方式降本增效,既为客户着想,也为企业的精细化管理和稳健经营奠定了物质基础。笔者所去的店铺位于写字楼,租金较沿街商铺便宜一半以上。

三、监督与服务

镁连社的服务理念同样简单、易懂,能够在客户心中占据一席之地:"不满意不埋单,无任何隐形消费",甚至有"30天内不满意可重新做"的承诺公示在店内。在理发镜下方有一个牌子,上面友情提示"烫发染发之前,请您先检查产品与套餐是否匹配,若不匹配,请您拒绝付款"。为了让客户放心消费,并监督企业内部践行企业理念的情况,镁连社在店里张贴告示:"举报产品不匹配,一经查实,奖励1000元;举报私人收款,一经查实,奖励5000元。"

镁连社始终将客户利益置于首位,把"不推销,不办卡"的理念内化于企业的经营战略、商业模式以及经营管理的全过程,并长期践行。一旦突破临界点,就会形成复利增长的硕果。笔者相信,镁连社将成为美发行业的王者,也期待它成为美发行业的"胖东来"。

第五节　金沙物业管理公司的终极战略

在前面章节的解读中，我们了解了"伟大的小企业"冶都集团"理念驱动"发展的案例。其实，在河南还有与冶都集团一样知名的"伟大的小企业"，它就是商丘市的金沙物业管理公司。

一、金沙物业管理公司的与众不同

我们先来看一段来自抖音博主崔磊对金沙物业管理公司的评价。

金沙小区交付后，服务就从装修阶段开始。在装修阶段，金沙物业管理公司把自己当作监理。在小区入口处为业主与装修公司贴心地准备了小推车、打气筒、板车，甚至有红枣茶。装修的第一天，金沙物业管理公司为业主配备的管家就开启了"爬楼巡查模式"，帮助业主监督装修进度。每天下班后，是业主集中来看装修进度的时间段，小区保洁就在这个时候把大厅和楼道打扫得干干净净，为业主营造整洁、温馨的氛围。

住进金沙小区，业主就能享受到酒店式的服务。小区内配备了衣物洗护中心，干洗机、水洗机、烘干机、洗鞋机、烘鞋机、多功能烫台、衣物消毒柜等设施一应俱全。若业主有需要，则可以把衣物直接送到物业前台，既方便又省心，价格仅为市场价的一半。地下车库还专门配备了业主洗车房，提供有高压水枪冲洗，泡沫清洗，使轮胎、车缝、后备箱、地毯、座椅、方向盘等，一个卫生死角都不放过。在外面洗车，普通洗20~30元/次，精洗则需60~80元/次，而在金沙小区，业主精洗只需要10元/次。

淄博烧烤走红时，金沙物业管理公司特别为业主举办了烧烤节，让业主在小区内就能实现烧烤自由，鸡翅、鸭腿、牛羊肉、雪碧、芬达、爆米花等应有尽有。逢年过节，金沙小区都会热闹非凡，甚至连婚嫁、体检等事情，金沙物业管理公司都提供服务。

对一个社区物业服务的最佳评价，莫过于该小区二手房在市场上的表现。据调查，金沙物业管理公司服务的小区二手房价比周边同质产品高出10%~15%。2023年12月6日，由克而瑞物管、中物研协主办的"2023河南省物业服务企业服务力峰会"在郑州举行，会上金沙物业管理公司荣获"2023河南省物业服务力Top 50企业"奖项，为河南省物业树立了风向标。

物业服务公司是为业主提供物业管理、维修保养、安全保障、环境卫生、绿化美化、增值服务等一系列服务的专业公司。物业服务公司的发展不仅关系到业主的生活质量和社区环境，也关系到城市的管理水平和社会的和谐稳定。无论行业外部环境如何变化，物业的本质始终是"服务"。物业服务公司应该树立正确的价值观和商业理念，以提升自身的服务水平和竞争力，实现可持续发展。

金沙物业管理公司始终遵循"贴心服务每一天"的服务宗旨，为业主提供舒适的生活环境，像对待亲人一样对待业主，像管理自己家一样管理业主的家，建立可以感知和交流的物业，为业主提供细心和安全的全面照顾，成就友爱的亲情式管家服务。

金沙物业管理公司致力于为业主提供优质的物业服务，每年与小区住户保持百分之百的沟通，定期访谈业主，征求他们的意见和建议，对于业主不满意的事项，及时进行分析、整改和回访，确保处理率和回访率均达到100%，业主满意度一直保持在98%以上。金沙物业管理公司在受理业主的报修需求时，事事有回应，实行首问负责制，有完善的报修、维修和回访记录，急修能按照承诺的时间到达现场处理。

金沙物业管理公司提供了多种便民工具和服务，如医药箱、打气筒、晴雨伞等，定期开展便民服务日活动，为业主提供冲洗地垫、磨刀剪子、测量血压、理发、清理空调滤网、义诊、进户门上油等服务，让业主感受到贴心和温暖。在门岗处设置了儿童安全出入警示牌、15分钟生活圈导览图和市区重要地点公交线路信息，为业主出行提供便利。此外，金沙物业管理公司还在节假日和周末为业主提供丰富多彩的社区文化活动，如六一儿童节、端午节、爱国主义军训、春节年俗活动等，提高小区住户和工作人员之间的熟悉度与黏合度，营造和谐温馨的社区氛围。

在安全保障和环境管理方面，金沙物业管理公司也做到了极致。金沙物业管理公司实行24小时人防、物防、技防（"三防"）的严格管理，为业主的安全提供全天候保驾护航。以"无尘、无屑、无锈"为环境卫生管理标准，制订年度绿化养护计划，同时提倡"人人都是保洁员"，任何工作人员看到园区污渍都会立即打扫。

金沙物业管理公司始终坚守服务初心，坚持高质量发展，实现基础服务精细化，增值服务创新化，精彩生活品质化。凭借深厚的实力积淀和良好的品牌口碑，荣膺河南省物业行业 Top 50，这既是行业对金沙物业管理公司的认可，也彰显了金沙物业管理公司的管理力、服务力、品质力。

参考金沙物业管理公司的成功做法，笔者归纳并总结了物业服务公司在提供服务过程中应该遵循的一些基本原则与价值取向，可以概括为以下几个方面。

（1）诚信是物业服务公司的立身之本，是物业服务公司与业主、合作伙伴、社会相互信任的基础。物业服务公司应该遵守契约，信守承诺，知行合一，维护相关方的合法权益，不欺骗、不隐瞒、不欺诈、不违约，不做损害业主利益和社会公益的事情。

（2）专业是物业服务公司的核心竞争力，是物业服务公司提供优质服务的保障。物业服务公司需要不断提升自身的专业水平和能力，掌握先进的物业管理理论和技术，建立完善的物业管理制度和流程，培养专业的物业管理人才，提供专业的物业管理服务，满足业主的个性化和多元化需求。

（3）创新是物业服务公司的发展动力，是物业服务公司适应市场变化的关键。物业服务公司应当树立创新意识和创新精神，敢于突破传统的物业管理思维和模式，积极探索物业管理的新领域和新方法，利用信息化、智能化、数字化等手段，提高物业管理的效率和效果，为业主提供更丰富的增值服务和更好的体验。

（4）关怀是物业服务公司的人文特色，是物业服务公司赢得业主信赖和口碑的重要因素。物业服务公司应该关注业主的生活需求和情感诉求，关心业主的身心健康和家庭和睦，关爱业主的安全和幸福，为业主提供温馨、舒适、便捷的生活环境，为业主营造幸福、和谐、美好的社区氛围。

二、物业管理企业的商业模式

基于上述总结，笔者提出物业管理公司的普适性元理念设想——"因我你快乐"。这是一种以业主为中心，以服务为导向，以快乐为目标的理念。它体现了物业管理公司的使命，即为业主创造一个安全、舒适、美丽、和谐的居住环境，让业主感受到物业管理公司的关心和尊重，从而提高业主的幸福感和忠诚度。要实现"因我你快乐"这一元理念，物业管理公司还需要有一些辅助理念进行支撑，具体如下。

（1）微笑待人。微笑是一种最简单有效的沟通方式，可以传递出友好、亲切、诚恳的态度，缩短与业主的距离，增强业主的信任感和亲和力。物业管理公司的员工应该时刻保持微笑，无论是面对面，还是电话沟通，都要用微笑表达自己的尊重和热情，给业主留下良好的印象，让业主感受到温暖和快乐。

（2）热心助人。热心助人体现了物业管理公司的专业性和责任感，物业管理公司的管理人员应当最大限度地满足业主的需求和期望，及时回应并解决业主的困难和问题。员工应具备主观能动性，要主动关注业主的需求，积极回应业主的诉求，耐心倾听业主的意见，及时处理业主的投诉，尽力为业主提供优质的服务。

（3）马上办。马上办强调做事的效率，体现出物业管理公司的敬业精神和执行力，能够显著提高业主的满意度和认可度，增强业主的依赖感和归属感。物业管理公司的员工在遇到问题时应该立即行动，不拖延、不推诿、不敷衍，对于业主的任何诉求和问题，都要迅速做出反馈和处理，让业主安心。

（4）层层递进。层层递进可以体现出物业管理公司的责任心和进取心，能够不断提升业主的期待，赢得业主的口碑。物业管理公司的服务，不仅要做到业主满意，还要给业主超额的惊喜；不仅要满足业主当下的需求，还要让他们对未来充满期待。

"因我你快乐"是笔者对物业管理公司的元理念设想，物业管理公司应该以此理念为指导，以微笑待人、热心助人、马上办、层层递进为辅助理念，不断提升自己的服务水平和品牌形象，赢得业主的信赖和支持，为业主提供优质的服务，实现业主的"三心二意"，即对服务态度感到开心、对交办的事情放心、住在小区舒心；对物业管理公司的工作感到满意，对物业合同续签等决策坚决同意。

在坚持该服务理念的基础上，物业管理公司可以全方位地为小区业主提供增值收费服务，这样公司的商业价值就会得到充分体现。笔者进一步总结出物业管理公司的商业元理念：实现单位面积现金流和单位面积利润的不断增长，提高单位面积的使用效率和价值，降低物业管理的运营成本和风险。核心结论：极致服务，聚焦业主需求，实现更多增值服务。

第六节　特殊产品的塑造

在市场经济中，大多数企业追求的是通过生产和销售符合消费者需求的产品使利润最大化。然而，也有一些企业不以营利为首要目标，而是以提供具有社会意义和价值的产品为己任，致力于为社会和人类的进步服务，我们将这类企业称作"特殊企业"，将它们提供的产品称作"特殊产品"。

学校就是一种特殊企业，它的产品是"人才"。人才是社会进步和文明发展的动力与源泉，是国家和民族的希望与未来。学校的使命是培养和造就具有知识、能力、品德和责任的人才，为社会提供优质的人力资源。学校的产品不是可以量化和标准化的物品，而是有血有肉、有思想、有情感的人，他们的质量和价值不能用金钱来衡量，而是用社会效益和历史影响来评价。

一、任正非立校训

人才培养是学校的首要目标，不同的学校有不同的办学理念和教育模式，这体现在各个学校的校训中。任正非的母校——都匀一中的校训是简简单单的六个字："励志、崇实、担当。"这简单的六个字背后还有一个广为流传的故事，蕴含了任正非的教育理念，如同对华为的理念管理，再次说明了任正非对"理念建设以及管理"非同常人的重视。

都匀一中一直缺乏经费，无法为学生提供更好的学习环境。校长胡立军想到了华为创始人任正非，他是这所学校的杰出校友。于是，胡立军决定去找任正非，希望他能为母校捐赠一些资金。胡立军来到任正非的办公室，受到了他的热情接待。胡立军向任正非介绍了学校的情况，然后提出了捐款的请求。然而，任正非却没有直接答应，而是问了他一个出乎意料的问题：都匀一中的校训是什么？胡立军一下子愣住了，他以为任正非会关心学校的教学质量、升学情况或是发展规划，没想到任正非会问校训是什么。胡立军还以为任正非是嫌弃学校太小，连校训都没有，不值得他捐款。他心灰意冷，准备告辞。但是，任正非没有让他走，而是说："没有校训也没关系，我来帮你想一个。"

就这样，任正非召集了几十位专家，一起研究了全球200多所著名学府的校训。经过一番讨论，他最终为都匀一中定下了"励志、崇实、担当"的校训。这六个字虽然简单，却是任正非对年轻一代的期望。在校训确定后，任正非马上给母校捐款了100万元。

二、张桂梅树精神

华坪女高是中国第一所全免费的公办女子高中，由张桂梅创办，专门为贫困家庭的女孩提供高中教育。这所学校位于云南省丽江市华坪县的半山腰上，环境艰苦，设施简陋，教师队伍不稳定，生源质量低下，但是它创造了一个又一个的奇迹，成为全国乃至全世界的教育典范。学校自2008年创办以来，在14年的高考中，本科升学率每年达到94%以上，校长张桂梅在2021年成为"感动中国2020年度人物"和"七一勋章"获得者，颁奖词为："自然击你以风雪，你报之

| 理念管理的力量 |

以歌唱。命运置你于危崖，你馈人间以芬芳。"

华坪女高的成功源于张桂梅看到山里女孩早早辍学，不能深造，不能成为栋梁之材，而从心底迸发出的一种强大的使命感，就像宇宙大爆炸。她认为，高素质的女孩，就会成为高素质的母亲，而高素质的母亲会培育出高素质的下一代。为了这些大山里女孩的前程，为了培育出高素质的下一代，必须让这些山里的女孩接受教育。因此，张桂梅把她所有的精力和智慧都奉献给了这个"让山里的女孩上学，让山里的女孩考上大学"的伟大梦想。

1. 建设华坪女高

张桂梅于1988年考入了丽江教育学院中文系，在那里她遇到了真爱，两年后，她和丈夫一起毕业，选择了去云南喜洲的山区支教。他们深爱着孩子，成为当地的王牌教师。可惜，美好的时光总是短暂的，1996年，她的丈夫被诊断出癌症，不久就去世了。张桂梅悲痛欲绝，但她没有放弃自己的理想，她申请调到了丽江市华坪中心学校继续教书育人。

在丽江，张桂梅发现了一个令人辛酸的现象：很多女孩子因为家庭贫困，被迫辍学。她们的父母认为，女孩子上学没有用，只要嫁个好人家就行了。张桂梅觉得这是不公平的，她决定为这些女孩子做点什么，她想建一所女子高中，让她们免费接受教育。但是，这个想法遇到了很多困难，她需要筹集资金，建造校舍，招聘教师，还要面对社会的偏见和误解。她没有放弃，四处奔走，寻求赞助，她拿着自己的身份证，去了很多企业和单位，但都被拒绝了，有的人甚至把她当成骗子，赶出了门。张桂梅没有气馁，她站在街头，向过路的人募捐，她只想给那些女孩子一个上学的机会，让她们有一个美好的未来。

张桂梅的努力终于得到了回报，在社会各界的资助下，丽江市和华坪县各出资100万元，支持张桂梅创办女子高中。2008年8月，华坪女高建成，9月，华坪女高正式招生开学，上级任命张桂梅为校长，16名教职员工加入了张桂梅的团队。

2. 华坪女高的精神

华坪女高学生学习的第一动力源是张桂梅办校的初心——为了让大山里的女孩接受同等教育，成为高素质的母亲，培育出高素质的下一代。张桂梅制定的校训"我本是高山"是华坪女高学生学习的第二推动力。

"我生来就是高山而非溪流，我欲于群峰之巅俯视平庸的沟壑。我生来就是人杰而非草芥，我站在伟人之肩藐视卑微的懦夫！"体现了张桂梅始终强调的

"女生要有自信，一定要勇敢走自己的路"的精神。

不同于有些企业把使命与价值观挂在高墙上，张桂梅校长是扎扎实实地将使命与价值观落地了。

张桂梅对学校招生有两个要求，一是只招贫困女生，不设分数线；二是学杂费全免。她认为，女生是社会最弱势的群体，只有通过教育，才能改变她们的命运，让她们成为自立自强的现代女性。她还认为，学校教育不应只是为了高考，而是为了培养学生的综合素质和人格力量。因此，她制定了一套严格而科学的教学计划和管理制度，要求学生每天早睡早起，按时上课，积极参与课外活动，培养良好的学习习惯和生活态度。

张桂梅不仅是华坪女高的校长，还是学生的"报时人"。为了让学生把学习时间都利用起来、养成严格作息的习惯，喇叭成为张桂梅日常工作的"标配"。在学校里，只要有她在，喇叭就闲不住。每天凌晨五点左右，张桂梅就开始拿着扩音喇叭在校园里喊："姑娘们，起床啦！"她的喇叭声是学生做操、吃饭、睡觉的信号，也是她对学生的监督、关怀和鼓励。这些年来，张桂梅一共用坏了十几个喇叭。她身上的病也越来越多，有时候甚至会晕倒在地，但她从不放弃，她说："反正还能吼，等哪天吼不动了再说。"

3. 往前走，莫回头

每年高考期间，张桂梅都会在送考时鼓励学生，考试时则守在门外，高考后，她却变了，选择"躲"。张桂梅说，最伤心的就是一届届学生离开学校，她不想看学生收拾行李，她不让学生来道别，就"躲"在办公室。张桂梅曾对毕业的学生说："你们毕业走了，就不要再回学校了，就忘了女高和我吧。安心读好自己的书，做好自己的事情，做一个对社会和人民有用的人。"

张桂梅的话语，虽然听起来有些冷漠，甚至有些绝情，但那却是她对学生最大的爱和尊重。她不想让学生因为她而有所牵挂，也不想让自己因为学生而有所留恋。她希望学生能够忘掉她，忘掉女高，忘掉一切，只专注于自己的人生道路，不断地前进，并铭记华坪女高的教育理念。

"往前走，莫回头"是一种坚强、勇敢、乐观的精神，体现了张桂梅"放手让学生自由成长、不求回报，只希望女生能走出大山、独立担当、有所作为"的教师情怀。曾经张桂梅在得知自己的一名学生放弃了事业成为全职太太时"怒不可遏"，她觉得这是对华坪女高教育的"背叛"，她拒绝了这位学生的捐赠。张桂梅希望的是"一个女孩子能够利用读书的机会，改善自己和家人的境遇"，而不是读了书之后，仍然受到家庭的束缚。

华坪女高是一所特殊的学校，它的"产品"是人才。华坪女高通过教育改变了一批又一批女孩的命运，为国家和社会培养了一批又一批优秀的人才。张桂梅教会了大山里的女孩用知识改变命运。她用教育事业为阻断贫困的代际传递付出了一生。她的办学理念和教育模式，为特殊产品的塑造提供了一个成功的范例，值得我们学习和借鉴。

在当今社会，企业和学校都是推动社会进步的重要力量。它们分别提供了两种不同的产品：普通产品和特殊服务。这两种产品都需要有创新的理念和设计，以适应市场的变化和客户的需求。本章基于六个典型案例，涵盖不同行业、不同规模的企业及学校，分别介绍了理念管理在产品设计中的应用。基于有效的理念管理，组织能够明确自己的定位、目标和使命，找到自己的核心竞争力和差异化优势，从而制定出符合自身特点和客户需求的产品策略与服务方案，进而实现自身的发展和社会的进步。

第十一章

理念管理在企业团队管理中的应用

现代企业间的竞争，归根结底是文化理念的竞争。精英团队作为企业发展的核心力量，并不只是以能力论英雄，企业文化的认同也至关重要。

本章将通过对精英团队在打造、管理过程中的核心问题进行论述，揭示理念管理在团队管理中的具体应用，并通过笔者组建"营销铁军"的过往案例，以及如何训练"营销铁军"的具体细节进行阐述，力证理念管理的有效性，通过理念管理落地帮助管理者树立更长远、更优秀的团队发展观。

第一节 打造精英团队的利器

坚持理念管理是打造精英团队的利器。团队有普通团队和精英团队之分。普通团队的成员因任务而聚，往往喜欢各行其是。精英团队并非一群精英聚在一起的团队，而是一群志同道合的人因"理念"而聚、因"信仰"而聚，他们有着共同的目标和追求，而且会为了目标同甘共苦、齐心协力、共创未来。精英团队有七大特点。①有一致的信仰：通过出色的理念管理，使团队文化先进，与企业文化高度契合。②有明确的目标：对团队的目标有极强的信念感，具有不达目的不罢休的追求。③有高效的执行：执行力即战斗力，雷厉风行的团队能攻坚克难，能高效地打硬仗。④有学习的欲望：只有在长期学习与总结中汲取养分，才能与时俱进，不被市场淘汰。⑤有团结的精神：只有保持团结，团队才有凝聚力，并不断发挥出更大的实力。⑥有战略的目光：能帮助企业与社会挖掘和输出更多优秀人才，实现团队长期发展。⑦有优秀的领袖：具备引导和管理组织成员的意识，促进组织的有序、高效运营。

| 理念管理的力量 |

一、同频共振与精英团队

精英团队是与生俱来的吗？非也。它是通过前期科学的理念管理，筛选出符合团队需求且高度认同团队文化的优秀人才，并在后期的实践中，始终能与团队保持同频共振，渡过一个又一个的难关。我们也可以借用第二章所讲的量子力学理论理解这个原理。

前文讲到，意识是叠加态的量子坍缩，意识确定行为状态，量子坍缩可以产生纠缠意识，从而形成能量叠加，进而强化同一个行为状态。

团队的某个状态是由众多量子意识的集合决定的。如果团队中的每个个体不断"坍缩"各种不同的意识，则团队容易出现混乱、无序、没有目标的现象。当每个个体意识注入某种能量时，在不断"纠缠"之下，所有个体的量子系统振动频率趋向一致，产生巨大的能量，从而产生相近的行为能量频率，最后每个个体的行为能量频率趋近目标能量频率。因此，在量子能量频率、意识能量频率、行为能量频率、目标能量频率依次达到同频的状态下，会形成共振效应，产生的强大能量频率更容易达成目标。

精英团队比普通团队强大的原因在于，在注入优秀的理念能量之后，精英团队的成员很容易产生共鸣。在面对任务时，他们会持续进行同一意识的"坍缩"和"纠缠"，让个体的能量频率无限接近、无限同频，使每个人的思维和情感与团队的能量频率完美匹配，理念一致、行动一致、目标一致，最终实现卓越的绩效和成就。

二、团队理念管理的奥义

无序的思维导致组织（个体）的混乱，成功源自思维的有序管理。理念管理是对个体、团队以及企业思维进行有序管理，从而减少系统混乱，使系统从无序向有序乃至高度有序转化的减熵管理办法。

团队管理理念如何应用于精英团队的打造，笔者的观点与《基业长青》一书的观点相契合。

1. 管理者的理念转变："造钟"而非"报时"

成为一个有魅力的领导者，制定一个伟大的战略，研发一款优质的产品……本质上都是一种"报时"行为。打造伟大领导力传承的机制，构建持续创新、研发优秀产品的研发体系，形成强有力的组织文化、企业核心价值观等，便是"造钟"的行为。所以，作为精英团队的管理者，首先要转变管理者的观念，要致力于成为"造钟人",而不是"报时者"。

2.理念管理的要义:保存核心,持续进步

管理者"造钟"的根本要义,是配合保存核心和持续进步的心态创造有形的机制。保存核心,"核心"是指团队的核心价值观和使命,这是团队成长过程中唯一不变的因素。除此之外,一切皆可变。要在不断变化中,持续进步,追求卓越。

三、"保存核心"的关键——打造像宗教一样的团队文化

《基业长青》一书提到:"要像宗教一样,把团队理念打造成个人信仰。""精英团队与教派有四个共同点:热烈拥护的理念、灌输理念、严密契合、精英主义。"

第一,团队需要有一个或多个全员热烈拥护的理念。第二,团队发展过程中,在理念认同、技能培训、专业训练等方面需要持续向成员灌输核心理念。第三,成员意识、成员行为以及对员工的激励要与团队的理念紧密契合。精英团队往往不会成为员工的"温室",相反,在"绩效和契合团队理念"方面,它会有更明确、清晰的目标以及严格的选拔、培训、考核制度,不符合这些理念的成员将很难有发展空间。第四,倡导精英主义。精英团队在严格选拔符合理念的优秀人才的同时,会使他们形成一种隶属于精英团队的、与众不同的意识;"在理念方面实施严格控制"的同时,又能"提供广泛的工作自主性,鼓励个人首创精神"。

笔者在绿地集团西北事业部带领的营销团队有"地产营销黄埔军校"与"营销铁军"的美誉。笔者打造这支"营销铁军"的方法,就是基于以上理念管理奥义的贯彻落实,围绕建设一个热烈拥护的理念体系,灌输理念的落地方法(第六章阐述的部分方法),包括随时随地案例解读、个人专训与训练式会议、晨训以及比赛激励来达到严密契合,使团队成为所向披靡、坚不可摧的精英团队。

第二节 构建理念体系

本书第六章和第七章提及了笔者带领营销团队时建立的"123-634"管理理念体系,这个体系的形成来自无数次的工作实践,再将该理论通过实践进行检验,从而形成团队管理理念。

| 理念管理的力量 |

在第七章我们详尽地分析了"123"理念：一个根本点——"做正人、做对事"；两个基本点——"激励相容"与"信息及时对称"；三个核心——"简单思维""立即行动""阿布意识"。"123"理念体系也称作"团队管理元理念体系"。此处不再赘述。

"634"理念体系，是团队管理的亚理念。"6"是对团队成员的六个要求，"3"是对管理人员的个人修为要求，"4"是团队的基本管理原则。为便于对"634"理念的理解，以及对理念管理之于团队建设重要性的认识，本章借用实际案例解读理念与管理方法的内涵。笔者在带领绿地集团西北事业部营销团队时，为了帮助团队成员学习、体会、落地与传承理念，编辑了一本名为《魂》的案例集，每个案例都由案例当事人或者其同事所写。本章案例均来自《魂》，我们可以从中体会"634"理念对于打造精英团队的重要意义。

一、"6"个要求

1. 敬业为本

俗话说："君子以敬业为本。"敬业是一种对工作、对事业全身心忘我投入的精神境界，是一种道德的光辉所在，更是一种对生存形态的关注与升华。低层次敬业，即功利性的敬业，由外在压力产生；高层次敬业，即发自内心的敬业，把职业当作事业来对待。古往今来，事业上有所成就者，大凡离不开两点：一是有强烈的事业心和责任感，二是锲而不舍地努力。这两点的有机结合就是敬业精神。没有敬业精神根本无法成为精英分子，精英团队也无从谈起。

黑马是这样炼成的

进入7月，绿地生态城案营销中心出现了一匹销售黑马，他就是名不见经传的阿郭。在同事平均每月销售13套房子的情况下，他却销售了21套之多。他是5月底才进入生态城的一名新员工，在没有任何客户积累的情况下，业绩能做到这么出色，堪称奇迹。

通过细致观察，我总结了阿郭的每日工作安排，发现他非常敬业。

（1）白天。他疯狂地接待客户，从不让自己的轮序被别人跳过。为了提高效率，他都是一路小跑着走路。

（2）晚上。在同事们回到家后，他还在营销中心回访客户，整理客户资料，每天晚上10点多才回家，当日事当日毕，从不拖延。

（3）休假时。只要他的客户来营销中心，即使没有紧急的事情，他也会放弃休假，来营销中心处理客户的问题。

我们有时会抱怨业绩不好是运气不济，但又有谁能做到像阿郭这样敬业呢。通过阿郭的案例，我总结出一个结论，只有做到敬业为本，才可能出业绩，成为一名合格的置业顾问。

2. 坦诚为魂

"坦诚为魂"是为了确保团队中信息及时对称，将问题消灭于萌芽状态，需要员工客观反馈信息。"坦诚为魂"的第一项"技能"就是"脸皮厚"。为什么要"脸皮厚"呢？因为我们要求每个员工说话坦诚，一方面要坦诚地指出同事的缺点和工作上的不足；另一方面要坦诚地面对自己的问题，坦诚地进行自我剖析。

上级对下级坦诚是信任，下级对上级坦诚是责任，同级之间坦诚是团结，部门之间坦诚是和谐。信任、责任、团结、和谐构成企业蓬勃发展的原动力。因此，在团队管理中要不断强调"不怕做错事情，就怕不坦诚"，只有这样，才能形成坦诚的工作氛围，杜绝信息不对称导致的暗中猜忌和内斗内耗，让团队的精力集中在工作和发展上。

年底的个人述职是一项重要工作，当一个人述职结束后，会暂时离开会议室，而后与会同事背靠背地对他一年的工作进行点评，包括优点与不足。当年绿地集团西北事业部营销团队在年底述职时，由于"坦诚为魂"和"简单思维"理念的落地，每个述职人述职后不用离开会议室，现场听取同事的点评，而且我们规定对述职人的优点简单讲，主要讲需要提升的部分。这也是理念管理的力量。

坦荡做人，坦诚做事

"小金，鉴于你的表现，很抱歉，你被降级了！"不能说晴天霹雳，但这句话着实让我的心情瞬间跌入谷底，就像突然失足落水，呛得喘不过气来，就像高考时被监考老师一把揪住大声而严厉地说："你作弊。"那种说不出的感觉让我的内心发生了巨大的变化。"我不想干了，我受不了了，我丢不起这个人。"那一刻，我表情淡定，可心里早已经翻江倒海、无法控制了。

事情要从2011年6月24日说起，我的客户因为长时间资金不到位，无力完成回款，造成了严重逾期。按照有关规定，经理要求我发催告函和解除函给客户，我一口答应了。但在实际操作过程中，考虑到我的客户比较特殊，性格相对极端，发出函件可能会激化客户情绪，反而不利于回款，我只是口头告知了客户，客户也很爽快，当即承诺近一两天付款，我心想这样就能瞒天过海，把问题解决掉，可谁知"人算不如天算"，客户并没有如期付款。结果只有一个：东窗事发！

因为我的工作失误，造成部门当月没有完成回款任务，以致整个营销中心团队的奖金都未发放。大家虽然嘴上没说什么，但我知道没有人心里是不埋怨的，这个影响实在太严重了。经理找我谈话，问我为什么没有发催告函，"如果没有发，你为什么不第一时间告诉我？现在我可以马上把你调离案场的"，严厉的逼问让我无地自容。我回答："我是担心发出函件后，反而不利于回款。"然后我把情况做了说明。结果，经理说："如果你忘记发了，我可以从轻处罚你，但如果是你明知故犯，那就更严重了。因为你忘记了我们营销部的工作原则：'坦诚为魂！'。如果发生了什么事情，要如实地汇报，你怎么可以欺骗同事呢？你不坦荡，丧失了同事对你的信任，你如何立足于团队？回去好好想想吧！"离开经理办公室，我回到置业顾问室，想到"坦诚为魂"，"不怕做错事，就怕不坦荡，坦荡地讲出来会有亡羊补牢的作用，否则损失无法挽回"。我在这件事上没有做到坦荡，其实我应该提前把情况告诉经理，经理肯定能帮助我找到更好的解决办法，避免现在的结果发生。就是因为我的不坦荡，事情才弄得无法收场，而且对我今后做事和做人，同事都会打个问号的，也许我没办法在团队中立足了。这是多么严重的后果！就是因为我的一念之差，可能会导致我无法继续留在这个团队，我真的追悔莫及！

错误已经产生，现在的我唯有坦荡地接受部门对我的处罚，做好本职工作，不再找借口，勇于承担后果！我很感谢这次的挫折和教训，它让我有机会大声而又自信地告诉大家："我失去的，我一定能拿回来！"

在此后的工作中，我做事更加坦荡高效，也比以前更加努力。因为，我要把这次失去和落后的都追回来。后来，凭借自己的综合素质、业绩绩效和各项工作中的积极表现，我重新得到大家的认可。现在，我即将踏上去延安项目的征程，出任销售经理助理一职，接受我的第一次管理人才实战演练和培训。只要你坦诚做事，努力进取，机会总会来临。

3. 心态成长

心态成长既是个人快速成长的法则，也是团队保持凝聚力、持续前进的法宝。

心态成长的四大法宝：一是不要抱怨他人和环境，二是多找自己的不足，三是做好当下的事情，四是不断看书学习。

4. 结果导向

执行的最终目的是获取预期的结果，所以，每个人都要有结果思维。结果思维是"责任思维+分析思维+价值思维+效率思维"，即做任何事情都必须做到讲责任、善分析、有价值、高效率，一切以结果为导向。

在营销过程中，存在许多这样的情况："我已经按您说的去做了。""我已经尽最大努力了。""我该做的都做了。""我已经按照流程做了。""事情做了，但没有结果。"其实，真正决定效能的不是你做了多少事，而是一件事能取得什么结果，结果的最终价值是什么。具体该怎么做呢？就是在做一件事情时，一切必须围绕"结果"这个中心，去规划你的营销方法、流程和策略，并在这个过程中想尽一切办法付出努力，让最后的结果产生价值。否则，就会事倍功半，甚至耽误各项工作的进度。

5. 做足做透

在如今激烈的营销竞争中，不仅要提高自己的工作能力，还要提高自己的认知能力，把"小事做细，细事做透"。"做足做透"不仅可以产生复利效应，还可以大幅降低销售成本。

例如，项目的宣传，从制定策略到案场的包装，再到各项物料的制作派发以及线上相关媒体的发布，都要"做足做透"，并采取相应的手段，不能只提出相关概念，却不去认真落实执行，导致所有的努力前功尽弃。

又如，一个楼盘的暖场活动，在确定好活动场地、活动报价、活动规则后，理应细致地筹备相关物料，将人员进行细致化分工，确定线上和线下相关宣传与拓客渠道，以保证整场活动的顺利举行，提高客户的参与效果。同时，活动结束后，要进行相应的工作复盘，查漏补缺，保证下一场活动质量的提升，真正做到"做足做透"。

6. 亲和情商

亲和情商是强调以微笑与亲和为核心的个人修养，重点是要做到情商管控五要素：一是正确认识自己的情绪与个性；二是学会管控自己的情绪；三是学会自我激励；四是认知他人的情绪，学会理解和包容；五是主动与各种各样的人交往。

看好自己的"小火山"

2010年8月，赢海大厦开始认购销售，客户争先恐后地挑选心仪的位置房源。然而，我的一个客户却出现了一点小状况。客户不在西安，但他想先交20%的定金锁定房源，第二天再回西安补齐手续。客户让我向案场经理申请一下，我感到非常为难，因为平时张经理管理很严格，轻易不会松口，但客户又十分着急地催促我，急得我在经理办公室门口转了好几圈，不知道该如何向张经理开口。不过，我还是鼓起勇气走进了张经理的办公室，恳切地向他说明了客户的情况，并保证客户明天一定会到。没想到，张经理直接拒绝了我。我一愣，想了一下，又申请了一次，结果还是一样。张经理直接说："这种事情不要问我，按照我们的制度来办！"

恰巧这时同事阿旺走进经理办公室说："经理，我的客户王总来补定金了，这是他的存单，前几天订房的时候没带，现在补上了。"张经理点了点头，阿旺就出去了。

本来张经理直接拒绝我的申请，我就有点情绪，看到他同意阿旺的请求，我就更生气了：凭什么其他人可以这样做，我好说歹说，你却不同意！这明显就是厚此薄彼，什么经理啊，不公平！想到这里，我的"小火山"一下子爆发了，没等张经理说什么，就大声地和他争辩起来，把刚才我看到的、听到的和心中的不满一股脑地倒了出来。

结果，张经理听我说完后，没有任何反应，只是很平静地说："我不怪你，你先去阿旺那里了解一下情况，再到我这儿来。""问就问！"说完我就离开了经理办公室，问过阿旺才知道事情的原委。原来他的客户当时定了我们另一个项目的商铺，金额较大，在阿旺的推介下又定了3套办公房，但当时没有带足钱，请示总经理特批后让客户先交少量定金订房，再后补手续，而且阿旺手机上还有总经理发的特批信息。

了解到这些情况，我彻底弄清了事情的来龙去脉，是我误解了张经理和阿旺。于是我真诚地向张经理道歉，张经理没有批评我。他说："我知道你只是一时气急，但无论做销售还是其他工作，无论在什么岗位上，要想发展就必须注意自己，要在正确认识自己的情绪与个性的基础上学会管理自己的情绪，学会自我激励，同时要注意认知他人的情绪，学会理解和包容。我理解你的情绪和心情，但你应该好好反思一下。"

事情虽然结束了，却带给我长时间的反思。如果我当时能先了解清楚事情的来龙去脉，如果我当时能多问一句张经理，如果我能认识到自己违规操作的不足……如果其中任意一件事情我当时做了，也许就不会有后面和张经理大吵的结果了。很多事情并不是我们表面看到的那样，而我们往往在看到表面现象的那一刻就选择了爆发。在我们的生活和工作中，要与各种各样的人打交道，每个人的表达和处事方式都会有所不同，我们不可能要求别人按照我们的方式做事。所以，要与他人良好地沟通，就要学会冷静思考，首先要控制好自己的情绪状态，其次思考他人为什么要这样做、这样说，最后选择积极亲和的方式解决问题，从而达成共识。

其实，故事中的张经理和主人公年龄相仿，要论从业时间，张经理还远不及主人公，但为何短短两年时间，他便从一名刚毕业的实习生成长为销售经理。张经理总是谦虚地说，"是大家的支持"。是的，大家的支持，是因为他能很好地控制自己的情绪，是因为他在同事和各部门之间获得了良好的口碑。所以说，亲和情商不仅是一种长期积累而成的个人魅力和影响力，也是一笔无形的财富，是个人成长的加速器。

二、3项管理者基本修为

1. 客观公正

客观公正是管理者首要的基本修为。只有做到客观公正，才能做出正确的决策，树立管理者的威信，得到下属的支持和上司的信任，保证组织和制度的良性循环，实现管理者最大的绩效成果。做到客观公正需要遵循以下几点：

（1）客观：遵循就事论事的"简单思维"理念。不从特定人的角度去看待事物，在实事求是的基础上做到不偏不倚，保持独立性。

（2）公正：正直，没有私心。作为管理者，公正务必要做到三点，即分配公正、程序公正、互动公正。其中，分配公正是指对资源配置结果的公平感受；程序公正强调分配资源时使用的程序、过程的公正性；互动公正是指人际交往和信息交互的公正，也就是在对待每个人的态度和信息的共享上达到公平公正。拿一把尺子去丈量任何事物，并实现团队内的信息及时对称，也就是公开透明。

2. 以身作则

以身作则，即要求管理者以自己的行为为榜样。正所谓"其身正，不令而行；其身不正，虽令不从"。成功的领导，在于99%的领导者个人所展现的威信和魅力，以及1%的权力行使。这种威信与魅力，正是来自领导者自身的行为。即只有自己愿意做的事，才能要求别人去做；只有自己能够做到的事，才能要求别人也做到。现代领导者必须以身作则，用无声的语言说服员工，这样才能具有亲和力，才能形成高度的凝聚力。同时，管理者要事事为先、严格要求自己，一旦在员工心中树立起威望，就会上下同心，大大提高团队的战斗力。得人心者得天下，做员工敬佩的领导将使管理工作事半功倍。

3. 不断学习

不断学习作为管理者三项基本修为中的最后一点，对管理者提出了更高的要求。它要求管理者不仅要能胜任目前的工作，还要学习各种知识，使自己能够胜任管理工作，并不断成长。更重要的是，要为团队营造好的学习氛围，善于打造学习型组织。

（1）学会创造竞争，以评促学。

产品研讨演讲竞赛会

为了提升销售团队人员对于产品的理解水平，我们设立了每月一次的产品研讨演讲竞赛会。各位项目销售经理参与演讲竞赛。一方面，让他们在准备材料的过程中加强对各自竞品项目的分析研究；另一方面，让他们形成系统性的产品分析思路，同时在竞赛中锻炼各位经理的思考力和表达力。这样既锻炼了各位管理人员归纳总结的能力，又让他们在归纳总结的过程中进行重新思考，发现不足之处以促改进，同时利用这种平台传播他们的有效经验，使其个人经验成为集体经验。

（2）随时随地学习交流。

"请到我办公室来"

在营销部，有人经常收到这样一条由营销总监发来的简短信息——"请到我办公室来"。不要紧张，因为这不是找你一个人谈话，除了工作安排还有一种可能，那就是学习交流短会。作为营销管理人员，对于市场的敏感性和分析能力，以及对时事政策的了解和认识都是非常重要的，一方面会让我们对市场走势有所预判，时时变换销售策略；另一方面会给我们完善销售员说辞带来灵感。为此，只要一看到新的政策出台、新的规划颁布、新的市场动态以及有利的评论发表，营销总监都会第一时间把能够到场的管理人员叫到办公室，为大家进行培训和解读，并在其中补充其他经济理论知识，引导大家思考新信息可能带来的营销变化，找到有利于我们的应对说辞以及我们在产品、企划方面应采取的应对措施。

（3）破格参与，加速成长。

管理新秀参与高端商务洽谈

对于能力较强、表现突出的管理新秀，营销部为其提供了更高层次的成长平台，令其破格参与高层谈判。比如，在与银行等大客户谈判时，一般都只有事业部总经理和营销总监参与谈判，但是为了培养高层次人才，我们的营销总监总会带上一名管理新秀，或许这名管理新秀在整场谈判中一言不发，但这是一堂千金难求的实战课程，不仅能学习谈判技巧，还能在商务交流、商务礼仪等方面得到提升。所以，只有将"不断学习"的原则贯穿每位管理者的日常工作和思想，才能征服时间的跨度，一直胜任领导岗位，带领团队披荆斩棘，所向无敌！

三、4项基本管理原则

1. 理念落地

本书强调了理念落地的重要性与方法论，因此，我们将理念落地置于成功管理者四项原则之首，它是组织能够良性运转的基础和润滑剂。经过不断实践，我们采取的落地方法包括随时随地案例解读、个人专训与训练式会议、晨训、比赛激励。这些方法论的本质是：我做给你看—你做给我看—讲评，我再做给你看—你再做给我看—再讲评，如此循环往复，从而实现理念的内化与落地。

在这个过程中，团队领军人物的作用至关重要，他们必须以身作则，并成为教练式的领导，能操心、能吃苦、能吃亏。下面的房展会布展案例说明了这个问题，团队负责人发现问题后，要立即组织整改，若要惩罚，则首先要解决自己的管理问题。在本次事件整改后，还要有"阿布意识"，即今后的工作应该如何开展，为大家树立榜样、做出表率。

两次房展会的经验与教训

2010年3月17日晚上9点，营销部全体员工收到了一条在外地出差的总监的短信，内容如下："通告：本次房展会布展效果没有体现绿地大企业的品牌形象，初步分析原因：一是营销负责人未紧盯到位；二是分管责任人没有按照重大活动要求组织大家开会研讨；三是没有及时通知策划推广公司组织研讨提案；四

| 理念管理的力量 |

是相关人员缺乏补位意识，没有主动提醒意识；五是没有吸取前期相关活动培训设计比赛的经验教训。所以，对相关人员处罚如下：本人罚 2000 元，黄总罚 1000 元，小苗罚 500 元，阿静与阿欢各罚 400 元，小白、小沙、小飞各罚 200 元。如果今天晚上整改效果明显，则参与今晚整改人员罚款减少 100 元。"

这是怎么回事？原来，3月17日是一年一度春季房展会开放的前一天，我司参展的展位在笔克会展中心。当天下午，负责本次展会布置的黄总、阿静和阿欢等第一批人员始终在现场监督施工。然而，由于前期准备和设计存在问题，现场进度和效果让临时前来探班的领导大发雷霆，于是便有了上述短信。收到短信后，营销部人员倾巢出动。晚上9点，小瑛、小白、小沙等赶到现场参与现场整改；晚上11点，小苗赶到现场参与整改讨论……就这样持续了整整一夜。3月18日上午9点，现场布置结束，所有人员稍作休息后立刻投入当天展会现场的工作中。3月19日晚上7点至晚上10点，营销总监召开房展会总结反思会议，对3月18日笔克房展会布展情况进行总结反思，并对4月16日曲江房展会布展工作进行安排。

笔克房展会进行了如下反思：①认识层面，要从上到下高度重视，第一时间获取最佳资源；②策略层面，必须主题统一，目标明确；③执行层面，负责人应及时牵头组织研讨，保证方向正确，做好节点预案；④管理机制层面，岗位职责要明确到人，人员配备必须充足；⑤方案设计层面，必须做到两点，即深入研究竞品和场地，深入研究动线；⑥全体人员须有补位意识，体现团队智慧。

基于此次房展会的经验教训，对于4月16日的曲江房展会，营销部先后通过两次会议确定了主题方向，并落实了人员分工。最终，曲江房展会在组织准备、现场布置和最终呈现效果等方面都实现了质的飞跃，不仅得到了公司领导的赞扬，还成为当时展会现场最引人注目的展位之一。

其实，在工作中，我们难免会犯错误，出现一些工作失误。然而，失误并不可怕，可怕的是失误之后不能及时采取行动改正，可怕的是失误之后不能及时反思总结教训，最终重蹈覆辙，使得"千里之堤溃于蚁穴"。因此，随时随地案例反思正是出于"将问题消灭在萌芽状态""不要有二次教训"的目的而建立并贯彻执行的，是营销部理念落地和不断进步的重要法宝。

2. 流程机制

流程机制重在机制，管理规范在于流程。机制包括分配、奖惩以及监督约束，涉及如何对员工进行考核和评价，以及在员工能力不同的情况下，如何保持良好的工作绩效。为此，我们提出了"让流程说话、用数字证明"的理念。

比如，以企划部为试点，深化绩效考评激励制度。为了扎实推进三位矩阵营销管控模式的改革进程，提升营销部整体执行力，同时为了维护营销二线企划团队的稳定性，缩小公司企划人员与市场一线品牌企业同档次岗位的收入差距，架构企划部内部绩效考评激励制度。考评充分体现以服务销售团队为主导的市场化理念，指标分为工作量、工作效果和工作态度三个体系，分别由销售团队、部门内部和总监三方进行打分。

工作量考评主要体现在四个方面：一是企划与销售团队沟通会的次数和及时性，二是计划报告提交的及时性，三是企划系统信息录入的完备性和及时性，四是本职工作和公共事务工作量饱和度。

工作效果考评主要体现在两个方面：一是推广执行后的实际销售业绩促进效果，二是企划上报集团报告和评比的得分情况。

工作态度考评主要通过总监、同事和广告公司三个方面的评价来体现。考核执行以月度为单位，奖罚执行以季度为单位，每季度的分值排在前两名的可获得奖金池1500~3000元的现金奖励，得分不及格或者排名最后者扣发当季度30%~50%的奖金。此项制度执行以来，企划团队的执行效果明显提升，多次受到集团企划条线表扬和亮点推荐。

考评制度的建立及改革是营销部能够在更长时间内实现可持续发展的基础和保证，也是随着组织规模的扩大实现由"人治"到"法治"的关键性转变，并将在实际工作中持续地改进和完善。

3. 绩效导向

在营销团队中，没有功劳也有苦劳的想法是行不通的，强调没有任何借口和一切以绩效为导向。

从最基本的层面来看，绩效是一个团队、一家企业生存之根本，是一切工作的目标所在。没有绩效，团队就无法生存，一个无法生存的团队，管理者便失去了存在的价值，其成员也失去了存在的基础。这一点对于营销团队来说尤为重要。

从发展的层面来看，绩效是衡量工作方向和工作方法正误的有效标尺。如果工作量和勤奋程度足够，绩效却没有起色，管理者就必须进行反思：方向是否出了问题，方法是否不合理，是否缺乏针对性？因为，"如果方向错了，越努力离目标就越远"。所以，在学习型的营销团队中，我们时常会通过绩效分析方法，彻底打消其"寻找借口""没有功劳也有苦劳"的想法，促使其进行自我反思和改进。这种方法固然严酷，却是解决根本问题的不二法宝。基于营销团队长期以来对心态成长的训练，这种方法反而能使管理者形成由内而外的、自发的重组，找到出路并自觉改进。

基于以上考虑和实践，"绩效导向"促使所有管理者的一切工作围绕如何提高和完成绩效来展开，促使所有管理者提高工作的计划性、方法的针对性和结果的成效性。只有这样，才能锻炼出一个像军队一样的营销团队——拉得出、上得去、打得赢。

4.员工成长

人才是团队发展的原动力，随着企业的发展日益壮大，如何吸引和留住优秀员工已经成为人力资源管理关注的重点。要使团队中的每位员工保持对工作的兴趣和动力，使他们人尽其才，实现自我价值，帮他们制订令他们满意并有针对性的员工成长计划至关重要。

美世咨询公司对上海40家跨国公司的最新薪酬调查显示，这40家公司认为吸引员工最重要的三项因素分别为员工成长计划（78%）、对员工的奖励和肯定（60%）、薪酬福利（56%），其他因素为培训计划（40%）、工作环境（28%）和工作内容（25%）。可以看出，员工成长计划位于各项因素的首位，起到了非常重要的作用。正是这些因素的共同作用，这40家跨国公司保持了比上海整体市场低4~5个百分点的低员工流失率。此次薪酬调查表明，员工成长计划比单纯的薪酬福利更吸引人，更能打动员工。

在绿地西北营销团队中，员工成长主要从三个层面入手。

第一个层面，在管理人员中树立"培养自己的掘墓人"的理念。将员工培养和发展作为人才考核的一项内容，从绩效上监督和促进人才的培养与挖掘。同时，各个项目营销中心都有相应的"八部委"制度，即对案场管理工作的分工制度，让更多的销售人员有管理工作可做，旨在提高置业顾问的管理技能，发现潜力人才。为潜力人才设置见习经理岗位，储备经理人才库。

第二个层面，设立潜力人才参会制度。让案场和二线部门的潜力人才参与事业部层面的营销会议，会议内容涉及学习研讨类、工作汇报总结类等，为潜力人才提供学习的机会、参与发言和点评的机会，同时让事业部领导直观地观察各位潜力人才的潜能。

第三个层面，为员工成长留档。留存员工在公司的历练情景、影像，建立员工成长照片库，为工作满两年以上离开的员工制作员工成长纪念册，增强员工归属感。正是这种多角度、多维度的发展空间，让营销团队形成了一个共识——"只要你努力，就有发展的机会"。

以上是我们经过实践经验总结出的"634"理念体系内容，该体系是我们营销团队的灵魂，更是归属感之所在。只有真正做好团队打造、组织架构搭建、规章制度设置、企业文化塑造，才能打造出一支攻无不克、战无不胜的营销队伍，更好地铸就团队的"魂"，以理念的力量，让人生得到更好的淬炼与成长。

第三节　随时随地案例解读

在第六章，我们对随时随地案例解读做了深入分析，因为随时随地用实际案例做理念解读，可以使团队成员随时随地学习、反思、感悟、实践，反复地做，将理念内化于心，收获颇丰，乐在其中！

扔在桌子上的馒头

笔者刚到西北事业部上任时，在一个下雪的冬日中午去职工食堂用餐。吃完饭准备离开时，我发现一张餐桌上有一块被扔掉的馒头，心情十分沉重。我认为，要建设一个充满朝气的团队，必须正能量满满，让大家明白什么是"做正确的事"。

我立刻拿着这块馒头召集大家开会，这是我到任西北事业部后的第一次随时随地案例解读："这块馒头是哪位同仁扔在食堂餐桌上的？"意料之中，没人站出来承认。我对这种浪费粮食且事后不敢承认的行为感到痛心。

会议上，我诵读了"谁知盘中餐，粒粒皆辛苦"的诗句，讲述了一个人要成长，首先是道德品质的提升；讲述了我们是孩子的榜样，我们的行为会影响孩子的行为；讲述了我们团队的要求，顺势将"做正人、做对事"的理念灌输给大家。讲完这些，我在大家的注视下吃掉了这块馒头。从那以后，浪费粮食的行为再也没有出现过。

在我们的团队中，对于理念的灌输，要求管理人员必须以身作则。笔者将扔在桌子上的馒头吃掉，就是以身作则，是最好的案例解读。下面的案例解读了

| 理念管理的力量 |

"立即行动"理念的含义。在当年的绿地集团西北事业部营销团队,"立即行动"带来的直接效果是员工"走路带风"。笔者在上班时间,于事业部的1~3楼办公区域办事时,都是跑着上下楼,形成了"疾步如飞"的常态。

差点错过员工班车

"这封信不着急!看谁等会儿捎带上去就行了!"置业顾问小李不慌不忙地说。这件事情发生在很久以前,当时高新区还没有公交车,出租车也很少,周围都是农田。

事情是这样的:某日中午饭点时,我路过一楼售楼处,看到前台放着一封来自高新区管委会写给事业部办公室的信,就让前台值班人员送到3楼事业部办公室。但等到下午3点左右我再次经过此处时,这封信居然还原封不动地放在那里,我十分不解地问前台员工:"中午这封信就放在这里,为什么现在还没有送到事业部?"前台员工的回答使我更加不解:"这封信不着急!看谁等会儿捎带上去就行了!"

我立刻就此事组织员工开会,做随时随地案例解读。会上,我详述了事情的严重性:在未打开信件之前,我们无从知晓这封信的紧急程度,万一这是一件十分紧急的事情,但是由于未能及时传递信件而延误了最佳通知时机,有可能会给客户、员工甚至公司带来巨大损失。借此机会,我再次讲解我们团队要用"立即行动"理念来武装自己。

会后,我与前台员工一同将信送至事业部办公室。打开信件后,信件内容是:员工班车将于明日开通,接送地点是……信件内容公布后,前台员工感到十分惭愧。

通过这件事情,前台员工也意识到:假如该信直至下午6点才送到,员工都已经下班了,导致信息没能及时向下传达,第二天员工的交通问题就无法得到解决。这就是"立即行动"的收获。

第四节 个人专训与训练式会议

在现实中,大多数企业会将创新理念印刷成各种物料,放在柜子里或者分发给员工,以为员工会自学并遵守执行,但事实是,大多数员工不会主动学习并践行。因此,理念管理的效能并不像技术技能培训那样明显,只有持续、反复地实

第十一章　理念管理在企业团队管理中的应用

训内化，才能深入内心，养成行为习惯。在理念管理落地过程中，需要规避以下三种流于形式的问题。一是救火式，往往在面对问题时才进行救火式补课。二是杂烩式，就是无目的、无主题、无针对性的杂糅式操作。三是走形式，就是笼统地向员工宣贯式落地。实则都不然，只有切实通过务实训练的方式，将系统性的理念体系，通过增强团队个体体验感的方式，内化到个体的成长过程中，是必不可少的有效落地路径。只有有组织、有流程、有计划、有方式、有时限、有考核的实训体验，会取得良好的效果。

实训是理念落地的关键。绿地集团西北事业部营销团队的个人专项训练和训练式会议是实训的两种方法。

一、个人训练

针对某人有计划地设置科目进行训练，以此向他灌输某种理念。下面这个案例是项目销售经理给新入职的小张做的一个"阿布意识"理念的训练课，这是小张写在《魂》中的一个案例。

多一点思考，工作可以做得更出色

这个案例发生在我刚到公司的一个月。当时，案场运来了一个小沙盘，为了使用方便，就把它放在了原来的大沙盘西侧。经理告诉我："你去把小沙盘的电源插上，让它亮起来。"这是我的分内之事，我立刻大步走到小沙盘旁边。然而，问题出现了，电源线根本无法连接到地插板。我立刻跑到经理面前，告诉他没有办法点亮小沙盘，因为电源线太短够不到地插板。经理看了我一眼没有多说话，只是让我去想办法解决。我扭过身，心想也对，应该想办法把它弄好。于是，我找到薛姐，从库房里拿了一个插排连接到小沙盘，小沙盘成功通上电，亮了起来。我很高兴，心想不管事情大小，我总算完成任务了。我高兴地走到经理面前，告诉他："我已经完成了你交给我的任务，小沙盘已经亮了。"经理并没有露出高兴的表情，而是直接走到小沙盘旁边，看到小沙盘确实亮了，表情才变得舒缓些。可当他看到地上电源线和插排连接时，对我说："任务你是完成了，但你能不能把它做得更漂亮一些呢？线和插排在地上这么乱，一点都不美观。如果这样凌乱的布线把客户绊倒了怎么办？你再想办法把它改造一下。"说完，他就回到了办公室。我开始抱怨起来，心想，你要我把它点亮，我已经完成了任务，为什么还要这样刁难我？抱怨的声音在我心里越来越大。算了，毕竟刚来公司，还是照做吧，于是我又开始想办法。我发现，在小沙盘的侧面有一个开口，只要能把电源线和连接的插排规整后拽到这里就会很美观，也不会绊倒客户了！我尝试着这样做，又从工程部借到一个线更长的插排换上，拿来胶带纸把多余的电线贴边粘好。不到5分钟，我就把事情办得特别漂亮。

我找到经理，让他看我的成果，经理看完后，把我叫到他的办公室。他简单地表扬了我，然后给我详细讲解了关于"阿布意识"的故事。我这才明白，原来经理刚才是在训练我的"阿布意识"。对于工作的完成，有四个标准：不合格、合格、优秀、完美。如果想要进步和成长，就不能只满足于合格地完成任务，而是要追求优秀，力争完美。在这个过程中，要充分发挥主动思考和链状思考的精神，也就是"阿布意识"，只有这样，才能得到长足进步，从而获得更多的晋升机会。

理念落地并发挥作用，首先要自己相信，在自己心中落地；其次是让他人相信，并影响团队的其他成员。

如同稻盛和夫先生所言，讲解哲学的前提是理解和相信哲学拥有的伟大力量，理念的力量同样如此。对自己都不相信的东西，是不可能满腔热情地传递给他人的，就算传递也不能说服他人。并且，仅仅相信是不够的，要将理念转化为自己的信念，还需要通过付诸实战的途径，充分拉升体验，在一次次沉浸式实训中，相互催化、激发并影响团队成员的日常行为，从而真正实现"理念指引—实训强化—能效催化—成长内化"的闭环过程。在这一链条中，有组织、有目的、有方法的实训就像能量转换站，将理念渗透进团队成员的思想，转化为技能，并在团队中熔炼与持续发酵，实现个人与团队的共同成长。

二、训练式会议

（一）训练式会议核心功效

训练式会议之所以具有吸引力，是因为它具有多个方面的积极影响。在训中学，在练中会。通过训练式会议这一创新形式，不仅可以让个体在主题会议中进行策划、组织、主持和实施，还可以在梳理系统思路、呈现完整方案、达成有效分享、接受受众测评与反馈等多维度实践中得到锻炼与成长；而且让团队其他成员作为受众，从别人的分享中汲取经验，学会换位思考与多角度思辨，多维度评判与决策。训练式会议是个体与团队其他成员间去粗取精、去伪存真的过程，即反映个体不足、激发个体潜能、扩展团队集体智慧的过程，最终达到个人与团队共同成长的目标。

（二）训练式会议提要

1. 会议形式

以周度、月度、季度为单位，召开团队集中式会议。

2. 参会对象

团队及各项目负责人，各项目月度销售冠军、销售亚军。

3. 会议内容

（1）会议前。用5~10分钟，由会议主持人用"团队理念"解读一个当期的实际工作案例。

例如，在某期会议中，解读"阿布意识"与"做足做透"理念。A项目销售过程中，在行业调控时期，面对一片观望的市场，案场极度缺乏客户，置业顾问约访客户的信心不足，即便回访意向客户，客户的反馈意愿也不强烈，观望情绪浓厚，一系列反作用使得置业顾问的信心受挫。面对如山一般耸峙的指标压力，如何逆势突破瓶颈，冲刺当期销售指标？销售冠军、销售亚军在各自的指标管理与达标过程中，如何做到目标分解、路径找寻、执行动作匹配以及不折不扣地落实？随时出现的各类问题应该如何化解？将该过程完整、丰富、细致地作为经典案例充分解读。又如，对于未达成指标的项目，运用多维思辨的方式，反思复盘指标未达成的原因，究竟是指标管理不清晰，还是达标路径不得法，抑或是业务技能不达标，执行动作已变形……抛出一个个非常具有现实意义的问题或案例，作为当期训练式会议的重要内容之一，展开交流—解析—点评—再点评—提炼升华—推广运用，充分闭合完成以上链路。

（2）会议中。首先，各项目就月度营销过程及成果进行总结；其次，由各部门条线负责人进行工作交流发言；最后，由在座参会人员点评，选出工作思路的优秀者和不合格者。

点评依据：分析在座参会人员的思维方式是否契合"123-634"理念，是否将"123-634"理念充分融会贯通，用以解决实际问题。

点评目的：通过交流传习先进，求真务实。通过点评达成切磋琢磨，提高个体分析问题、解决问题的能力，综合思辨能力，点评输出的表达能力等，持续激发个体与群体智慧。让理念体系落地内化为技能，转化为个体与团队的营销实力。

（3）会议末。

在座参会人员对点评人员进行再点评。分析哪位参会人员的点评恰当、思路清晰，可以看透本质问题，评选出一位最优秀的点评人。

再点评的目的：通过反复思辨，再点评，让真理在思想领域自由发挥，行动自如，不受约束。撕开缠裹着的朴素外衣，雕琢去璞玉的外壳，让内心的智慧闪耀出真理的光芒。

（4）会议总结。

第一条：对于各项目的月销售冠军、销售亚军来说，首先，通过训练式会议，分享输出各自工作中的思路与亮点，相互交流学习各项目营销亮点；其次，在各项目与各条线负责人发言时总结经验，取其精华，将营销亮点应用于日常销售中，以提升业绩；最后，在评选环节，进一步深化理解"123-634"企业文化理念，用严谨的理念体系武装自己，再创佳绩。

第二条：对于各项目管理人员来说，有利于促进项目间交流，在全面解析项目的同时，借鉴其他项目的销售经验，提升自己团队的水平，在此基础上进行学习、改进与探索创新。

第三条：对于企业来说，项目之间相互点评，总结营销经验，落实和创新"123-634"团队管理理念，优势互补，对照补缺，先进带动后进，提升企业团队整体水平。

中国有句谚语："灯不拨不亮，理不辩不明。"真理往往裹着一层朴素的外衣，朴素到人们不易察觉它，因此，在现实中找到它并不是那么顺利。真理往往受很多现实因素的约束，需要鼓起勇气，选取正确的方法，沿着正确的路径探寻，反复思辨就是通向它的路径之一。

以上这些通过训练式会议在团队中充分展开，让思维在思辨过程中反复激荡，个体在参与中得到充分训练，最大限度地内化成业务技能，提升团队的综合业务水平。

第五节　晨训

晨训是理念内化的专项训练方式之一。作为房地产销售接待人员，每个双休日都是最繁忙的日子，笔者的团队晨训就安排在双休日的早晨8点到9点，这个时段没有客户来访。

晨训在企业中并不新鲜。必须强调的是，晨训不同于晨会，一个是"训练"，另一个是"开会"。一般的团队晨会是对当下的业务问题进行梳理、分析，安排任务。晨训是基于团队理念内化落地，结合当期的业务工作所做的专项训练，同时提升团队成员的综合能力。科学而丰富的晨训具有形神兼备的感染力与号召力。"123-634"团队理念是晨训主张贯彻的"魂"，与丰富多彩的形结合，得以持续流传，并影响深远。这最终赋予了晨训是否流于形式主义、有无效果、效果如何、能否持续的根本性差异。具体来说，就是紧扣成长设定训练目标、组织形式、组织频次、实施时间、参与对象、参与方式、训练反馈、效果评估等，从不同程度提升团队理念落地并指导实际工作的效能。深入企业发展、员工进步，赋能企业打造"营销铁军"，调动员工的工作积极性，完成销售业绩。

如何才能让晨训在团队文化发展理念落地、实现员工个人成长、团队效能提升、公司业绩增长方面发挥最大功效呢？只有有目的、有使命、利他性的晨训，才能通过有趣、有用、有共鸣的催化作用将个人与团队凝聚在一起，晨训才会持续，进而发挥它在团队管理中的积极作用。

团队晨训提要如下。

1. 晨训时间

每个双休日早晨8点到9点晨训，有利于激发员工一整天的状态。

2. 晨训目的

晨训的目的是理念贯彻落地，在此基础上提高员工的四大能力：一是认知力，是指对团队文化理念的认知，用理念分析问题、解决问题的能力；二是思维力，是指用"123-634"团队理念应对营销过程中遇到的场景；三是表达力，是指培养员工面对客户的语言表达能力；四是行动力，是指提升员工的工作效率，养成"立即行动"的工作习惯。

3. 晨训使命

晨训使命是，我学习、我锻炼、我提高、我成长、我快乐。

4. 晨训形式

晨训形式、选题、题材不限，包括案例、知识、游戏、心理等有利于个体身心发展的内容，紧扣"有趣、有用、有共鸣"的作用主旨。晨训参与人员包括销售案场、营销企划、市场拓展、客户服务等全体营销团队人员。

5. 晨训组织

（1）前期规划。大家轮流主持，每个团队成员都要做主持人，以此达到全员训练的目的。每周选定一个人担任本周晨训主持人，用一周时间准备晨训所需资料，总结本周晨训相关案例分享。案例分享可以是当下热点，也可以是日常工作中的案例，还可以分享本专业知识，但需要围绕"123-634"团队文化理念精髓。

（2）晨训分为三步。第一步：主持人围绕"团队理念"进行当期的主题/案例分享。第二步：进行专项训练。专项训练形式可以参考辩论赛、PPT演讲、讲励志故事、策划案例场景模拟等，结束后由大家进行点评，点评后重新进行讲解，对比点评前到点评后的转变，训练并提升个人认知力、思维力、表达力、行动力。第三步：趣味游戏。由主持人带领大家一起互动游戏，或做体操，或唱队歌《在路上》《飞得更高》《感恩的心》。

下面是小王主持的一次晨训，以此解读"简单思维"理念。

从"哭鼻子"成长为销冠

"不就是一个考核吗？你们干吗都来刁难我？"说完，小王的泪水伴着一肚子的委屈和不解夺眶而出。

小王来到魏玛公馆项目已经一个多月了，按照团队的管理制度，新入职的置业顾问在这一个月内不能接待客户，主要工作是了解项目资料、分析户型等，全面地进行学习。每天看着别人接待客户、成交并享受成功的喜悦，以前在别的公司曾经是销冠的小王心中那份渴望日益强烈，"真希望能早日通过考核上岗，真正去接待客户，这样就能有业绩了"……

考核上岗，是指新入职的置业顾问实战考核合格后才能正式上岗接待客户，而对小王进行考核的正是案场经理和所有置业顾问。

终于在这天下午，小王听到了她期盼已久的声音。"小王，你准备得怎么样了？"刘经理问道。"我已经准备好了。"小王信心满满地回答。考核从迎客户开始，到讲解沙盘、推荐产品、意向摸排、签约成交，这是一次模拟考核。经理和所有置业顾问扮演客户，各种尖锐的问题接踵而至，小王的情绪明显由晴转阴，她有些招架不住了……好不容易考核结束，结果经理要求大家一起点评考核情况，有人说她迎客时礼节不到位，有人说沙盘讲解没有重点，有人说摸排客户意向时未掌握客户心理……他们还真是毫不客气，指出了一箩筐的问题。曾经做过销冠的小王哪里受得了这些。"有这么多问题吗？用得着说得这么尖刻吗？好歹我也准备了这么长时间，花了这么多精力，你们就给我这么一大堆的批判？为什么这么针对我？我哪里得罪你们了？"小王越想越气，越想越觉得委屈，"不就是一个考核吗？你们干吗都来刁难我？"说完，小王的泪水伴着一肚子委屈和不解夺眶而出。第二天早晨，经理组织大家开晨会，分析昨天小王考沙盘哭鼻子一事。小王说道："以前的单位都是刚去就可以接待客户了，我都来这儿一个多月了，连客户都没接待上，我是一个很要强的女孩，非常想证明自己，不明白就一个小小的沙盘至于这么夸张吗？""话不是这么说的。"大家开始一一分析这件事情，有人说道："公司安排这样的流程是为了强化你的实战经验，大家问的问题都是平时接待客户的经验积累，通过这样的考核，你能获得大家的经验。"有人说："你会流泪，是因为你没有迈过心理那道坎，你脸皮太薄，受不了大家的批评。""大家指出你的缺点是为了帮助你成长，而不是故意针对你的，你应该简单思维。""大家只是针对这件事情，而不是针对你这个人。"

随后，经理借此机会，向大家再次讲解了"简单思维"的理念，要求在团队中，对问题的认知与探讨要"就事论事"，不能发散去演绎，避免误会与内耗。

听了大家的肺腑之言，小王明白了，其实是自己的虚荣心作祟，所有委屈完全是出于自己的复杂思考和内心纠结。其实，只要能正确面对客观事实、正确分析事物，就会发现一切都很简单，大家都很友好，自己也有所收获。

虽然这件事已过去多年，但是小王从未忘记这件事情带给她的启示和思考。直至今日，提起从"哭鼻子"到销冠的成长之路，她说，当年的那次哭泣是她蜕变的开始。

晨训时，大家排成两三排，演讲人在队列前讲完后，要找几个人对其演讲进行点评，点评重点包括：一是主题是否突出，即案例是否紧扣某一理念，能够训练员工抓住事情要点的能力；二是逻辑层次是否清楚，能够训练逻辑思维能力；三是演讲时声音是否洪亮且充满激情。大家点评结束后，如果某一项不合格，则在点评后重新讲解，有一名非销售岗位的新员工在讲解时声音太低，我们就让他不断地高喊，分贝越高越好，一年后，这个年轻人成为团队活动的主持人。

晨训员工个人感悟

没想到晨训可以如此丰富。让我感受最深刻的，不仅是深度参与的趣味性、丰富性，还让我对"123-634"团队文化理念有了更加深刻的理解。①养成足够强大的自驱力，遇到问题能够沉着冷静地应对，主动寻找解决办法。②指导和指引在团队管理中的机制设计,有助于团队明确目标和方向,有统一的认知和动力去做好事情。③通过理念中的不断学习,形成独立、全面思考问题的习惯,在工作开展中更有助于工作能力的提升。④理念中的管理原则包括,客观公正、以身作则、不断学习,在我们日常的工作和管理中起到重要作用,有助于管理者更好地落地和实施管理动作,而且得到团队的认可及落地执行。⑤理念中的四大基本原则包括,从工作方法、动作管控、考核跟进、持续学习中让我们不断产生工作的动力,同时具备落地执行的操作指引,在完善工作路径的同时达成工作目标。

因此,"123-634"理念对我个人而言是非常有效的理念文化,已经在我的工作和生活中起到了举足轻重的作用。

没错,亲历过团队晨训的员工有太多类似的感悟。晨训不同于晨会的核心在于,晨训充分贯彻"123-634"团队文化理念灵魂总纲,以此为指导,遵循有目的、有使命、利他性,采用有趣、有用、有共鸣的方式持续做足做透,让团队中的每个人都深度参与并沉浸其中。真正意义上通过自己策划、组织、实施,参与他人策划、组织、实施的实际行为深化个人认知,让理念融入实际行动,又在一次次的行动和工作中,反复实践,加深认识,总结经验,沉淀智慧,推广升华,直到影响更深远,让更多个体受益。

评判一种理念的价值影响力,主要看它是否普遍并且是否持续性地影响一个又一个普通人,不但使个体掌握到正确的方法是什么,而且让个体学会用它能做什么,并且乐此不疲。

第六节　比赛激励

世界上唯一不变的就是变化,这句话出自《易传·系辞》。时代总是充斥着各种不确定性,人们所处的生活、行业、领域、企业、部门、团队,以及个人发展方方面面都充满了变数。永恒的变化不断带来新与旧的矛盾和冲突,人们在应对变化的过程中充满了与不确定性的对抗、与矛盾的对抗、与各种对象之间的对抗和竞争,甚至必须面对与自己的对抗和竞争。胜利意味着生存的机会,失败则意味着淘汰出局。

人生如是,行业如是,企业如是,团队亦如是。对于任何人、任何团队来说,生存本就是刚需。团队靠业绩生存,靠文化凝聚,理念的巨大聚合力量在其中功不可没。这种聚合力的另一种独特表现力就是竞合。《伏尔泰语录》中有一句话，"雪崩时，没有一片雪花是无辜的"。个体的作用与功效直接影响着团队的生存或灭亡。个体在团队中唯一的路径便是荣辱与共、共同成长、融合发展。因此，"以赛促合"成为从古至今绵延不断的凝聚手段之一，也是理念彰显能量的另一种独特表现。

在团队中，以竞赛、比拼提升能力的案例屡见不鲜。然而，只要是比赛，就有胜负，就有得失。要想正确发挥"以赛促合"的积极势能，就要在"123-634"团队理念的指引下，设计科学合理的比赛机制，激发员工的好胜心，有利于员工进步、提升营销业绩，具体表现在激发团队自驱力、打造持久力量、人人都有领导力等方面。

1. 激发团队自驱力

通过将个人目标融入团队目标，追求集体的荣誉感，时刻把个人成长放在组织进化的中心，为个体有所收获创造环境，而不是将成绩作为唯一的衡量标准。

团队文化环境，是一片能激发员工潜力的沃土。竞赛激励便是一个很好的手段。将团队文化植入竞赛活动，从机制设计到环节设置，从仪式到比拼，奖励与惩罚，胜败思考与总结，方法推广与升华。

团队文化使竞赛驱动理念深入人心，使员工产生自驱力，乐于全身心投入工作，享受自利和利他的快乐。

2. 打造持久力量

面对信息过载与碎片化的时代特征，浮躁的心态也是常态。但那些看似急功近利、浮躁的心态，实际是缺乏理念的指引，对未来缺乏理智的判断，没有信心的表现。所以，如果有一套智慧且系统化的理念方法论作为指引内心在昏暗中前行的明灯，让人很确定地看到未来且充满信心，那么团队成员一定能够团结，持久发挥团队的作战能力。

（1）由不同的团队或项目组成，将整体目标通过比赛划分为阶段目标，通过团队的协同作战，完成团队或项目的比拼。团队每完成一个阶段目标，得到行动结果的及时反馈，能量便会持续爆发，同时又能根据阶段效果进行适时调整，以更好的状态冲击下一阶段的目标，如此循环，持续行动。

（2）根据比赛机制设计一套简单易行的比拼激励方案，在真实比拼中不折不扣地执行，提升个体及团队的耐受力、抗挫能力和基本的执行力。

（3）在具有正能量、积极互助、和谐的团队文化和团队氛围感召下，积极的团队文化可以感染每一个人，并协同个人一起走得更远。实现个人因组织获得归属感，组织因个人进步而光荣。团队氛围会提升团队的凝聚力，从而让坚持变得自然。

（4）在短期目标不断接续后，共同锚定一个长远的目标。通过多个项目的竞争递进，层层分解，让大家看到每个阶段用什么样的行动去拼去赢，并切实转化为自己的行动，融入团队，帮助团队获得荣誉感和成就感。

3. 人人都有领导力

"领导力"不再是领导者的专属名词，在这个人人都需要领导力的时代，没有领导力，我们将时刻面临困顿迷茫，举步维艰。"123-634"团队理念赋予了领导力两个内涵：同理心和决策力。

尺有所短，寸有所长，每个人的特点都有所不同。有的人协调性强，敢于表现，通过竞赛可以充分展示风采，提升能力；有的人敢于担当，可以在比赛中扛起攻坚克难的大旗。

当然，只要是比赛，就一定会有胜败得失。在比赛过程中，也许会有人发挥不好，或者失误，通过理念的同理心去包容并引导同伴，及时给予鼓励和补位，让团队能协同向前，共同达成目标。赛程中的局势变化如同市场瞬息万变，锻炼了个人需要根据局势的变化及时决策，抓住转瞬即逝的机会，从而争取团队的胜利。

竞赛机制的设置，通过确立清晰的目标，让所有人都积极参与，让个体懂得团队协作的重要性，拒绝个人英雄主义。目标明确，协调共进，自主投入，一步步完成挑战任务，一步步打造团队凝聚力和向心力。

"比赛机制"提要如下。

（1）比赛形式。

主题赛：辩论赛、销讲大赛、业绩PK赛、好方法比赛以及礼仪礼节等。

季度赛：每季度举办一次各项目集中赛。

（2）项目季度赛。

项目季度赛每季度举办一次，比赛机制分为两个部分。

第一部分：晨训内容比赛。每个项目针对晨训内容进行比赛，可以任意选择专项训练进行比拼；也可以是辩论赛，或是讲述励志故事；还可以做一个策划案例进行讲解，由其他同事进行点评，票数高者获得该轮胜利。

第二部分：销售接待模拟赛。各项目人员轮流扮演客户，根据实际场景进行接待，考察置业顾问接待客户的礼节、服务和综合说辞，轮流进行演练，由其他同事进行点评，票数高者获得该轮胜利。

（3）业绩 PK 赛。

赛制设置以项目指标为导向，拆解长期目标、短期目标，团队分小组 PK。可以解决长期目标管控过程中因月度考核指标过大引发的一系列问题。直接细化颗粒度，将一个月分成四周，进行周度 PK 考核；再将周度考核分成周内考核和周末考核。周内设置小组 PK，设置一定的奖惩机制，周六、周日设置短期激励指标等。

本章首先阐述打造精英团队的目的，以此目的研究团队文化理念体系，就笔者经历实践和项目实际案例进行详细例证，再将团队文化理念具体落地，实现营销团队的进阶，分别展开训练式会议、企业晨训和比赛机制，通过理念管理落地帮助企业管理者建立一支实力强劲的"营销铁军"，也正是这一次次实践与探索行动，让理念管理不再是一段文字和一句口号，而是以各种生动的形式滋养着一个个日常的瞬间。

"123-634"团队理念作为一张行动地图，能够锻炼个人，提升团队水平。这得益于理念的力量，为团队、企业、行业培养出一批批极为出色的人才。

"聚是一团火，散是满天星。"今天，那些曾被"123-634"理念熏染过的营销人，即使离开了这个团队，也依然在各自的领域传递职业精神。在此，祝愿他们的职业生涯佳绩频传，人生各呈精彩。

第十二章

理念管理在企业营销策划中的应用

第一节　树立营销策划人的元理念

在理念管理体系的探索实践中，笔者始终强调激励相容，直观表现为利他主义。无论如何经营运作，架构之初即应考虑满足各关系方的利益诉求，这是确保运作成功的基础。而客户作为运作的核心目标，其需求更是我们需要考虑的重中之重。

随着互联网时代的到来，市场竞争越发激烈，信息生产和传播方式也相应发生变化，信息不再由新闻工作者制造，我们每个人都是信息源。人取代信息成为核心。正因为人是核心，所以客户思维必然成为营销策划力提升的一个根本点。

一、客户思维的结构性剖析

没有认同就没有合同，商业价值一定建立在用户价值之上。我们通常对客户思维的认知仅限于对客户需求的泛化认识，更多的是在产品层面研究需求，如果更加深入地进行结构性的剖析，就可以理解为站在对方的角度分析其感受、情绪、需求、立场等，具体可分为三个方面。

（1）需求。客户的需求是客户思维的基础。了解客户需求不仅仅是了解物质层面的好恶，更多的是基于客群生活状态延展至心态，进而关注其存在感、归属感和成就感。

（2）情感表现。客户的情感表现是指生活与工作中在人的相互影响下所产生的感受，如友情、幸福、厌恶、仇恨等。所以，越是逆市状态下，我们越强调在营销策划工作实践中拒绝推销式销售，提倡在与客户相处的过程中建立真挚的友谊，这是营销管理的重要工作。

（3）认知。经济学中有一个主流观点：个人行为受利益支配和理念支配两个方面的影响。由于理念会影响对利益的判断和认识，对个人行为影响更大。我们在营销实践中注重建立认同感，习惯用自己的需求去要求对方，从而忽视了认同的相互性。只有深入感悟"理念决定认知，认知决定立场"的思维逻辑，才能真正站在对方的角度思考问题，实现相互认同。

二、客户思维的思考原则

当今社会，信息更加透明、渠道更加多样、竞争更为激烈，我们所面对的市场已经形成了由工业时代的厂商主导转变为互联网时代的消费者主导的格局。企业各条线、各板块必须从市场定位、市场研发、生产销售及售后服务整个价值链的各个环节建立起客户思维的元理念。聚焦于营销策划板块，笔者从方法论层面总结归纳为"四原则"。

（1）补缺原则。通常来说，进入营销阶段即代表全体系运作流程已经进入直面终端的环节，客户的基本需求被锁定，产品基本定型。我们需要做的就是尽可能改造、完善基本功能和需求缺陷，最大限度地保障客户利益并满足其理念需求。

某二线省会城市繁华地段的豪宅，户型建筑设计面积为250平方米，却设计了6个卧室，空间狭小，不能满足该类客户的舒适需求。如果能以客户思维减少一个房间，将客厅改为大面宽横厅，舒适居住就能体现，销售价格也会上涨。

（2）共鸣原则。在产品确定的情况下，企划人员要重点考虑潜在客户的看法，确保广告效果与潜在客户在同一个频道上，避免自拉自唱。

（3）沟通原则。客户访谈是策划人员做营销策划定位前最重要的工作。调研之初即与销售人员进行交流，沟通成交或未成交的原因，尤其要关注客户不同情绪状态下对项目或产品的情绪反应。这样可以发现客户的潜在价值观和真实认知，以此来确定价值定位与诉求，避免出现强制说教。

（4）顶层设计原则。在营销策划中，顶层设计原则可以提升主题辨识度，有效地降低执行环节的无序性和随意性，包括主题包装、推广渠道选择、推广活动组织等，最大限度地实现有效卖点的强势灌输。一般的营销操盘有三个层次：低层次关注"我有什么"，中层次关注"我有什么""竞品有什么"，高层次关注"客户要什么""竞品没有什么"。通过策划格局的不断提升，突出产品的独特卖点，如最贴近客户需求、具备专有排他性，以此为基础，很容易建立起全面、系统的营销推广策略，使每个阶段的营销铺排都清晰明了、有的放矢。

三、客户思维的执行原则

客户思维是营销策划人的元理念，在具体执行中，不仅强调思维层面的贯彻，也应给予行为层面的重视，主要在于坚持和真诚两个维度。

1. 坚持

营销策划是直接面对终端客户的运作环节，在不同的销售阶段，不同存量产品面对的市场客户需要我们始终坚持客户思维，并不断调整、不断完善，第一、第二次可能没有明显效果，但随着时间的推移，使用的次数越多效果越好。

理念管理复利力的本质是：做事情 A，会导致结果 B，而结果 B 又会反过来加强事情 A，不断循环（如图 12.1 所示）。经济学家用一个公式来表达复利效应：

$$(1+r)^n \tag{12.1}$$

其中，r 代表正在做的事，n 代表时间。当 r 为正数时，如每天学习半小时，短时间内差异无法显现，但若长久坚持迈过"临界点"，学习效果就会沿着一个较陡的斜率上升，成绩表现会越来越出色。

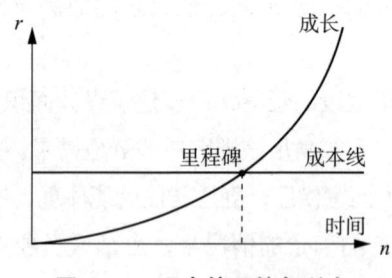

图 12.1　理念管理的复利力

2. 真诚

客户思维的基础是客户需求，关乎定位成败的根本也是客户需求引发的变化，其核心是与客户和协作体系建立有效的沟通机制，即通过沟通实现信息的及时对称。我们发现，在既往的营销实践中，80% 以上的销售冠军都有一个相同的特点——真诚。所以，我们强调真诚，真诚地以利他主义与客户沟通，了解最客观、最真实的需求来指导定位策划；真诚地以机制相融与协作体系交流，确保采取及时、有效的措施来保障定位实施。

坚持真诚的客户思维，始终将其作为营销策划工作的元理念并内化于心，逐步培养自己的思考和执行习惯，是形成强大策划力的根本。

第二节　挖掘客户认知中的元理念

《定位》一书对定位的定义为：如何让你在潜在客户的认知中与众不同。作为营销史上最伟大的理论之一，定位号召企业找到差异化的认知，并不遗余力地去抢占这个认知。对于企业和品牌来说，其重要性不言而喻。

从理念管理遵循的逻辑上讲，应当从两个维度研究客户认知中的元理念。

第一，认知心理学——心智影响消费决策的理论；

第二，行为经济学——心理账户影响消费决策的理论。

一、心智对消费认知的影响

1. 心智和心智模型

从广义上讲，心智是人们对已知事物的沉淀和储存，通过生物反应实现动因的能力总和。简单来说，心智泛指对周遭一切人、事、物的所有精神活动。以客户思维为核心的定位规划，需要基于客户心智，通过建立心智模型进行精确判断和观察。唐纳德·A.诺曼在《设计心理学》一书中对心智模型的解释是：心智模型是存在于客户头脑中关于某一产品应具有的概念和行为的知识。这种知识可能源自以前使用类似产品积累的经验，也可能是根据使用该产品要达到的目标而对产品概念和行为的一种期望。

我们暂且不去探究心智与心智模型的理论内涵和学术解读，而是先在营销实践的基础上，发掘其在理念管理学逻辑下的现实指导意义。

阿兰·库伯在《交互设计精髓》中提出了三种模型：实现模型、表现模型和心智模型，如图12.2所示。

图12.2　阿兰·库伯提出的三种模型

实现模型是产品运行背后的一套处理原理和方式。对于产品设计者和制造者而言，可以将实现模型简单理解为设计原理、制造方式和逻辑规则等，但客户不

理念管理的力量

需要理解和关心这些内容。

表现模型是通过一系列的视觉表现、交互链路等建立的让客户和产品进行对话交流的模型。我们平时接触的产品呈现的就是表现模型。

某一线城市非成熟地段的大型住宅项目，为了获得市场差异化和更高的溢价，推出"剪力墙外置，室内无分隔"的户型产品，客户根据需求可以在装修时任意划分功能空间，进而满足客户"全龄段、百变宅"的使用要求，大幅提升了户型设计的适用性。面对产品的新功能，营销团队针对客户体验难的现实抗性，利用自动立体车位的机械原理，设计出可变样板间的展示道具，使客户在一分钟内感受到同样的98平方米户型在两房设计和三房设计中的不同空间表现。该产品一经推出，好评如潮，销量大增。

解读上述案例：第一，"剪力墙外置"是一项工程技术，属于实现模型，客户无须深度知晓技术原理和施工工艺，仅关注使用结果是否实现了"室内无墙无柱、空间百变"即可；第二，通过可变样板间的展示道具，实现了产品与客户的直观对话，眼见为实；第三，抓住了一线城市购房成本高、客户对于产品功能空间要求高的痛点进行展示；第四，将传统的产品展示由静态变为动态，客户的参与欲望更加强烈，真正将卖点灌输变为交互链接；第五，通过展示道具，实现了产品定位中差异化环节的最直观表达，超出了客户对产品既往点状弹性设计的预期，从而对心智模型实现反哺。

所以，表现模型越接近心智模型，就越觉得可控、好用、满足需求；反之，表现模型越远离心智模型，就越觉得这款产品困难而不易被理解。表现模型不断靠近心智模型是我们进行各项定位最重要的目标之一，也是在产品立项初期必须先定位客户群体，研究其喜好、习惯、痛点、使用场景等的原因，我们将这一步称为"客户画像"，即理想中最接近的客户心智模型。

真正进阶的客户体验，在于表现模型对用户心智模型的塑造反哺，即我们熟知的超出用户预期。

2. 构建心智模型的底层理论

心智模型本身是对未来发展的预测，是内心基于以往经验/知识对接下来要发生的事情提前写好的剧本，并且坚信这个预测是正确的，它将决定采取相应的行为。采取行为后获得的反馈又可能反向补给以往经验/知识，心智模型再根据新的经验/知识进行不断的动态修正，如此循环往复，如图12.3所示。

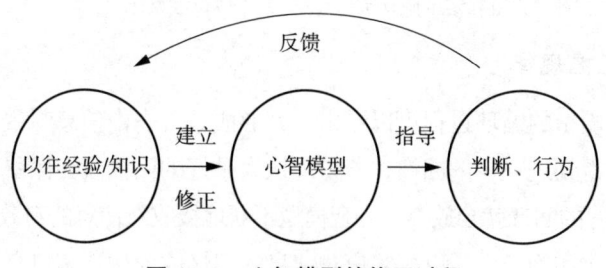

图12.3 心智模型的修正过程

3. 认知就是事实

心智模型形成的基础是以往的经验和知识，这种沉淀决定了其具有对产品认知层面的稳定性。从某种意义上讲，在营销定位过程中，应着眼于"客户的认知就是事实"的逻辑根本，通过功能改善、价值附加等手段，对客户的心智模型进行引导和修正。

改变认知　改变事实

2017年，某一线城市中端居住功能板块的公寓类项目在售。营销团队根据区域住宅需求较大的特点，结合项目一线临湖、知名中学配套，包装类住宅产品，期望撬动市场，结果很不理想。究其原因无非有三点：第一，公寓类产品的单套面积较小，无法媲美住宅的居住功能；第二，公寓类产品的水、电等基本生活配套成本远高于住宅项目，且无天然气入户，客户的实际居住体验较差；第三，公寓类产品建造成本高于住宅，在市场价格比较中处于劣势。根据新一轮定位调整，立足公寓类项目的投资属性，着眼中学配套的价值，打造陪读公寓。首先，立足公寓属性，通过抓教育痛点，将产品定位功能清晰化，客户认知由排斥转向接受；其次，陪读公寓的概念，将住宅属性的长时居住转向"短时居住，长久投资"，弱化产品居住功能上的劣根性；最后，强化投资功能，将价格对比从小户型住宅扭转至高端学区房，将投资价值最大限度地显现出来。此外，为了提升功能实用性和适用性，本着"客户思维、做足做透"的原则，功能样板层（包括自习室、公共厨房、健身房等）、景观示范区（包括英语角、晨练区等）也在二次面市前集中呈现。该项目最终实现三个月售罄，成为区域公寓销售的样板。

上述案例说明，在营销定位实践中，应始终尊重"客户的认知就是事实"，谨慎尝试改变产品的基本要素和功能属性，重优化轻改变，通过功能完善、使用范围延展等途径树立产品品牌和认知，会达到更好的效果。

4. 尊重记忆规律

通过心智模型的循环过程可以看出，其形成是首先由信息刺激；其次经由个人运用或观察得到进一步的回馈，若主观认为是好的回馈就会保留下来成为心智模型，若是不好的回馈就会放弃。心智模型不断地接收新信息的刺激，这种刺激的过程可分为强化和修正。所以，客户对信息的记忆成为构造客户心理模型的逻辑基础。

营销定位，实际上就是将品牌、产品以最符合客户记忆规律的方式，按照信息刺激、感官记忆、选择性注意、短时记忆的心理运作、复习，最终实现长时记忆中分类组织后永久存储的流程。

在营销定位实践中，我们致力于通过各种渠道释放产品信息，实现由信息刺激到短时记忆的目的；通过"到场有礼""暖场活动"等方式促进客户完成复习的过程，并期望借此方式释放各种卖点和利好，在客户心目中形成好的回馈，进而保留下来，成为永久存储，亦即成为心智模型。虽然出发点和操作流程都没有错，结果却千差万别。究其原因，就是没有用客户思维指导定位，始终坚持"做足做透"。

（1）从信息刺激到短时记忆——米勒法则。

1959年，美国心理学家乔治·米勒通过对一维绝对判断的极限和短期记忆极限之间的巧合得出结论，人的大脑短时记忆存储空间有限，对信息块的记忆容量大约为"7"，并在7−2（5）与7+2（9）之间浮动，再多就会影响记忆精度，导致出错率上升。这个神奇的记忆规律被称为"7±2"，后被命名为"米勒法则"。我国心理学家曹日昌也用认知法研究了图形记忆的变化。他指出，与识记图形相比，记忆所表现的变化大致可以分为四个特点：简略概括、完整合理、详细具体、夸张突出。

一词占领客户心智

2023年5月中旬，笔者调研了某四线城市房地产项目，该项目为该开发企业最近两年的销售红盘，但由于市场整体下滑以及新盘大量供应分流客户，销量大幅下降。

调研的首要工作是与近期业绩较好的前三名置业顾问做"业主访谈"，尤其注意捕捉客户不经意间发出的赞叹和流露出的购买痛点。访谈结果表明，近期客户购买痛点为"准现房""小户边套布置""小区景观及功能配套"。

依照上述客户情况反馈，笔者建议营销团队立刻围绕三个方面进行调整，同时更新推广包装和营销活动组织，快速出街面市，抢占差异化、细分化定位主导权。

首先，调整推广主题诉求方向。摒弃繁杂的卖点输出，聚焦"准现房"和"城北唯一边套小户"这两个具有排他性的差异化卖点。其次，调整优化推广内容，即各类物料围绕两大核心诉求做足做透。结合卖点诉求做以"准现房：现在买、今年住""城北唯一98边户的稀缺属性"为主题的两类海报，直击目标客户痛点。同时，更新阵地包装，包装以"稀有98平边户设计""在交付，立省约6万元""安家0风险"为主题，重点针对内部现场购房逻辑展板和营销中心门口桁架重新梳理，突出准现房和边套设计特点。最后，强化客户体验感，进行看房动线优化。

该案例表现的操作要点是定位要遵循极度简化原则，"一词占领心智"。抓住心智容量有限、拒绝混乱的特点，按照做足做透的原则，形成从卖点提炼到输出再到交互链接的全过程。

（2）从复习巩固到长时记忆永久存储——峰终定律（Peak-End Rule）。

诺贝尔经济学奖获得者、心理学家丹尼尔·卡纳曼经过深入研究发现，对体验的记忆由两个因素决定，即高峰（无论是正向的还是负向的）时的感觉与结束时的感觉，这就是峰终定律。"峰"与"终"就是所谓的"关键时刻（Moment of Truth），是服务界最具震撼力和影响力的管理概念与行为模式。

在营销策划实战中强调峰终定律，就是希望在客户记忆全流程的最终环节，不仅要抓住卖点展示的"峰"，还要抓住促销政策的"终"，最终实现客户对产品的正向信息回馈，顺利转化为心智模型。

在房地产行业销售实践中，通常会根据重要的节假日节点举办暖场活动，一部分管理者的导向是通过活动形成邀约说辞，提升现场人气，结合展示区表现形成美誉促进成交；另一部分管理者会在此基础上进一步梳理出符合市场需求的房源，实施优惠政策，通过"限时特价房""限时团购价""领导签售"等方式，抓住终端表现，往往会达到更好的销售效果。

5. 创新成为第一的终极战略

1912年，奥地利籍美国经济学家熊彼特提出创新理论，具体包含新产品的生产、创造新的生产方法、开辟一个新市场、创造原材料来源的新通道、组织模式

| 理念管理的力量

的创新五种情况。

1969年，美国著名营销大师艾·里斯在开创定位理论时这样描述：定位就是让品牌在顾客的心智阶梯中占据最有利的位置，使品牌成为某个类别或某种特性的代表品牌。这样，当顾客产生相关需求时，便会将该品牌作为首选，即这个品牌占据了这个定位。潜在顾客心智阶梯如图12.4所示。

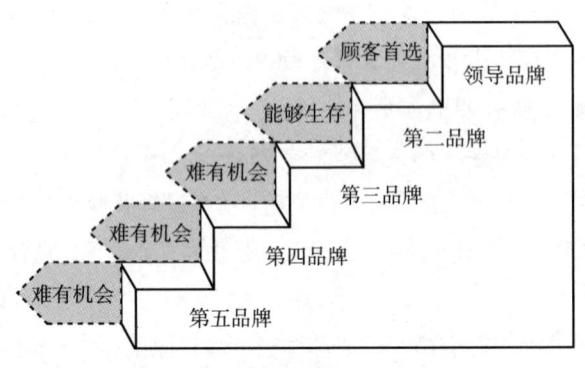

图 12.4 潜在顾客心智阶梯

综合看待创新理论和定位理论可以发现，抢占客户认知的捷径是成为第一，而成为第一的终极战略是基于客户认知的品类创新。张云在《品类创新》一书中直言：发现消费者认知中的品类空缺，推出新品牌占据空缺，起步就是第一，最终成为"品类之王"。

梵高的小花房

某住宅项目115平方米，三室两厅一卫，为高层住宅标准层三户中的中户滞销产品，弊端很明显：中户采光、通风影响较大，与两翼125平方米未拉开足够的总房款差异。经过深度调研访谈，此类客户以单身年轻以及恋爱婚房客群为主，短期内对三房需求并不大，对舒适性要求较高，喜好彰显品位的功能空间。如何营造舒适性，同时兼顾个性化空间，这就是一个"心智品类空缺"。

通过对产品的细致分析，做出如下改动：首先，将南向主卧与次卧整合成"超级主卧"，面积由12平方米扩大至35平方米，满足全年龄段需求，在新婚、生子、孩子成长期间，次卧可作为衣帽间、书房、婴儿房等使用；其次，户型独有的南向9平方米大阳台与客厅之间打通，包装成户内花房，满足现代年轻人崇尚美好、亲近自然的生活诉求。

在上述产品功能优化的基础上，结合目标客群的记忆特点和南向花房的独有卖点，衍生出了新的品类命名——梵高的小花房。借此，以阳光、向日葵、梵高、花房为主题的顶层设计跃然呈现。

6. 抢占客户心智的策略

通过心智模型的底层理论，我们很容易梳理出抢占客户心智的三项策略。

（1）创新原则，争夺第一。无论是从产品形态上做文章，还是通过塑造品牌理念彰显自身的与众不同，通过创新，使品牌和产品成为第一是定位理论最有效的方式。

（2）记忆规律，重复价值。提炼出一个最重要的核心价值，把这个价值不断重复地灌输给消费者，令其形成深刻的印象、长时间占领用户认知。

（3）尊重认知，连接客户。完美架构表现模型，在企业和客户之间搭建沟通的桥梁，实现最妥帖的交互。

《人性论》的作者大卫·休谟说过："人类的人性几百万年来都没有改变过，我们掌握了顾客的心智规律之后，就要运用这些规律去调动人性的力量。"

商业竞争不是产品之争，而是"争夺客户心智的战争"，是成为第一的终极战略。从认知心理学的角度来看，要从客户心智模型的架构出发，牢固树立第一的品牌功能"占位"，还要抢夺成为第一的差异化、细分化市场定位主导权，更要在推广中保持相对唯一的、固定的核心价值输出。

二、心理账户对消费决策的影响

认知心理学认为，消费者行为决策的主要影响因素是心智模型。该模型是在已知事物的积累和存储基础上，对待事物的态度、情感、经验、动机等心理状态、认知能力组成的总体，偏向于理性。心理账户则是行为经济学对消费者行为决策主要影响因素提出的理论。两者均强调定位的根本出发点是"基于客户思维，研究客户认知"，其理论基础也同样源自"认知就是事实"。不同的是，心理账户理论"将心理学的现实假设与经济的决策制定结合起来，通过探索有限的理性、社会偏好和缺乏自我控制的结果，展现出这些人性特点对于个人决策以及市场结果的系统影响"。

1. 心理账户理论释义

心理账户是行为经济学中的一个重要概念，由芝加哥大学行为科学教授理查德·塞勒提出，他于 2017 年获得诺贝尔经济学奖。该理论的基本解释是，由于消费者心理账户的存在，个体在做决策时往往会违背一些简单的经济运算法则，从而做出许多非理性的消费行为。心理账户理论的最大贡献在于，架起了对于个人决策存在的经济学和心理学分析之间的桥梁。而这正是构成心理账户的基础，是营销策划需要关注的重点。

2. 心理账户理论的主要特征

假设你提前买了一张价值800元的国家大剧院音乐会门票，在准备从家里出发的时候发现门票丢了。虽然知道去现场仍然可以再花800元买到同样的票，但你愿意去现场再花800元买一张门票吗？大多数人的选择是不会。相反，如果你没有提前买票，在准备从家里出发去国家大剧院的时候，发现钱包里有一张800元的购物卡丢了，你还会继续去国家大剧院花800元买票听音乐会吗？大多数人都会选择买票。为什么会有这样的区别？这是因为，在我们心里，音乐会门票800元和购物卡800元的意义是不一样的。前者代表娱乐预算，既然丢了，再花钱就意味着超支，要花1600元购买音乐会门票，让我们很难接受。后者是购物卡，虽然它丢了，但不影响娱乐预算，我们仍可以继续花钱买票听音乐会。尽管二者实质上都是丢了800元，却导致了我们完全不同的消费决定。

上述案例反映出，在人们心目中的确存在着一个隐形账户：该在什么地方花钱，花多少钱，如何分配预算，如何管理收支，大体上总要在心中做一番平衡规划。当人们把一个账户里的钱花光时，他们就不太可能再去动用其他账户里的资金了，因为这样做打破了账户之间的独立性和稳定性，让人感到不安。借此，我们也可以对这一理论的特征进行简单归纳。

第一，每个人都有两个账户，即经济学账户和心理账户，其中，心理账户的存在影响着消费决策。在经济学账户中，只要绝对量相同，每一元钱都是可以替代的；在心理账户中，对每一元钱并非一视同仁，而是视不同来处，对去往何处采取不同的态度。

第二，非替代效应，即不同账户的金钱不能相互替代。其逻辑是个体把资金划分到不同的心理账户，而每个心理账户中的资金有不同的功能和用途，彼此之间不能替代。

第三，心理账户系统常常违反经济学的运算规律。其特征是：人们进行各个账户的心理运算，实际上就是对各种选择的损失、获益进行估价，而这个损失是把过去的投入和现在的付出加在一起作为总成本的。

需要特别注意的是，情感体验在人们的现实决策中起着重要作用。人们在心理账户运算的过程中并不是追求理性认知上的效用最大化，而是追求情感上的满意最大化。从这个意义上来讲，心理账户本质上也是客户心理的直接表现，是建立在心智模式基础上的行为表达。

3. 心理账户理论的现实应用

在营销策划实践中，了解心理账户理论的基本特征，可以从中发现潜在的指引，从行为经济学的维度，为产品抢占第一提供重要的解决思路。

（1）心理账户影响着消费决策。我们在定位中，不仅要考虑产品的经济价值，还要考虑定位诉求能够给予客户的心理满足，即站在客户思维的角度发掘重点账户。女人的重点账户是美丽，男人的重点账户是家人，老人的重点账户是健康，父母的重点账户是孩子……关注不同人群的重点账户，实际上就是关注产品定位的核心卖点和诉求，这是"客户思维"最直接的表现。

（2）心理账户虽无法替代，但可以转移。通过产品应用功能、适用场景、使用对象等诸多因素，客观合理地转变原有心理账户的归属。简单来说，就是让客户从不愿意花钱的心理账户转移到愿意为此买单的心理账户。

（3）心理账户存在违反经济学运算规律的特征，必然导致人们产生诸多非理性消费行为。例如，沉没成本效应，即一旦为某项投资付出了金钱、时间和努力，人们就会倾向于继续做下去。人们在做决策时，总是会习惯性考虑过去已经无法挽回的成本（即使可能产生新的成本）；又如，"交易效用"效应，即人们的心理预期价格减去商品价格的差，如果差值为正值，人们就会认为这笔交易是划算的，从而决定购买；如果这个差值为负值，人们的购买欲就会骤然降低。非理性消费行为往往在销售组织、步骤实施等具体实操环节发生。

不用焦虑！上完实小上一中！

2022年8月，笔者调研某三线城市综合体项目，位于城市新城的核心地段，公建配套成熟，市场竞争激烈。调研的首要工作就是摸清客户的心理账户"存款"情况。通过与优秀置业顾问座谈发现，该项目目前销售的核心抗性是售价高出竞品8%，不能放量销售。与周边竞品的价值差异点是，该项目为区域内唯一确定划入重点公立中学、享受优质教育资源的项目。一边是确定的中学阶段入学资格，一边是不确定因素导致的子女中学就学焦虑，重点心理账户跃然而出。

根据心理账户理论的转移消费原则，我们将买房消费合理转化为教育消费，最直接地捕捉到"男人的重点账户是家人，父母的重点账户是孩子"，目的就在于将价格高出8%的客观抗性进行化解和抵消。

据此，笔者在建议该项目摒弃多卖点融合的综合性包装宣传与推广的同时，给出如下营销策划方案。

（1）聚焦核心价值诉求。"不用焦虑！上完实小上一中！"

（2）营销中心现场包装围绕学校位置、师资水平、品牌特点等亮点进行调整，做足做透。

（3）迅速梳理出街物料，以新的推广主题诉求快速进行信息释放，抢占市场。

通过一系列调整，客户对项目价值有了心理重估的基础，解决了价格高于竞品问题，快速拔高了项目价值。2022年9月—2023年6月，该项目一跃成为该市销冠，在当地市场获得了良好口碑，对后续销售形成有效促进。

通过上述案例可以看到，该项目得以脱困的核心策略有两个方面：一方面，从认知心理层面引导客户的心智模型塑造，调整和聚焦主要卖点，抢占孩子教育痛点的"第一"，迅速与周边竞品形成差异化；另一方面，从行为经济层面影响客户的心理账户消费。通过转移消费原则，将客户的消费行为从买房账户转移到教育账户，并在此基础上强化重点账户逻辑，最终结果是客户的"交易效用"效应得到了激发，心理预期价格和产品销售价格实现了有效平衡。

三、客户认知的元理念

无论是认知心理学的心智模型理论还是行为经济学的心理账户理论，出发点都是基于"客户认知就是事实"心理，将客户思维做足做透。

根据理念管理学的逻辑，我们更愿意将心智模型理论理解为客户的经验积累，以产品特色为基础，寻求与客户情感需求的共鸣，着力构建客户的心智模型，并通过不断地强化卖点，对心智模型进行补充、修正，进而实现对产品品牌的认知、关注和美誉。心理账户理论更强调情感，是在心理上对结果（尤其是经济结果）编码、分类和估价的过程，揭示了人们在进行（资金）财富决策时的心理过程。

挖掘客户认知的过程，既是对客户认知心理、认知模式的研究过程，也是对客户消费行为和消费心理的探索过程，要想系统、全面地挖掘客户认知，就必须全面融合心智模型理论和心理账户理论，简单来说，就是实现心理认同过程和心理决策过程合二为一。

综上所述，理念管理学提出，挖掘客户认知的元理念就是基于客户认知和思维方式，全面了解客户的生活方式、价值观、情感诉求等，找到客户的核心买点。在营销策划实践中，只有深入了解客户认知规律才能正确进行定位，从情感力的角度完成品牌、产品的价值植入；只有客观研究客户心理账户变动情况才能把握心理分类，从理性力的角度引导客户做出购买决策。两者互为补充、相辅相成，是完整客户心理分析的重要构成。

第三节　聚焦客户认知中的元理念

聚焦客户认知，就是解决两个维度的问题："知"，即解决心智资源占有数量和质量的问题；"行"，即定位之后的系统整合和一系列营销活动、措施及动作，实际上是在消费者大脑里建立一种心智，重新改善其对品牌的认知，进而做出购买决策。知行合一的出发点是客户思维，是对认知就是事实的充分掌握和尊重。在理念管理理论的体系中，知行合一元理念的理念基础是激励相容，理念核心是链状思维，即"阿布意识"。我们可以通过下面的案例解读知行合一在实战中的具体应用。

从门可罗雀到淡季不淡

各个行业都存在淡、旺季的规律，争取"淡季不淡"是营销策划人员经常思考的问题。房地产销售行业也是如此，对传统淡季如何实现激活来访、拉动销售绞尽脑汁。对此，笔者在大区营销管理中，尝试引入知行合一理论，通过对客户认知的把握，完成心智模型的构建，进而影响心理账户的决策。

2006年，正值企业快速发展期，要求狠抓第三季度业绩指标。但行业内都知道，第三季度的暑期，天气炎热，客户到访意愿不强，售楼处门可罗雀，普通的暖场活动无法实现客户的聚集；而大型的营销活动，单场活动费用偏高。没有客户就没有成交，面对巨大的指标压力，我们如何在控制营销费用的情况下，实现卖场人气聚集，达到理想业绩？执行理念是"知行合一""做足做透"。

（1）认知就是事实，了解各方心智。通过客户访谈、置业顾问访谈、策划执行人员访谈，我们了解到，常规暖场活动效果不佳的主要原因包括天气炎热，客户出行意愿不强烈，暑期需要腾出有限精力照看孩子，常规暖场活动内容缺乏新意，实际活动效果导致置业顾问邀约热情下降。笔者梳理后认为，主要矛盾在于

| 理念管理的力量 |

三个方面：客观原因导致客户不愿到场，费用原因导致企划无法执行更加有新意、更具规模的活动，效果原因导致置业顾问无法提升参与积极性。只要聚焦心智堵点，就能为解决矛盾打下基础。

（2）激励相容，平衡各方心智。根据心理账户理论，客户在暑假阶段的"重点账户"是孩子，包括孩子的安全、学习、实践等内容，有关孩子的活动定位是最符合客户心智的切入点。所以，从客户认知的角度，做儿童主题活动最适宜。

在具体活动策划执行中，按照费用最小化的原则进行架构，尤其是尽可能缩减道具和人工在活动执行中的比例。所以，"我搭台，你唱戏"，做比选类活动是最优选择。

要想调动所有营销人员的参与积极性，就要令其融入活动。活动中的主持人、现场活动管控人员、服务人员等由企划、前策及置业顾问担任，将"买卖双方"的对立关系定位转化为"活动参与双方"的融合关系定位，打破沟通壁垒，在活动执行中帮助置业顾问与客户建立顺畅的沟通机制。同时，在活动执行中，锻炼置业顾问的岗位技能，帮助其成长。

通过上述梳理，我们将活动内容定位"暑期超级宝贝秀"。为了使活动定位更能贴近客户认知，有利于快速构建心智模型，进一步优化活动主题——"我锻炼、我提高、我成长、我快乐"。

（3）链状思维，围绕客户心智模型，系统架构。对于营销企划人员来说，具有销售意识至关重要，必须以销售产品的思路考虑活动架构。

客户从哪里来？我们从客户访谈中了解到，绝大多数家长考虑到暑期孩子学习、锻炼等问题，会将孩子送入各种各样的培训班。因此，教培机构成为项目对应目标客群导入的重要渠道。在实践中，这种渠道的客户资源导入呈现出效率高、客流大、针对性强、品质优等特点，其本质是互为渠道、激励相容。

客户为什么来？目前，在孩子教育成长中，家长往往都有一个突出的心理状态，即"让孩子从小卷起来"。我们不评判这种心态的对错，而是关注实践、展示在孩子成长中的重要作用。因此，活动内容架构围绕儿童才艺，结合不同门类设立不同的竞赛单元，通过设置初赛、复赛、专家指导课程、决赛等环节，提升家长的参与意愿和重视程度。我们也期望通过这种设置，实现对潜在客户的价值重复灌输，使项目能够抢占客户心智。

客户能得到什么？根据"峰终定律"，联合广电等机构举办当季的大型演出活动，联合知名机构开展游学、社会实践等活动，安排优胜者参与其中，给予客户最佳的"终点"体验。

（4）知行合一，做足做透。策略的最后，我们要考虑活动的实施效果，即做足做透每个环节，做到客户认知和产生消费决策两个层面的心智统一，确保产生实际销售。

两个月的暑假，案场坚持"逐月周周都召集，周末天天有秀场，每天时时闹不停"原则，确保周末现场人气火爆，带动到访客户成交，将重复效应做足做透。

为了有效利用周一至周五缓冲间歇，联合培训机构在案场利用现有场地设施，举办"才艺训练营""四点半课堂"等主题，保证日常来访量，将活动主题做足做透。根据项目特色，将适合科目设置于样板间展示区、景观展示区等位置，鼓励家长拍照发朋友圈，加速项目信息释放，围绕项目卖点做足做透。

强化案场销售策略的架构。一是鼓励置业顾问接近家长，了解客户心理诉求，收集产品及措施改进建议；二是推出相应房源进行节点优惠包装，尤其是联合教育机构进行培训费用的买房定金抵扣优惠；三是推出教育专场团购，以优惠吸引家长组团购买。将心理账户的沉没成本效应和交易效用效应做足做透。

案场各类物料进行集中梳理和调整，紧密围绕周边教育及教培配套资源进行强化，并强调"孟母三迁，择邻而居"的圈层理念，引导客户心理账户转移。利用家长等候时间，邀请专家基于产品特色，做涉及孩子居家空间安排、风水、环境等相关内容的短时课堂，潜移默化地引导构建客户的"心智模型"。

"暑期超级宝贝秀"活动执行后，案场的客户来访量持续攀升，置业顾问的销售热情高涨，项目淡季不淡，取得了很好的销售业绩。此后，该活动成为该企业在全国范围内暑期暖场活动的重要形式，在实施过程中随着资源和市场的变化进行了相应的调整、补充扩容与深挖，但其核心的架构理念和主要的操作环节仍旧沿用至今。

一个简单的暖场活动案例，却能体现出营销策划人员截然不同的水平。需要强调的是，活动效果的差异并非业务能力的高低，而是多地不同理念水平的呈现。秉承经营管理的元理念，只有时刻把激励相容、利他主义、简单思维、立即行动、"阿布意识"牢记心中，才能找到做足做透的原动力。

聚焦客户认知，必须严格遵循"认知就是事实"，其先决条件是认知产品和认知客群。针对不同的产品和客群，思考模式也应有所不同。例如，普适性产品的心理账户决策聚焦于价格运算引发的价值衡量，而高端产品的心理账户决策聚焦于心理满足引发的价值衡量。我们不妨再引用一个案例进行解读。

开盘去化率从 10% 到 70% 的突破

2010 年，西部某省会城市新区非主流地段豪宅项目，在开盘的两个月内，基于目标客群心智，重点围绕城市精英阶层开展了"国际名品签约会""名庄红酒品鉴会""知名学者的财经分享"等常规活动，效果很不理想，导致销售受阻。后期经分析认为，这种强势的、空洞的心智灌输，既缺乏有力的表现模型支持，又明显背离客户心智模型。因此，将研究重点转移到基于客户群体喜好、习惯、痛点、使用场景等，通过构建适宜的表现模型，不断靠近客户心智模型。调整及完善营销策略如下。

首先，找对亮点建立客户认知，通过构建更有力的表现模型实现客户与产品的对话。通过对置业顾问和已成交业主进行访谈，我们了解到，项目示范区、样板间的表达能够代表客户对于豪宅认知的品质标杆，适合作为表现模型的聚焦点靠近客户心智模型。我们还了解到，高端客户大多比较排斥大场面的群体活动，而相对较为认同小圈层、私密性的活动。权衡利弊，最终确定围绕邀请客户到场体验的要求架构活动，聚焦产品品质，以样板区、样板间为场景聚焦于有限心智延长传播链做摄影活动，宣传产品细节。

其次，找对圈层切入点，培养小圈子的"种子客户"。根据案场反馈，项目地处城市郊区，当地人不认同区域人文环境，有严重的地段抗性。在前 5 个月的成交客户中，本地客户占比不到 30%，且比例急剧下降。因此，为了快速释放信息，抢占客户心智，制定了"成交业主切入，衍生效果渗透，做足做透"原则。

最后，细节架构，做足做透。在抓心智模型架构的同时，不忘关注心理账户。案场结合高端客户停车位需求，适时架构老带新专享优惠活动，老带新成交，老客户可享金额抵用券，利用沉没成本效应为车位销售打好基础；新客户可享受购房专属优惠，进一步夯实"峰终定律"。

坚持"圈层效应、共鸣原则"，做好以老客户为核心的圈层活动。此类圈层活动的要点是"小规模、定制化、有面子"，通过私家生日会、私人派对、定制私家酒会等形式，深挖业主身边的潜在客户资源，同时将业主购买的房型样板间作为活动举办地点，让业主的美誉更加直观生动，让潜在客户的认知更加真实化、具体化。通过业主私人派对的执行，以摄影活动为基础，深挖心理账户价值，将购房支出转化为社交支出、人脉支出、个人品牌包装支出的心理转变。

为了延展活动的广度，在开展摄影活动时，案场设置专门展区举办摄影展，将客户创业历程及成就故事汇编成册，作为礼物赠送给客户。同时，客户的事迹成为置业顾问阐述项目圈层最客观、最富有带动力的说辞，在新客户中进行传播,使他们感悟圈层、融入圈层。

最终,在该活动执行的75天内,项目从开盘去化率的10%提高到70%,并为后期销售积累了源源不断的潜在客户。

该活动从架构核心上讲就是从成就心智层面树立高端生活方式的认知,从圈层账户层面影响客户的心理决策。

聚焦客户心智元理念,就是聚焦客户的核心诉求,以客户认知为基础,围绕心智模型和心理账户两个层面架构解决思路。在实践中,我们要秉承"全面+深入"原则,以发展的眼光看待客户认知的树立和转变。

第四节 销售目标达成中的元理念

销售人员的使命就是完成指标。在完成整个销售指标的过程中,要有一个理念,就是销售目标达成中的元理念,即要坚信指标必须达成,且一定能够达成,并为之穷尽一切方法去达成的一种积极主动的意志。

本节利用房地产行业采用的管理方法,研究如何将上述元理念用于销售组织和管理。

在房地产企业,公司指标划分为年度指标、季度指标与月度指标,在销售案场还可以通过周指标进行过程管控。我们利用销售目标达成的元理念创新了一种销售中心的销售组织管理方法,并将其命名为"聚焦指标信念管理法"。这是一种指标倒逼链式的操作模式,要求以月度指标为基础,依托销售各环节的转化率,倒排来访、办卡、大定等核心环节指标,再分解到每个推广渠道,分解到每周。由于量化各个环节,可以精准匹配资源,做到全过程监控和管理,最终保证目标达成。

1. 源自工作痛点的最优解决方案

在房地产营销领域,业绩考核是衡量营销人员水平和能力的唯一手段。从某种意义上来说,业绩的好坏直接决定着营销人员收入、晋升、发展等切身利益。同时,销售业绩的好坏是多种因素共同作用的结果。所以,我们经常会听到来自案场的抱怨:市场下滑、房源太差、人手不足、渠道不畅、流程迟缓、佣金拖欠……这些都是指标无法完成的原因。但深入分析不难发现,这些问题并非无解,而是没有形成激励相容的机制,将指标实现的各种关联因素有效联系起来,将大家的利益目标聚合在指标下,形成自发自觉的信息对称和主动解决问题的动机。

聚焦指标信念管理法是通过"根据销售金额指标换算为销售套数,根据转化率倒排来访、办卡、认筹、大定等各环节指标""将各环节指标分解到各渠道""将每个渠道、每个环节的指标再分解到每周"三个递进步骤,将关联的领导统筹协调力、策划精准执行力和置业顾问主观能动性纳入统一的量化考核体系,达到"目标一致、考核透明、信息对称"的目的。聚焦指标信念管理法示例如图12.5所示。

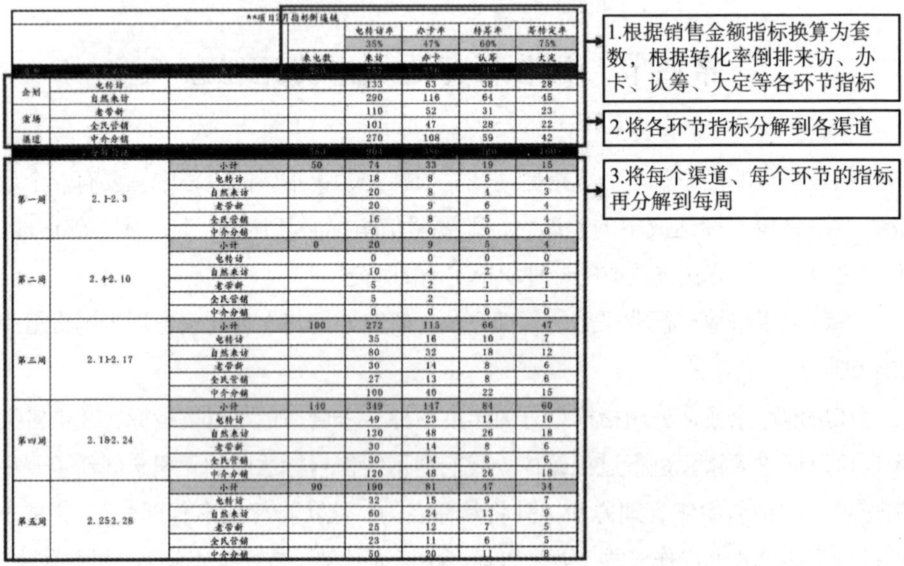

图12.5 聚焦指标信念管理法示例

2. 使用"聚焦指标信念管理法"的两大前提

无论采取何种方式方法,要确保组织实现共同目标,必须有坚定的"指标信念感",就是要坚信指标必须达成,且一定能够达成,并为之穷尽方法去达成的一种积极主动的意志。这不仅仅是精神主张,更是核心竞争力。

第一,经得起"灵魂三问"的指标信念感。①你是否将渠道的深度做透了,能否提升该渠道的来访量?②你是否穷尽了所有有效渠道?③你是否还有其他办法提升转化率?

第二,满足"数据三要求"的有策略支撑的指标倒逼链。①每个数据背后都要有相应的策略、资源、激励措施等支持。②每个数据既要导向目标，也要客观真实。③要考虑每个数据排在哪个时间。

聚焦指标信念管理法的运作核心是量化数据，无论是评价渠道数量和质量，还是对各级转化的率化评价，抑或是对策略的有效性评估，数据都是衡量一切的基础。通过流程中各个环节的管控，以及率化考核，将原本主观的效果判定转变为客观的、数据化的效果表现。对于营销管理者而言，此举的最大作用，就是为每一次调整、每一步动作最大限度地提供了数据化支撑，进而实现关键业绩的过程可控、结果可控。指标达成三步骤如图12.6所示。

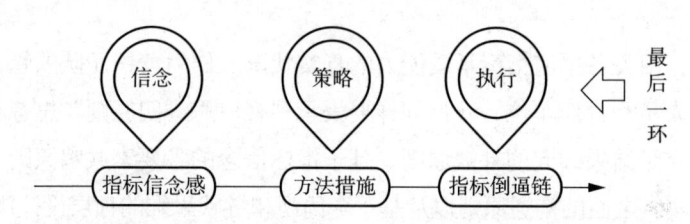

指标必须达成，且一定能够达成 → 穷尽方法 → 运用指标倒逼链量化落地

图12.6 指标达成三步骤

3. 聚焦指标信念管理法的核心功能

聚焦指标信念管理法的运作核心就是数据，以量化的方式管控营销运作流程的各个环节，实现由结果管控到过程管控的升级。因此，它的核心功能是成为使营销策略落地的"量化执行表"，紧密围绕目标，实现提前、准时匹配策略措施、激励方式、人财物等资源。

聚焦指标信念管理法分为三个步骤：计划与执行、过程管控、总结分析。

（1）计划与执行。

指标倒逼链计划表由六个步骤构成：第一，确定认购指标及预期各环节转换率；第二，根据转化率倒排来访、办卡等环节指标，根据提前安排的媒体计划排布来电数及电转访的相关数据；第三，将指标分解到各个渠道；第四，检查数据，完善策略，要着重检查各项指标与正常值的差距，能否实现，以及目前的策略能否支撑各项指标的达成；第五，根据第四步调整数据与策略；第六，将指标分解铺排到每周。

运用指标倒逼链做执行计划是聚焦目标信念管理法的基础，也是所有策略搭建、铺排的原始依据，所以要求信息客观真实，主要包含如下方面。

第一，来访、办卡、认筹、大定等各环节基础转化率数据必须客观真实。这些数据源自销售案场对市场既往成交状况的真实反映，是销售案场管理从主观判断向客观量化转变的根本技术指标，也是指标分解的基本数据指标，其真实性关系到指标分解的可行性。

第二，指标相关各推广渠道的真实状况。例如，案场承接指标的销售人员数量、薪资奖励情况是否与指标强度相匹配，企划费用是否充足，"老带新奖励""全民经纪人奖励"能否及时到位，中介分销是否到位，等等。从某种意义上来讲，这恰恰是营销管理人员前瞻性、链状思维的核心体现，是统筹协调能力的表现。只有提前发现问题，才能提前协调解决、布局规划，这也是既定方案能否顺利实施的关键。

第三，相关各渠道指标承受能力的真实状况。作为营销团队的管理者，对于一线销售人员和合作单位，我们同样要秉承"客户思维四原则"思考和架构实施策略，即立足结果导向的补缺原则，基于指标信念的各要素共鸣原则，立足信息客观、真实、全面的沟通原则以及基于全局观和链状思维的顶层设计原则。

（2）过程管控。

最优的指标倒逼链应计划严谨、预判到位、减少过程纠偏。过程管控本质上是调整纠偏，是对执行过程中客观效果和市场状况的反映，应具备及时性、系统性、精细化三个特点。

第一，及时性。过程管控是基于指标的确定性，对市场状况、团队状态变化做出的应变调整，所以，必须强调信息及时沟通和简单思维、立即行动。

第二，系统性。数据须严格遵守"数据三要求"。在倒排指标时，来访量和转化率需同步考虑、同步提升，切忌不合实际地降低转化率，一味增加来访目标。

第三，精细化。来访量的提升可以通过精准渠道、增加渠道、做深渠道实现。转化率的提升可以通过提高销售能力、优化销售组织实现。

（3）总结分析。

总结分析的过程，既是对阶段指标完成状况进行的量化总结，也是对指标达成各要素进行的数据化效果评估，对下一阶段工作铺排具有重要的指导意义。其核心思想是以问题还原与分析为手段，通过层层分解，强化指标信念感。

"指标倒逼链"实践应用

××项目某年9月总体认购指标为252套。

第一步：依照既往案场表现，确认各环节转化率及各类渠道分解指标，如表12.1所示。

第十二章　理念管理在企业营销策划中的应用

表 12.1　各环节转化率及各类渠道分解指标

类型	成交渠道	备注	××项目某年9月指标倒逼链			
			电转访率/% 25	小卡率/% 52	升卡率/% 61	大卡转定率/% 61
			来电数/个	来访量/组	小卡/个	大卡/个	认购量/套
			200	1309	678	413	252

根据实际表现和承受能力，确定分解到各渠道的指标如表 12.2 所示。

表 12.2　分解到各渠道的指标

类型	成交渠道	备注	××项目某年9月指标倒逼链			
			电转访率/% 25	小卡率/% 52	升卡率/% 61	大卡转定率/% 61
			来电数/个	来访量/组	小卡/个	大卡/个	认购量/套
			200	1309	678	413	252
企划	电转访	—	—	50	30	20	16
	自然来访	—	—	556	278	167	100
	活动			69	35	21	13
渠道	渠道			542	271	163	98
案场	老带新	—		92	64	42	25

随后，依照上述指标制定策略，销售团队与企划团队共同就其合理性进行数据检查，从而进一步优化策略。主要内容如下。

各项指标与正常值的差距是多少，有可能实现吗？目前的策略能否支撑达成各项指标？若无法达成，则优化策略（灵魂三问法）。即各渠道如何深化来提升量，是否还有其他渠道可以增加，转化率是否还有提升空间？

通过检查发现如下问题：自然来访和渠道指标远高于正常水平，应适当降低；自然来访与渠道减少后，需要增加其他渠道补充；目前，部分渠道预期规划来访量过高，需要提高转化率以适当降低来访指标。借此，做出指标调整并拟定分周指标数据，如表 12.3 所示。

表 12.3 分周指标数据

类型	成交渠道	备注	来电数/个	来访量/组	小卡/个	大卡/个	认购量/套
××项目某年9月指标倒逼链					电转访率/% 25	小卡率/% 60	升卡率/% 64	大卡转定率/% 76
			200	949	568	361	252
企划	电转访	—	—	50	30	20	16
	自然来访	—	—	300	180	117	82
	活动	—	—	69	35	21	13
渠道	渠道	—	—	330	198	129	90
案场	老带新	—	—	110	72	43	28
	全民营销	—	—	90	54	32	23
	分解验证	—	200	950	570	362	253
第一周 9月1—8日	小计		30	148	90	58	41
	电转访		—	8	5	3	2
	自然来访		—	50	30	20	14
	活动		—	0	0	0	0
	渠道		—	70	42	27	19
	老带新		—	10	7	4	3
	全民营销		—	10	6	4	3
第二周 9月9—15日	小计		60	305	182	116	81
	电转访		—	15	9	6	5
	自然来访		—	90	54	35	25
	活动		—	35	18	11	6
	渠道		—	100	60	39	27
	老带新		—	35	23	14	10
	全民营销		—	30	8	11	8
第三周 9月16—22日	小计		70	343	205	131	90
	电转访		—	18	11	7	6
	自然来访		—	100	60	39	27
	活动		—	35	18	11	6
	渠道		—	120	72	47	33
	老带新		—	40	26	16	10
	全民营销		—	30	18	11	8
第四周 9月23—30日	小计		40	155	94	60	41
	电转访		—	10	6	4	3
	自然来访		—	60	36	23	16
	活动		—	0	0	0	0
	渠道		—	40	24	16	11
	老带新		—	25	16	10	6
	全民营销		—	20	12	7	5

根据案场和企划沟通结果，销售组织层面做了相应的策略调整和激励：降低自然来访及渠道来访量约 400 组；增加全民营销渠道；老带新奖励 4000 元物业费改为奖励 4000 元现金，并且认购即支付 20%，以此提升老带新来访量及转化率；案场改变组织模式，分为三人一小组，执行专人接待、谈判、逼定、优势搭配。整体成交率由 19% 提升至 26%。

第二步：案场执行一周后，反馈数据如表 12.4 所示。

表 12.4　案场执行一周后反馈数据

9 月指标分解		第一周（9 月 1—7 日）				
类型	渠道	认购指标/个	实际认购量/套	认购完成率/%	来访指标/个	实际来访量/组	来访完成率/%
案场	老带新（含全民营销）	3	1	33	10	3	30
	活动	0	0	0	0	0	0
	call 客	2	0	0	8	3	38
渠道	中介分销	18	3	17	70	30	43
	自渠拓客	3	2	67	10	4	40
策划	自然上访	14	10	71	50	43	86
	合计	40	16	40	148	83	56

通过数据分析发现，除自然上访外，其他渠道效果均表现不佳。经与一线销售人员和企划沟通，反映出如下问题。①老带新、全民经纪人：佣金支付不及时，推荐积极性降低。②自渠拓客：人员上月离职，人手不足。③call 客：电话受到市场监管，接通率降低。④中介分销：三家分销仅启动一家，另外两家还在签约流程中。

综上所述，制定下周调整措施如下。①老带新及全民营销奖金：营销总监协调财务先行支付 50%，并立即组织一场经纪人活动作为维系。②自渠拓客：紧急调动某尾盘项目人员支援。③call 客：获取竞品楼盘数据，提高精准度。④中介分销：公司运控会协调，争取在一天内解决流程。

同时，本周未完成的任务指标累加至下周，并依照累加后的指标重新分解。经过逐周不断地调整，案场最终实际完成情况如表 12.5 所示。

表 12.5　案场最终实际完成情况

9 月指标分解		月度累计				
类型	渠道	认购指标/个	实际认购量/套	认购完成率/%	来访指标/个	实际来访量/组	来访完成率/%
案场	老带新（含全民经纪人）	28	25	89	110	92	84
	活动	13	9	69	69	25	36

251

续表

9月指标分解		月度累计					
类型	渠道	认购指标/个	实际认购量/套	认购完成率/%	来访指标/个	实际来访量/组	来访完成率/%
案场	call客	16	12	75	50	21	42
渠道	中介分销	90	75	83	330	136	41
	自渠拓客	23	18	78	90	68	76
策划	自然上访	82	68	83	300	274	91
	合计	252	207	82	949	616	65

由表12.5可知，随着第一周的策略调整，各项数据有了显著提升，最终的指标完成率也由第一周的40%提升至最终的82%。

第三步：任务结束后，对阶段销售全盘进行总结分析。

本月指标翻倍，但策略措施不够深入，指标均分到周，必然导致指标缺口。指标的分解应考虑不同渠道的准备周期，不能简单地均分到周。例如，第一周计入了分销的指标贡献并占据较大份额，但实际上分销真正发挥作用要到第二周以后。案场又未及时做出调整，增加其他渠道补充来访缺失，造成第一周巨大的业绩差距，后面三周补齐就很困难。

销售外拓动力不足，本月拓客完成率仅78%，要通过机制解决，如小组规模化小、赋予组长自主权、以组为单位激励PK等。本月自然到访客户274组，作为主力到访人群，成交数量有限。分析成交率低的主要原因是，热销的97平方米户型已售罄，而本月推出的118平方米三室推广策略没有及时调整。应重新寻找目标客群的核心买点，梳理核心价值诉求，在此基础上进行包装推广，另外从产品定位角度，应对118平方米三室产品进行优化调整。

需要着重说明的是，聚焦指标信念管理法可以根据不同专业和目标，在实践中加以延展应用。具体到营销企划范畴，其根本作用是围绕来访数据核心指标进行架构铺排，其优势在于以下几个方面。①从机制设计层面将企划推广工作与销售工作进行"相容"设计，奖惩直接挂钩，形成销售合力。②对企划推广效果进行客观公正的数据化管控，减少无效的推广投入，提升费效比。③将"顶层设计""销售逻辑"等方法真正系统化、实用化，切实提升销售动作的策略性、系统性。

整体而言，表12.6企划推广目标管理与表12.7销售目标管理共同构成了聚焦目标信念管理法的管控体系，是对全流程中各要素的实际效果进行的量化考核。其模式既源自对激励相容理念的理解和实践，也根植于对客户思维和心理账户理论的探索与应用。因此，不同行业、不同产品的销售模式具有普适性，按照行业特点，架构考核环节即可。

第十二章 理念管理在企业营销策划中的应用

表 12.6 企划推广目标管理

××城市 ××× 项目 ×月企划月度推广/评估计划

渠道	具体类别	营销目标	费用	第一周				第二周				第三周				第四周				月度合计		
				推广动作	实际来访	实际来电	实际来访	推广动作	实际来访	实际来电	实际来访	推广动作	实际来访	实际来电	实际来访	推广动作	实际来访	实际来电	实际来访	实际来访	实际来电	实际来访
线上传播	报纸																					
	网络																					
	电视																					
	广播																					
户外招示	道旗																					
	楼体																					
	围墙																					
	户外大牌																					
线下聚焦	短信																					
	微信																					
	电商																					
	直邮																					
	派报																					
渠道活动	展会																					
	活动																					
	朋友介绍																					
其他渠道	去电call客																					
	中介																					
编制人				经理								总监								事业部总监					

253

| 理念管理的力量 |

表 12.7 销售目标管理

×××城市 ×××项目 ×月企划月度推广/评估计划

渠道	具体类别	营销目标	费用	第一周 推广动作	第一周 实际来电	第一周 实际来访	第二周 推广动作	第二周 实际来电	第二周 实际来访	第三周 推广动作	第三周 实际来电	第三周 实际来访	第四周 推广动作	第四周 实际来电	第四周 实际来访	月度合计 实际来电	月度合计 实际来访
线上传播	报纸	《×××××报》		事件活动炒作			事件活动炒作			事件活动炒作			事件活动炒作				
		《×××××报》															
		《×××××报》		事件活动炒作			事件活动炒作			事件活动炒作			事件活动炒作				
	网络	×××网															
		×××网															
		×××网															
	电视	××电视台		房产报道			房产报道			房产报道			房产报道				
		××电视台															
		××电视台															
	广播	××		房展会信息			活动炒作			活动炒作			活动炒作				
户外招示	道旗																
	楼体																
	围墙			房展会信息			影像			影像			影像				
	户外大牌			影像			活动炒作			活动炒作			活动炒作				
线下聚焦	短信						活动炒作			活动炒作			活动炒作				
	微信																
	电商									活动炒作			活动炒作				
	直邮						活动宣传										
	派报																
渠道活动	展会						事件活动发布会			开盘活动			大型体验活动				
	活动						大型赛事圈层活动						圈层体验				
其他渠道	朋友介绍																
	去电call客																
	中介																

松下电器创始人松下幸之助说:"遇到下雨就得打伞。只要懂得在下雨时打伞,就不会被淋湿。这里顺应天地自然法则的感受,也是一种常识。这种想法虽然平凡,但是,如果做生意和经营管理,有所谓成功的秘诀,我想,也不过是把平凡的事情,视为理所当然,尽力去做罢了。"

如果用聚焦指标信念管理法逻辑来理解下雨打伞,就是在指标倒逼链面前,一切都不是理由,一切都可以解决!任何阻碍指标达成的障碍,都可以通过合理地协调、变通、谋划、补充进行弱化和化解。因此,聚焦指标信念管理法崇尚指标的信念,是坚定指标必须达成且一定能够达成并为之穷尽方法达成的一种积极主动的意志。

第五节　办公楼创新营销的元理念

让我们重新感悟一下现代商业竞争的实质。它实际上是一场抢夺客户心智的战争,是成为第一的战略方式。那么,如何才能抢占客户心智呢?主要表现在五个方面:争夺第一、重复价值、建立特色、陈述故事和连接用户。

如今房地产办公类项目大量面市,库存加大,市场容量有限,供应远大于需求,去化周期变长,开发企业面临的压力陡增;传统的办公楼销售模式,即销售人员在售楼处或者到办公楼里拓客,或者通过中介带来客户,通过接待介绍达成交易。这样的营销模式已经跟不上时代的发展,本节利用"激励相容"的理念,创建办公楼新营销模式的元理念,即以该办公楼宇为载体,架构满足各方利益的生态平台,简称"3+1生态营销"。

办公楼产品涉及的主要方面,以及各群体主要的利益诉求如下。

(1)购买者。购买者主要关注以下几点:一是产品本身能否降低企业运营成本;二是政府及相关部门是否对企业提供了扶持政策,以及办理相关服务的便捷性,核心在于政府是否对该办公楼宇给予重点关注与支持,在中国,政府的公信力在企业心目中有举足轻重的地位;三是该楼宇能否为企业提供其他商务服务,尤其是在业务拓展方面能否创造条件。如果购买者用于投资,那么不断提高租金水平便是其唯一诉求,而要想提高租金水平,就必须有更多客户租用该办公楼。在产品硬件确定的情况下,提升租金水平的关键在于满足入驻企业用户上述自用者的需求。

(2)地方政府。发展经济是地方政府的首要任务,在经济发展的外延式扩张方面,招商引资工作是重中之重。企业进驻后,地方政策为企业提供优质服务,留住企业,并为企业创造持续发展的良好条件。但市场上供应的办公楼宇众多,

| 理念管理的力量 |

政府的精力与资源有限，政府的各项服务也会聚焦于那些优质的、能吸引企业入驻的办公楼宇。

（3）开发企业。实现楼宇的经济价值是开发企业的核心目标，具体来说就是回笼建设资金并盈利。在市场行情好时，销售价格能够坚挺，利润也会高一些；在市场行情萎靡时，通过正常运营，收取租金以及其他收入获取经营现金流，维持楼宇健康运营。

（4）楼宇工作人员。楼宇工作人员希望各种配套设施齐全，保障楼宇稳健运营，能够满足生活与工作的各种需求，并最大限度地提高社会地位。

按照激励相容的原则，能否搭建某种机制，既能满足购买者、地方政府、开发企业、楼宇工作人员四方的利益，又能实现和谐共生，取得最大化的社会效益？

市场上有这样一个成功项目案例，该项目于2019年开始出租，多年来出租率稳定在80%~90%，单位面积租金高出市场同类产品20%~30%。2022年，笔者前往现场参观，业务人员进行了详尽介绍。

企业服务平台的威力

该项目位于武汉市武昌区华中金融城板块，楼宇高度为243米，定位为总部型办公，建筑面积达18万平方米，其中，5A甲级办公建筑面积为10.3万平方米，体量巨大。像这样巨大的办公楼，一般出租率较低，但这个楼宇的出租率达近90%，业务人员介绍最多的是他们为企业提供的服务平台。

（1）1280平方米服务中心，位于17层，包含党群服务、少儿托管班、会议室、健身房、直播间等多个共享功能模块。

（2）738平方米招商中心，位于31层，由武昌区政府主导，包含会客区、会议厅（容纳50~70人）、裸眼3D数字沙盘（展示武昌功能板块、产业规划等）、水吧台，可承办商务谈判、企业研讨、高端峰会等会议及招商推介活动。

（3）530平方米智慧共享办公中心，位于31层，由39个独立工位及5间独立办公室、2个共享办公室、茶水间等组成，可同时容纳5家企业办公。这是武昌区政府为解决重点招商落户企业过渡期临时办公需求，打造的全免费共享办公载体。

（4）1100平方米白领食堂，位于负一层商业区域，开发商免费提供场地，餐饮企业平价运营，采取美食城模式，13个档口，可制定团餐、政务接待，同时为周边社区居民提供平价套餐。

（5）600平方米综合商务中心，包含舞台区、多功能厅、休息长廊、VIP接待室，可用于承接企业/机构会务活动、培训沙龙、高峰论坛、直播间、沙龙等。

第十二章　理念管理在企业营销策划中的应用

（6）政务直通车服务，每周定期设立专项服务点，整合市、区46家职能部门服务进楼宇，针对企业落户、政策咨询、资源推介、融资需求、上市挂牌、企业登记、安全监管、工商注册等各项企业需求，面向楼内所有企业进行答疑解惑及业务办理。

（7）服务理念。打造垂直的产业园，与楼宇企业共同构建政企的互助圈、企业的朋友圈、商居的公益圈。

下面从理念管理学中的激励相容和利他主义角度剖析案例的潜在逻辑。

对于政府来说，该楼宇设置的党群服务、政务服务、招商中心以及产业规划沙盘等，为招商引资创造了条件，有利于当地政商关系、办公环境、城市形象以及招商能级的提升。企业帮助政府实现了平台搭建、平台管理、平台运作等一系列流程。

对于入驻企业来说，该楼宇提供了集中会议室、多功能厅，使企业无须再租赁多余的办公面积用于会议室，降低了企业的经营成本。同时，该楼宇还解决了企业各类经营手续办理、政商关系资源嫁接等方面的问题，并为企业员工提供了用餐、健身、休闲等服务，有利于企业招聘人才。

对于开发企业来说，商办项目销售的最大问题是渠道拓宽。与住宅销售不同，商办项目不属于刚性需求，所以对销售人员的技术层次要求更高、推广渠道的选择面更窄、洽谈过程中面临的问题更加复杂，所以，政府招商导入的企业资源，其成交意向更强，成交概率更高。同时，对于开发企业来说，还有三项原生的便利条件。第一，开发商拥有协助政府搭建展示平台的基础条件。例如，在原有样板展示的基础上进行升级改造即可。第二，开发商自有的销售团队可以直接转化为平台管理、运作，对意向企业提供跟踪服务的执行团队。第三，开发商经过长时间的经营运作，已经建立起与政府部门、银行等相关单位的协作关系，在为意向企业提供后续服务的过程中掌握先机。

基于上述理解，一个着眼于企业服务、嫁接政府需求、带动开发商销售的企业生态服务平台架构雏形逐步清晰，如图12.7所示。

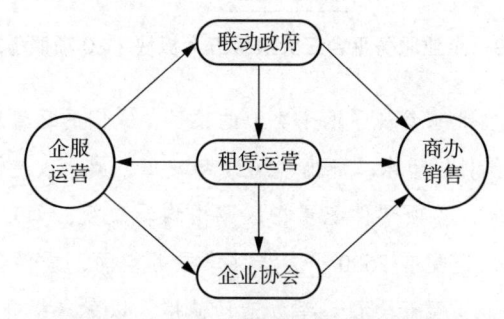

图 12.7　企业生态服务平台架构雏形

一个核心——商办销售以企业服务平台运营为核心和基础。

三大支柱——租赁运营服务、政策扶持服务、企业俱乐部建设。

在完成平台骨架搭建的基础上，着眼于政府和企业的需求，立足自身优势，对企业服务平台三个不同层面的价值提供服务，如图12.8所示。

（1）基础价值服务：降低企业客户的运营成本。

（2）中端价值服务：解决企业发展中的问题。

（3）高端价值服务：助力企业提升资源整合能力和战略制胜力。

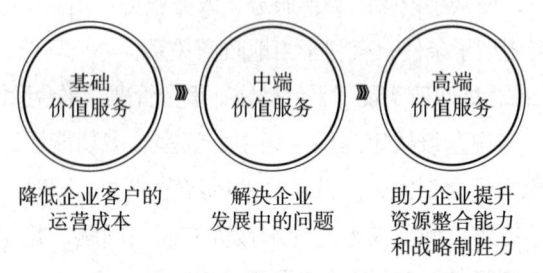

图12.8　企业服务平台三个不同层面的价值

在具体操作层面上，以上述三大层级为基础，进一步梳理出能够提供的五大板块（20项服务功能），如图12.9所示。

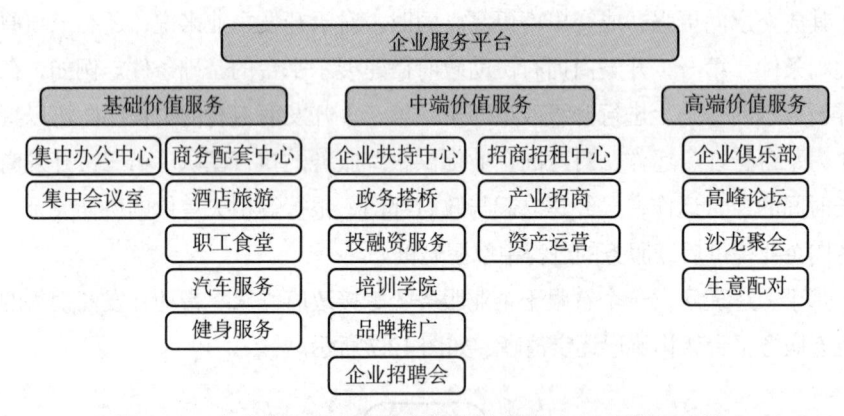

图12.9　企业服务平台三大层级五大板块（20项服务功能）

2022年，笔者在北京参观了两个类似的项目，它们的运营思路与笔者的研究不谋而合。第一个项目位于东二环内，2021年竣工，属于改造性质办公项目，总体量约7.6万平方米，各项硬件配置在区域内均属顶级，如公区、绿建、电梯、员工食堂等。同时，还配套2600平方米共享服务空间，提供会议室、会议区短租服务，用于楼内企业召开会议、举办活动使用，以配套提升楼宇品质为目的，而非赚取多余收益。该项目运营至今，入住率常年保持在87%左右，租金水平较周边项目高出30%。

第二个项目是腾讯与昌发展集团联合打造的办公项目，位于北五环外昌平区回天地区，是昌平区承接中关村科技企业外溢、培养数字经济的双创社区板块。该项目建有体量约2.5万平方米的独立办公室和350个联合工位的共享空间。在硬件方面，配套了共享工位、共享办公室、共享会议室、产品展示区、实验室仓储间、沙发区、自助售货、自助书店、睡眠舱等；在软件方面，该项目争取到中关村、国家高新区、区域扶持等多种政策，从企业入驻、研发、生产等各环节给予支持；同时落地政务服务平台，直接服务企业。自2016年投入使用至今，该项目的入住率一直保持在95%以上，租金高于周边甚至位置更好的同类产业项目30%。

在满足政府与企业需求的同时，开发商开始导入相关的销售措施，具体如下。

第一，结合政府需求和入驻企业总体情况，对商办部分进行重新包装和产业定位。

第二，协调政府政策支持，主要是争取政策内的扶持资金及税收优惠，加大对入驻企业的帮扶力度等。

第三，结合政府的相关优商举措，尤其是对本项目独有的举措，架构系统性的营销策略，积极促进成交。

第四，依托政府资源，大力拓展行业协会、商会等目标客户群体资源，积极拓宽销售渠道，实现客户导入。

第五，销售、租赁两手抓。租赁带来商机和人气，在产权与经营权分离的市场状态下，旺盛的人气和理想的租金水平才是投资型物业销售的关键。所以，紧抓租赁运营，客观上也是确保销售工作顺利开展的基础。

通过以上整合创新，形成了办公楼创新营销模式，如图12.10所示，我们称之为"3+1生态营销"模式，即做好联动政府、租赁运营与企业俱乐部建设等"3"个核心环节的服务，抓好"1"个办公基础配套建设与服务。这种模式与传统营销模式的不同点如下。

（1）营销的理念从"资产去化"转变为"资产运营"，所有营销动作围绕提高租金水平与出租率展开。

（2）运营资产有一个核心运营平台，是基于"利他、协同、共赢"理念搭建的各方激励相容的生态链平台。

联动政府	租赁运营	企业俱乐部建设		办公基础配套建设与服务
产业规划	产业招商	老客户维护		员工餐厅
政策获取	未售租赁	生意配对	＋	集中会议室
政务服务	已售代租	交流学习		汽车服务
客户导入				健身服务

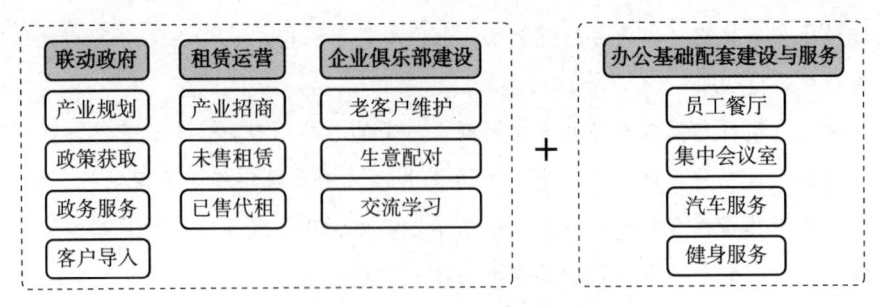

图 12.10 "3+1 生态营销"模式

（3）营销人员不再是单纯的推销人员，而是连接政府相关部门、企业用户、物管公司、金融单位以及开发商各业务条线运营、协调、招商的综合主管，在运营中顺势实现"去化"销售。因此，这种创新模式对办公楼的营销人员从知识积累、协调能力、产业政策及发展情况的熟悉度和服务精神等方面都有了不同于传统营销人员的高要求。

（4）这种创新模式将形成办公楼开发企业的核心竞争力。

为了更好地连接客户、提升客户体验、培养消费习惯，在架构好软性服务的同时，还应致力于基于原有样板展示层进一步提升为企业服务的平台空间，并动员相关合作单位现场实景办公，让潜在客户获得真情实景的融入式体验。

总体来说，"3+1 生态营销"模式策略始终紧密围绕激励相容原则进行架构，紧盯政府、用户痛点，在满足关联方利益诉求的同时，自然而然地实现"抢夺心智""抢占第一"。这里抢占第一是"运营"，是在满足各方利益基础上的运营模式。如今，办公类项目的市场表现低迷，市场存量巨大，供应远大于需求。可以大胆预测，在不久的将来，商办项目运营将逐步跳出既有物业管理服务范畴，成为独立的业务形态，而它背后蕴藏的轻资产输出价值，将会爆发强大的生命力。